戦争と平和の間

発足期日本国際法学における「正しい戦争」
の観念とその帰結

易平

2013
Torkel Opsahl Academic EPublisher
北京

ISBN 978-82-93081-66-1

亡き父に捧ぐ

凡例

- 本書における引用文の表記は、字体については原則として新字体を用い、仮名遣いについては、カタカナと変体仮名をひらがなに改める。

- 傍点はすべて原著者によるものである。

- 引用文における筆者の強調は、下線で表記し、筆者による補足は、〔 〕で表記する。

- 本文における筆者の強調は、太字で表記する。

- 本文に引用した著書のうち、著者名の後ろに「述」または「講述」をつけるものは、講義録である。それ以外は「著」をつける。

著者の序文

　本書は、2009 年に東京大学大学院法学政治学研究科に提出した博士論文に加筆修正を加えたものである。

　執筆の出発点は、筆者が修士課程で開始したアジア諸国による欧米国際法の「受容」研究であった。博士課程に進んでから、「国際法受容」という幅広いテーマのうち、近代日本における戦争法の「受容」に焦点を絞った。そのような問題意識を抱いたのは、私の指導教授であった東大名誉教授大沼保昭先生の影響によるものである。6 年間の東大留学生活において、筆者は先生のゼミで懇切熱心なご指導と的確なご助言を賜ったほか、先生の間近でそのお人柄に触れつつ、学問に取り組む真剣な姿勢、熱烈な社会的責任感、マイノリティに対する保護意識、戦争と平和に対する鋭敏な感受性など、生の教えをいただくことができた。筆者が研究者としての道を歩む上で、大沼先生は、言葉に尽くせないほどの大きな財産を与えてくださった。

　大沼先生にご紹介いただいた渡辺浩教授も、その学問と人格の両面で筆者に大きな魅力を感じさせた。筆者の博論の審査員をご担当くださった渡辺先生からは、内容に関する実に的確なご助言、文法や用語の修正に対する惜しみないご助力を賜ったが、その熱心さは原稿の余白にその修正理由を丁寧にお書きくださるほどであり、教育に取り組む厳しくも温かい姿勢を学ばせていただいた。また、奥脇直也教授、岩澤雄司教授、中谷和弘教授をはじめとする諸先生からの貴重なご教示も忘れられない。

　東大留学中、同じく「大沼門下」として東大法研の先輩であり、同時に先生でもある中川淳司教授、寺谷広司教授も、丁寧に指導してくださった。帰国後、寺谷教授のご推薦で「井植研究賞」を受賞できたことも記憶に新しい。その他の先輩や同窓生、川副令さん、齋藤民徒さん、伊藤一頼さん、豊田哲也さん、権南希さん、山内由梨佳さんのほか、紙幅の都合でお名前を挙げられない方々からも、多くの示唆や感動をいただいた。

　筆者がこうして研究を続けて来られたのも、多くのよき師や先輩のご指導に恵まれたからにほかならず、この場を借りて、限りない感謝を捧げたい。先生方や先輩からのご学恩を中国に持ち帰り、自分なりの形で社会や後世に還元する責任を感じながら、彼らがこの「不肖の弟子」に与えてくださったご寛容に値する業績を将来なし遂げられるよう、根気よく努力を続けていかなければならない。

　また、文献収集に関しては、東大図書館の豊富な蔵書が大いに役立った。そのほか、明治大学、法政大学をはじめ他大学の図書館の所蔵文献もかなり利用させていただいた。これらの文献の貸出しや複写に際し、東大法研図書館の係員のサービスは、極めて熱心で丁寧であった。実に筆者は、研究者にとって最も恵まれた学問的環境の中で育てていただいたということができよう。

　ささやかな貢献ながら本書のようなものを刊行しうるに到ったのは、まさしく Morten Bergsmo 先生をはじめとする Torkel Opsahl Academic EPublisher（TOAEP）の方々の激励とご尽力のおかげである。出版に際しては、Ms. Kiki A. Japutra より格別のご配慮をいただいた。ここに心から謝意を表したい。本書執筆中、親友たる笞暁晶さん、そして何よりも私の両親が多大な支持と助力を与えてくださった。

　千の風になって、あの大きな空を吹き渡っている亡き父易仁喩の霊魂に本書を捧ぐ。

2012 年 10 月

易　平

序文

　本書は、将来を嘱望される若手の国際法学者易平氏（北京大学法学院専任講師）が東京大学大学院における博士論文を基礎として著した優れた研究である。以下、同氏が東京大学大学院在学中指導教授の任にあった一国際法学徒として、本書の意義と氏の人となりについて記し、読者が本書を読み進む上での一助となることを得たい。

　本書は、（1）19世紀後半から20世紀初頭にかけて、日本の国際法学者が欧米の学説に依拠しつつ、しかし独自の理論と実践的関心により、戦争観を含む国際法観を確立したこと、（2）その戦争観とは、戦争に何らかの法的条件を設定し、その条件に基づいて戦争を評価するという意味での「正しい戦争」と概括しうるものであったこと、（3）そうした「正しい戦争」観は、欧米列強の帝国主義的政策に抗しながら自らも帝国主義的な対外行動に走った日本の戦争を規制する理念としては不十分だったことを、当時の学説と国際法学者の実践的主張を克明に分析することにより明らかにし、それを説得的に描き出した著作である。

　従来の支配的学説は、この時期の日本の国際法学を欧米のそれと同じく、「無差別戦争観」──戦争に訴える権利を無差別に許容する理論──の国際法理論と把握してきた。しかし、易氏は、当時の学説の丹念な分析を通じて、そのような単純な性格付けには問題があり、むしろこの時期はさまざまな国際法学者が多様な戦争観を主張したが、それらは上の（2）の意味での「正しい戦争」観という共通性を含んでいたことを明らかにした。

　易氏の詳細な分析によれば、この時代の日本国際法学者の戦争観は、「法的枠外派」、「法的枠内派」に二分することができるが、後者はさらに「裁定手段派」と「執行手段派」に分類することができる。法的枠外派（有賀長雄、中村進午）は戦争発動に関する平時国際法上の制限を否定したが、国家存在の目的に照らした内在的な自制ないし国益の理性的計算に基づき戦争発動への一定の制限を認めた。法的枠内派のうち、戦争を平時国際法上の権利義務関係の裁定手段とみなす裁定手段派（高

橋作衛等）は、戦争の開始が法的権利に基づかなければならないという当事者の立場と、権利の実現は戦争の結果に依存するので権利の正不正は判断できないという第三者の立場を混在させており、前者の面で「正しい戦争」の観念を看取することができる。執行手段派（寺尾亨、千賀鶴太郎）は戦争を法執行手続（国際法違反への対応）とみなし、戦争は正当な権利を防御するためにやむを得ない場合に限って許されると考え、「正しい戦争」観念を最も鮮明に示している。

　しかしながら、こうした日本の国際法学者の「正しい戦争」観は、実際の戦争を防止し、規律する理論としては機能しなかった。易氏は、1904–1905 年の日露戦争に際して、日本の国際法学者が自衛権を援用してこれを支持し、自らの理論に合致するよう恣意的な事実認定を行い、法理論を都合良く使用することによりその正当化に務めたことを示し、彼らの理論に見られた「正しい戦争」観念が退き、日露戦争に対する法的制限として機能しなかったことを明らかにしている。当時の日本の指導的国際法学者は、「正しい戦争」の法的条件を十分明確にしておらず、また国際法学者としての顔とは別に国益の擁護者（国家の公法弁護士）としての顔を持っていたのである。

　このように、本書は、日本の発足期の国際法学を膨大な資料の詳細かつ網羅的な研究により分析して日本国際法学説史研究の端緒を切り開き、従来無差別戦争観の時代とされてきた 19 世紀末から 20 世紀初頭の日本の国際法学者が多様な「正しい戦争」観念を抱いていたことを初めて明らかににすると同時に、その「正しい戦争」観の脆弱性とイデオロギー性を剔り出すことに成功した。日本語を母語としない中国からの留学生でありながら、日本の国際法学者・歴史学者もこれまで明らかにしてこなかった知見を学界にもたらしたことは、本書の意義を際立たせるものである。

　易氏は北京大学で学部教育を受けた後、東京大学大学院で国際法の研鑽に努めるという、中国と日本の学界が協力して創り上げた人材である。そうした研究者がこのように優れた研究で学界に貢献したことの意義はきわめて大きなものであり、本書の基礎となった研究が第 9 回アジア太平洋研究賞（井植記念賞）を受賞したのもこうした高い評価を裏打ちする。

　易氏は北京大学法学院四年生の 2000 年に拙著『戦争と平和の法』に出会い、日本への留学を決意し、2003 年から 2009 年まで東京大学大学院法

学政治学研究科の学生として、また日本学術振興会の特別研究員として国際法の研究に専念し、2009 年から母校北京大学法学院の講師として教育研究に携わっている。

　研究者としての易氏の最大の美質は真理を究めることへの飽くなき希求であり、それを実現するための不休不眠の努力を継続する強靭な意志力である。上記『戦争と平和の法』は、日本の国際法学者が「国際法の父」フーゴー・グロティウスを国際法史に定位しようとする共同研究の成果であり、600 頁を超す大部の本格的な専門書を外国の学部学生が読みこなすのはほとんど不可能に近いが、彼女はそれをやり遂げた。そうした易氏の学問への真摯な姿勢と倦むことのない努力は来日後も一貫しており、大学院在学中自身の大病と入院・手術、家族のご不幸という幾多の試練を乗り越えて本書の基礎となった学位論文を完成させ、それに対して法学博士の学位が東京大学から授与されたのである。易氏はこのように研究者としてきわめて優れた資質を有し、それをたゆまぬ努力で発揮しているだけでなく、その人間性においても他者への優しさ、思いやり、献身という美質をもち、まわりの人々に感銘を与えてきた。そのため、友人も多く、後輩に慕われ、それが研究や社会的活動の面でも大きな力となって現れている。

　こうした将来ある若手研究者が十分な研究時間を与えられ、良き研究環境の下で将来中国の、アジアの、そして世界の法学界に貢献し続けてくれることを願ってやまない。

2012 年 10 月

明治大学特任教授　大沼保昭

目　次

序章

課題と方法

第一節　問題の所在

　戦争は、人類の歴史とともに古い。古代から現代に至るまで、人間社会は絶えず発展・変遷（進歩にせよ堕落にせよ）してきたが、戦争はなくならない。ヨーロッパで誕生した近代国際法は、如何にして戦争を規制ないし克服し、国際社会の平和と秩序を維持するかを、自らの根本的課題とした。この課題は、その法分野を誕生させる根本的衝動であるのみならず、その後数百年にわたり、それを発展させる重要な動因であり続けた。

　戦争をめぐる思考は国際法学において常に至大な意味を有するが、戦争と国際法の関係は不変ではありえない。そして、国際法による戦争規制のあり方、また国際法学における戦争観の変遷に関して、戦後日本の代表的な国際法教科書は、中世の「正戦論」から近世の「無差別戦争観」へ、さらに現代の「戦争違法化」へと変遷してきた、という図式を、国際法史の普遍的モデルとして提示することが多い[1]。いわば「戦争

---

[1]　田畑茂二郎著『国際法（第二版）』（東京：岩波書店、1966 年）、356–382 頁；高野雄一著『国際法概論（補正版）（下）』（東京：弘文堂、1967 年）、312–324 頁；香西茂ほか著『国際法概説（第三版）』（東京：有斐閣、1988 年）、252–256 頁；藤田久一著『国際法講義 II：人権・平和』（東京：東京大学出版会、1994 年）、393–400 頁；山本草二著『国際法（新版）』（東京：有斐閣、2001 年）、704–706 頁；杉原高嶺ほか著『現代国際法講義（第四版）』（東京：有斐閣、2007 年）、433–437 頁。また、国際法教科書ではないが、石本泰雄「国際法の構造転換」同著『国際法の構造転換』（東京：有信堂高文社、1998 年）、1–32 頁；田中忠「武力規制法の基本構造」村瀬信也ほか著『現代国際法の指標』（東京：有斐閣、1994 年）、275–279 頁も、そのような認識を示している。そのうち、最も流布しているのは田畑茂二郎と石本泰雄の説であろう。彼等はこう述べている。「いわゆる無差別戦争観が支配的であった第一次大戦前の国際法と第一次大戦後の国際法の間には、この点〔＝戦争が合法か違法か〕でかなり顕著な相違がある。しかし、この無差別戦争観も、じつは、近世初頭一般に認められて

観の転換論」である。このような捉え方は、国際法史の全体的な流れを明快に描き出したものとして、強い説得力を持つように見える。しかし、国際法学における戦争観は、時代の流れにつれて変容していくだけでなく、地域や国によって変わるかもしれない。たとえ同一の論理構造を持つ戦争観であっても、異なる地域に適用されていく際に、異なる様相を呈することがあり得るが故に、同じ時期に全世界で同じ戦争観が発生したとは断言しかねるように思われる。その意味で、以上のような捉え方は、一部の地域において適切な見方であったとしても、普遍的な現実適合性を有するとは速断できない。

　また、「無差別戦争観」という用語自体に関しても、多くの論者から疑問・批判が加えられている。そもそもこの用語は、欧米ではほとんど使われておらず[2]、いわゆる「無差別戦争観」時代の欧米の学説を見る限り、単一の戦争観が支配的地位を占めていたわけではない[3]と指摘される。また、日本で用いられるこの概念の内包も、必ずしも一義的に確定し得るものではない。「無差別戦争観」を語る際に、少なくとも、戦争

いた正戦論のアンチ・テーゼとして主張されたものであって、それがふたたび、戦争の違法性をとくに問題とする新しいかたちの差別戦争観にとって代わられた、ということができるのである。」田畑茂二郎著『国際法（第二版）』（東京：岩波書店、1966 年）、357–358 頁；「こうして中世の正戦論は、本来の意味での戦争の正当性（原因における正当性）から、形式的合法性（戦争の主体と手続の正当性）の問題への転換という形態で克服せられ、国際法の歴史的構造に最も適合的な無差別戦争観が形成されるにいたった。……近代国際法から現代国際法への展開の過程は、単に国際法の規制対象の量的増加を軸とするのではなく、実に無差別戦争観を支柱としたかつての国際法から、戦争違法化を支柱とする現代のそれへの構造的転換として把握されねばならないのである。」石本泰雄「戦争と現代国際法」高野雄一編『現代法と国際社会（岩波講座「現代法」12）』（東京：岩波書店、1965 年）、84、91 頁。

[2] 柳原正治「いわゆる『無差別戦争観』と戦争の違法化――カール・シュミットの学説を手がかりとして――」『世界法年報』第 20 号、2001 年、4 頁参照。

[3] 杉原教授は 19 世紀欧米の国際法学者の著作を丹念に検討し、当時において「主権的自由説」と「権利救済手段説」とが、互いに相半ばしていたのであり、その他「法外事態説」もあった、と指摘している。杉原高嶺「近代国際法の法規範性に関する一考察――戦争の位置づけとの関係において――」山手治之、香西茂編集代表『国際社会の法構造――その歴史と現状――』（東京：東信堂、2003）、93–100 頁参照。前掲注（2）柳原論文も同じ趣旨を述べた。13–15 頁参照。

に訴える権利の無差別許容と、交戦国双方に対する戦時法規の無差別適用、という二通りの含意があることが指摘される[4]。

　他方、「無差別戦争観」概念の提唱者であれその批判者であれ、いずれも欧米の学説に目を奪われて、同時代の日本の国際法学者の思想的流れを丁寧に追跡した研究者はこれまでほぼ皆無である。第二次大戦後、戦間期から戦後にかけての「戦争違法化」の動きを描いたり、その対極としての「大東亜共栄圏」を考察した研究は多数あるが、戦争違法化以前においてどのような戦争認識があったのかは、見逃されがちである。もし戦争観を *jus ad bellum* と *jus in bello* という二つの次元に分けて見るなら[5]、先行研究の中で、*jus in bello* の次元に着目し、幕末・明治期における戦時法規の初期受容を検討するものは、僅かでありながら、見受けられる[6]のに対して、*jus ad bellum* の次元における当時の代表的な国際法学者の思想や活動については、先行研究の中では断片的に触れたものがあるに過ぎず、本格的な研究はない。戦後日本の国際法教科書も、戦前の戦争観に関しては、法実証主義支配のコロラリーとして、正戦論が影を潜め、その代わり「無差別戦争観」が台頭してきた、という「戦争違法化」の前史的な紹介にとどまるのが通例である。この時期の日本の国際法学者たちは、これまで日本国際法学史上の人物として不当に無視され、いわば忘れられた存在になりかけているのである。

　これはある程度理解できるものである。戦後、反省意識の高まりに伴い、平和主義の言説が支配的であった。それゆえ、戦争違法化以前の戦争観に対する関心が薄れてしまったのも、ある意味で当然のことである。そして、ほかにも理由がある。国際法は元々欧米出自であり、十九世紀後半になってはじめて本格的にそれと遭遇した日本の学者たちは、

---

[4]　前掲注（2）柳原論文、4–5 頁。

[5]　この両者を切り離し、それぞれ独立した範疇として捉えることが適切かどうかは、議論の余地があると思われるが、ここではさておき。

[6]　田中忠「我が国における戦争法の受容と実践——幕末、明治期を中心に——」大沼保昭編『国際法、国際連合と日本』（東京：弘文堂、1987 年）；藤田久一「日本における戦争法研究の歩み」『国際法外交雑誌』第 96 巻 4・5 合併号、1997 年。また、戦前および戦時中の研究として、信夫淳平と高橋作衛の論文が挙げられる。高橋作衛「日本に於ける国際法研究の進歩」『国際法雑誌』第 3 巻 2 号、1904 年；同「明治時代に於ける国際法研究の発達」『法学協会雑誌』第 30 巻 10 号、11 号、12 号、第 31 巻 4 号、5 号、1912–1913 年の連載；信夫淳平「我国に於ける戦時国際法の発達」『国際法外交雑誌』第 42 巻 1 号、1943 年。

西洋理論の受容に没頭し、独自の理論を持っていなかったと思われがちだからである。

しかし、欧米の国際法学者は、欧米で発生した多数の戦争を素材にして彼らの戦争観を形成してきたが、非欧米地域の学者は、欧米出自の国際法的概念枠組みを受容する際、欧米の戦争観を受け継ぐところが多いものの、自分の地域における戦争の現実、国際社会における自国の位置付け、さらに自らの特殊な歴史的・文化的な背景に深く根ざした何がしかの経験に、まったく目を閉じるわけはない。実際にもそうではなかった[7]。

「無差別戦争観」の時代とされた十九世紀末頃から二十世紀初頭までの世紀転換期は、日本国際法学の発足期である。日清戦争・日露戦争を契機として戦時国際法の実証研究が急速に進展し、その時から日本の学者による国際法体系書が書かれるようになった。戦争の問題を国際法学という学問的な体系の中で理論化しようとする彼らは、欧米の「先端的な」議論の忠実な受容というより、様々な解釈や修正を施しながら自らの戦争観を練り上げていくことが、むしろ多い。欧米戦争観の単なる複製または模倣とみなされてはならないという意味において、日本国際法学における戦争観の形成・発展・変化の過程を探り辿ることは、それ自体として重要な意義があるように思われる。

もう一つ注意すべきは、戦争の規制と国際秩序の維持を自らの根本課題とする国際法の観点からして、戦争に訴える権利の無差別許容という意味での「無差別戦争観」の論理構造には、そもそも根本的な矛盾が潜んでいる、ということである。そのような「無差別戦争観」の根源は、実定国際法が支配的であった時代に、規範論理的に国家主権を絶対視したことに由来するとされるが、裏返せば、国家主権が絶対視されたが故に、諸国家の戦争に訴える自由を無条件に肯定する国際法は、結局、国

---

[7] 現に発足期日本国際法学における代表的な学者である高橋作衛はこう述べた。「欧米諸大家の学説を比較研究したる結果に加ふるに我東洋の事状に適切なる要素を以てし茲に国際法上の戦争なるものの何なるかを確定せんと欲す」、高橋作衛「国際法上の戦争」『法学新報』第 12 巻 2 号、1902 年、7 頁。なお、立作太郎も「輓近我国国際法学の発達は西想齟嚼応用の時代より独立思索西想批評時代に移るへきを期望せしむるものあり」と述べ、欧米思想の一方的受容だけでは満足できないという考えを示した。立作太郎「干渉の定義を論して主権と国際法との関係に及ふ」『国際法雑誌』第 2 巻 2 号、1903 年、22 頁。

家の権利状態に対して何らの法的保護を提供せず（できず）、国家の利益範囲の法的安全性を公然と否定するに等しい、という逆説的な結果をもたらすこととなる。すなわち、国家主権の絶対性は、論理上国際法の妥当性と矛盾しており、実践上剥き出しの国家実力の絶対性によってしか保障され得ないこととなる。本質的に「公共性の産物」たる法においては、個と全体、力と規範の均衡こそがその規制のあり方であり、原子論的な実力対抗を念頭におく法学はそもそもあり得ないのではないか。ここで、戦争を発動する権利の無規制と、国際法の法的存在としての妥当性とは両立することができない、というケルゼンの問題提起をもう一度想起しなければならないであろう[8]。

　もっとも、前述の「戦争観の転換論」の主唱者たちは、「無差別戦争観」概念の孕む問題性に気付いていないわけではない。現に主唱者の一人、田畑茂二郎はこう述べた。「無差別戦争観」の下では、「国際法が一つの秩序として存在していることそのことを認めることも困難となる」。「国際法による規制があっても、それをいつでも破棄することが認められることになり、規制そのものがまったく無意味なものになってしまうからである[9]」。つまり田畑は、「無差別戦争観」に潜んでいる問題に対して、決して無頓着ではなかった[10]。

---

[8]　H. Kelsen, *Law and Peace in International Relations: the Oliver Wendell Holmes lectures, 1940–41*, W.S. Hein & Co., Buffalo (New York), 1997 (Originally published by Harvard University Press, Cambridge (Massachusets), 1942), pp. 51–54. 邦訳は、ハンス・ケルゼン著、鵜飼信成訳『法と国家』（東京：東京大学出版会、1952 年）、60–63 頁参照。

[9]　田畑茂二郎『国際法 I（新版）（法律学全集 55）』（東京：有斐閣、1973 年）、71–73 頁。

[10]　田畑がその時代の学説を「無差別戦争観」と名づける動機については、様々な解釈があり得る。例えば、西によれば、「無差別戦争観」概念の提唱は、法によって戦争を規制するというオーソドックスな人類史から「無差別戦争観」を「差別化」するためであった。言い換えれば、田畑がそのような「戦争観の転換論」を打ち出したのは、実効性の危機に晒される武力禁止原則への理論的援護として、「戦争違法化」を「正戦論の復活」と位置付け、「無差別戦争観」をその主線からの逸脱と位置付けることによって、国際法的戦争認識における正統と異端、主流と脱線を明確に区別するためであった。これは、田畑説に潜んでいる学問以外の動機を抉り出す好意的理解と言えよう。西平等「戦争概念の転換とは何か——20 世紀の欧州国際法理論家たちの戦争と平和の法——」『国際法外交雑誌』第 104 巻 4 号、2006 年、66 頁。もっとも、学問以外の動機によって支えられた田

　それでは、田畑によって「無差別戦争観」と名付けられた時代の国際法学者が、もし田畑の説いたように「無差別戦争観」の主張者であるならば、そのような問題に彼等はどう立ち向かったのだろうか。彼等が意識していなかったのか、若しくは何らかの理由によってそれを意識的に無視していたのか、それについて、田畑は答えていない。

　さらに重要なのは、その時代の国際法学における戦争が、果して「無差別戦争観」の用語で一括りにできるものなのだろうか、ということである。欧米はともかく、その時代に公刊された日本の国際法教科書や専門研究書を見る限り、実定国際法上、戦争は原則として禁止されるものではなかったものの、いわゆる戦争原因不問論にさまざまな留保を付したり、さらに明確にそれに反対する主張も少なくなかった。第一次世界大戦前までは、戦争の原因如何にかかわらず、すべての戦争を合法視する見解が有力であった、という一般的な捉え方は、果して適切な認識と言えるかどうか、疑問である。

　若干の例を挙げるなら、以下のような非「無差別戦争観」の議論が実は随所に見られる。

有賀長雄：

世界今日の形勢に於て孰れの一国たりとも目的の当否に関係せす、唯た其の強きに任して戦争を為し得へきにあらす[11]。

高橋作衛：

論者の言ふ所は暴を以て暴に代ふるに外ならざるものなり、斯かる薄弱なる論拠を執りて此問題を解決せんと欲するは、学理上に於ても亦常識の上より論ずるも極めて浅薄なりと云わざるべからず[12]。

千賀鶴太郎：

実法の上に於ては固より戦争に正不正の別なしと謂ふに非す[13]。

畑説にはそのような積極的な意義があると認めたとしても、田畑説が果して歴史的状況を正確に捉えたのか、やはり問わなければならない。つまり、学問以外の動機はともあれ、歴史の実相を探り出すこと自体が重要な作業であると思われる。

[11]　有賀長雄著『戦時国際公法（上巻）』（東京：早稲田大学出版部、1904 年）、1 頁。

[12]　高橋作衛「日露開戦に関する高橋作衛の意見」蔵原惟郭編『七博士日露開戦論纂』（東京：旭商会、1903 年）、120–121 頁。

秋山雅之介：

> 国際公法に於ては単に其戦争を遂行するの方法及行為に付きてのみ
> 交戦者の権利義務を論すとの原則を誤解速了して国家は如何なる原
> 因にても他国に対して開戦し得へきものと為すこと能はす[14]。

　前述の表現から少なくとも確認できるのは、戦争の開始が主権国家の
自由だということは必ずしも一般的に主張されておらず、国際法による
戦争規制のあり方に関して何らかの規範意識が窺われ得るということで
ある。後世の学者が一般に考えているように、十九世紀半ばから第一次
大戦前までは、法実証主義支配のコロラリーとして、すべての戦争を合
法視する見解が有力であった、という見方では捉えきれない部分が多か
ったのである。

　しかしながら、興味深いことに、それらの国際法学者は、前述のよう
に戦争原因の正不正を区別すべきである見解を示すと同時に、以下のよ
うな戦争原因不問論に近い観点も持ち出している。

有賀長雄：

> 国家と国家との間に此の事実あるの時は即ち戦争と称する関係ある
> の時なり、此の関係こそ戦時公法の眼目にして此に至る原因の如何
> は之を問ふことを用いさるなり[15]。

高橋作衛：

> 若し戦因の正否を以て正義の戦と不正義の戦とを分たは不正義なる
> 交戦国は交戦権を其の権利として執行する能はさるの結果を生す故
> に戦争には其原因の正不正を問ふ可からさるなり[16]。

千賀鶴太郎：

> 戦争は斯く形法の上に於ては其理由の正否を問はすして成立す[17]。

秋山雅之介：

---

[13]　千賀鶴太郎著『国際公法要義（訂補再版）』（東京：嚴松堂書店、1911 年、初版は 1909 年刊行）、517 頁。

[14]　秋山雅之介著『国際公法：戦時』（東京：法政大学、1904 年再版、初版は 1903 年刊行）、21–23 頁。

[15]　有賀長雄編『万国戦時公法：陸戦條規（全）』（東京：陸軍大学校、1894 年）、3–4 頁。

[16]　高橋作衛著『戦時国際法要論（全）（改訂第三版）』（東京：清水書店、1910 年、初版は 1905 年刊行）、40 頁。

[17]　千賀鶴太郎著『国際公法要義（訂補再版）』（東京：嚴松堂書店、1911 年、初版は 1909 年刊行）、517 頁。

> 戦争の開始は交戦国双方の権利にして国際公法に於ては戦争に関し
> 国家か其戦争を開始するに至りたる原因如何と其原因の当否を問ふ
> の必要なし[18]。

　このような現象はどう解釈すべきなのだろうか。一般論として、「正
戦論」から「無差別戦争観」へと転換していく過程において、旧い戦争
観と新しい戦争観が拮抗している時期の存続は考えられるし、「無差別
戦争観」が主流となった後でも、「正戦論」が傍流として潜むこともあ
り得る。したがって、以上の現象を正戦論の残存として理解することも
不可能ではない。

　しかし、同一人物でありながら、ときには同一書物の中で、前後矛盾
するような見解を示すのは、単に正戦論の残存として理解するだけで
は、物足りないように思われる。また、それらの論者は、論理一貫性を
持つ人間として、そのような矛盾や混乱に対して気づいていないと考え
るのも現実的ではないように思われる。実際、そのような矛盾を生み出
す原因を究明するためには、理論的次元におけるより深い分析が必要で
ある。さらに、その時代特有の国際法観ないし国際情勢の現実認識と連
動し、彼等の理論が実践において如何に適用されたかを考察することも
必要であろう。しかし、そのような視点は従来希薄であった。それ
ゆえ、新しい視点を以て、その時代の戦争観を見直すことが、本稿の主
な課題である。

　結論を先に述べるならば、本稿の考察を通じて発見したのは、その時
代、戦争違法化の動きが未だ本格的に現れていないにもかかわらず、そ
こには戦争を肯定する契機と否定する契機がともに含まれ、決して「無
差別戦争観」の用語で一括りにできるものではなく、むしろ多様な戦争
観が噴出した時期であった、ということである。そして、国際法理論
上、「正しい戦争[19]」の観念が終始存在しているにもかかわらず、その論
理構造は危険な帰結も孕んでいる。それらの法理論が戦争の実践に応用
されていくとき、「正しい戦争」観念に含まれるはずの制限意識が影を
潜め、あるいは歪んだ形で現れ、その論理構造に孕んだ問題性が現実化

---

[18]　秋山雅之介著『国際公法：戦時』（東京：法政大学、1904 年再版、初版は 1903
　　年刊行）、19–21 頁。
[19]　その意味合いについては、後述する。

してしまったのではないか、と思われる[20]。本稿は、「正戦論」、「無差別戦争観」、「戦争違法化」などの既成の概念枠組に拘らず、発足期の日本国際法学における「正しい戦争」の観念とその帰結に重点を置いて論じていく。

但し、本稿の趣旨は、今日の視点に立って当時の戦争観に対して単純な批判を行うことではない。むしろ、それへの内在的な理解に基づいて、当時の戦争観を支える意識の根底にある危険な部分を暴き出すとともに、現代社会の一般通念と異なりながら興味深い部分をも抉り出したい、ということにある。例えば、当時において、戦争と平和との二元対立は必ずしも自明ではなかった[21]。場合によって、戦争は、国際社会の秩序維持原理と見なされ、平和を追求する手段としてその積極的役割が唱えられることすらあった。それと相応して、「平和的な国際秩序とは何か」を論じても、現代の秩序構想と意味内容を異にしていた。無論、ある論者が皮肉的に指摘したように、外交文書に「平和のために戦争に訴えよう」と書くのは、「あたかも英文手紙では仇の如くに思っている人に対しても『Dear Sir』と書き始める[22]」のと同じく偽善的な表現にほかならない。しかし、武力行使禁止原則が未だに確立されていない時代においては、戦争が国際秩序維持原理の一種として真剣に考えられたことも、あながち不可思議ではない。当時の様々な戦争正当化論理は、「国益」追求のための偽善的な表現としての側面を有することを否定できな

---

[20] もっとも、法理論と法実践は截然と区別され得るものではない。時局関係の発言にも論者の理論的思考が潜在しているのは当然のことであり、むしろ理論的思考とまったく無関係な時事論評は、通常考えられない。他方、法理論に隠された問題性は、現実に直面する際にこそ、顕著な形で現れることがある。その意味で、理論と現実を区分することは、一応可能であり、意義もあるように思われる。

[21] 抽象的な概念は、具体的な状況に附着しておかなければ、その内包と外延が常に流動的であり、他の概念との関係も不確定な状態にある。もっぱら抽象的原理に立脚する概念は、現実離れの空論となりかねず、または現実を歪曲・隠蔽するイデオロギーとして機能しやすくなる。抽象的には良いこと尽くめの原理があったにしても、生の政治力学の磁界の中で変形せざるを得ない。戦争と平和の概念を把握する際にも、それが作動する具体的な歴史的背景や社会的現実と結びつけなければ、正確に理解・評価することができないだろう。ある状況の中で秩序破壊要因と見なされたものと、別の状況の中で秩序創設要因として期待されたものとは、常に対立しているとは限らず、同一のメダルの表裏に過ぎない場合もあるからである。

[22] 丘浅次郎『進化と人生』（東京：東京開成館、1906 年）、149 頁。

いものの、歴史状況や国際秩序の基本構造からして合理的な側面を孕んでいることも、ある程度認められよう。

　実際、武力行使禁止原則が一般的に確立された現代においても、紛争解決や平和維持における戦争ないし武力行使の積極的な機能は、完全に姿を消したとは言えない。集団安全保障制度下の強制措置はいうまでもなく、人道的干渉や、強制の要素を含む「対抗措置」の合理性・妥当性も一概に否定されたわけではない[23]。また、内乱や難民問題に応えるために、場合によっては、武力を伴う強制的紛争処理が必要である、と考えられている[24]。換言すれば、武力による紛争処理が一般に違法化されており、しかも紛争実態の正否を問わず、誰が最初に武力を行使したかという形式的要件のみで個別国家間の戦争の合法性・違法性を判断するという国連憲章体制の下でも、戦争問題に実質的な正否の判断を持ちこむ場合が、実はあるように思われるのである。

　なぜそうなった（ならざるを得なかった）のだろうか。それは、「物理的強制力」の存在を法の本質と見る立場にかかっている。法にとって、力は可及的に規制されるべき対象であると同時に、法維持のために

---

[23]　大沼保昭によれば、人権的・人道的等の普遍的理念を実現するために行われる「人道的干渉」の法的位置付けは、合法・違法の線引きで一律に判断すべきものではなく、主体、方法、程度、規模ないし文明の要素を考慮しながら、実質的な要件設定の作業を進めた上で判断すべきである。大沼保昭著『人権、国家、文明——普遍主義的人権観から文際的人権観へ——』（東京：筑摩書房、1998 年）、104–139 頁。また、最上敏樹によれば、法分野ごとに紛争処理制度の働き方や実効性はかなり異なっているが、武力行使を伴う紛争に関しては、平和的な紛争処理制度によって解決できず、実効的な集団的制裁も機能し得なかった場合、国家は自己判断に基づき強制の要素を含む「対抗措置」を講じることの妥当性は、一概に否定すべきものではなく、具体的状況性を考慮しながら判断すべきである。最上敏樹『人道的介入——正義の武力行使はあるか——』（東京：岩波書店、2001 年）参照。人道的干渉や対抗措置に対する法的制御の仕方（発動要件の精緻化など）を工夫した上で、それらを紛争処理手続の一環として、ある程度までその必要性を認めようという議論において、それなりの「合理性」が存在するのは否定し難いだろう。逆に、国際紛争が未解決のままに残り、あるいは甚大な不正義や人権侵害の状況が継続していく状態にしても、個別国家のあらゆる種類の強制手段を法律上禁止さえすれば平和が守られる、という考え方の「不合理性」も明らかであろう。

[24]　宮野洋一「国際法学と紛争処理の体系」国際法学会編『紛争の解決（日本と国際法の 100 年（第 9 巻））』（東京：三省堂、2001 年）、52 頁。

適切に運用されなければならないものでもあるからである。力の行使が放任されるなら、法の存在はあり得ない。他方、力によって担保されない限り、力を規制し牽引する技術としての法は有効に機能し得ない。そうである以上、法と力の関係は常に二項対立であるとは限らない。戦争という極端な力の発現形態も、この法と力の根本的構図の中で位置づけるべきではないかと思われる。

　武力行使禁止原則が国際法上の揺るぎない地位を獲得した現代においては、紛争解決や平和維持における戦争の役割や機能を語ること自体、一種のタブーであるかもしれない。しかし、口を噤むことによっても、現実の戦争が消滅し平和が守られることにはならない。そうであれば、問題は、語るかどうかではなく、如何に語るかということにある。戦争違法化の原則が確立した今日においても、あらゆる国家間紛争について客観的・平和的な手続による解決可能性が与えられるとは依然として考えられない。そういう志向性さえ、学説においても実務においても破綻を露呈し、もはや支配的ではない。戦争を国際紛争の強制的処理方法と看做すことには異論が存在するが、戦争の法的性質をめぐって、思考を停止してしまうことは許されない。むしろ法と力の交錯、原理性と状況性の拮抗関係の中で、常に問いかけ続けるべきではないだろうか。そのような議論は、決して、今日の国際法学における武力行使禁止原則の原理性を否定しようとするものでもないし、平和への志向を軽視するものでもない。ここで強調したいのは、国際法学においては、武力の行使であれ、その規制であれ、それを自己目的化して硬直的に理解してはならず、常に流動的・具体的な状況との関連において、ある目的（国際社会の秩序維持にせよ、個別国家の安全保障にせよ、人類共通の利益実現にせよ）を達成するための手段として、機能的に（制限であれ利用であれ）捉えるべきではないか、ということである。

第二節　本稿のアプローチ

　以上のような問題意識の下で、本稿は、「正しい戦争」観念を中心軸に据えながら、日本のいわゆる「無差別戦争観」の時代に現れた多様な国際法的戦争観を研究対象とする。考察時期は、日清戦争直前（一八九四年頃）から、日露戦争及び二回のハーグ平和会議を経て、第一次世界大戦が勃発する（一九一四年頃）までの約二十年間にほぼ限定する。取り上げる人物は、東京大学、京都大学、早稲田大学、一橋大学などで国

際法講座を担当する専門国際法学者——有賀長雄、高橋作衛、中村進午、寺尾亨、千賀鶴太郎の五人——を中心に据える一方[25]、大学や専門学校で国際法を教える専任教師ではないが、国際法を専攻したことがあり、かつ国際法的戦争観に関する研究書や学術論文を公刊した広義の国際法学者[26]も視野に入れる。研究素材としては、当時の国際法教科書・専門研究書・講義録、そして国際法関連の学会誌や専門誌[27]に掲載された学術論文・時論・講演などを網羅的に取り上げる。

　では、本稿に言う「正しい戦争」観念は如何なるものなのか。簡単に説明しておきたい。

---

[25]　本稿の主旨や考察時期の限定により、当時の専門国際法学者のうち、割愛せざるを得なかった者がいる。例えば、日本国際法学会の呼びかけ人として学会の形成と発展に甚大の貢献を為した山田三良、国際的に名高く優れた外交官たる安達峰一郎は、その重要性にもかかわらず、戦争問題、とくに *jus ad bellum* に関してほとんど言論活動を展開していなかったので、割愛する。また、日本におけるオーソドックスの国際法学を代表する者といってよいほど、日本国際法学の発展に多大の貢献をなした立作太郎は、極めて重要な人物ではあるが、彼の活躍期は基本的に明治末期から昭和時代にわたるのであったため、本稿の考察時期上の制限により、彼の代表作（立作太郎著『平時国際法論』（東京：日本評論社、1930年）、『戦時国際法論』（東京：日本評論社、1931年））を扱うことが難しく、その初期の理論を取り上げるに止まる。

[26]　広義の国際法学者とは、政府機関に在職しながら教壇で国際法講義を兼ねる官僚や、日清・日露戦争の従軍経験をきっかけに国際法研究に携わる軍人、また、政府代表として国際会議に参加する経験に基づき国際法の著書を著した外交官、さらに国際法の専門雑誌に論文を載せた大学院生などを指している。本稿の中で扱った者は、遠藤源六、秋山雅之介、花井卓蔵、藤田隆三郎、蜷川新、大野若三郎、松原一雄、篠田治策、長岡春一、鳩山和夫、玉置嘉門、神藤才一、稲田周之助、飯田寛助、高原仲治、山石正文、倉地鐵吉、小林松堂、大澤唯治郎、兵藤三郎、石山福治などである。

[27]　学会誌と専門誌とは、『国際法雑誌』（後に『国際法外交雑誌』と改名）『外交時報』『国家学会雑誌』『法学協会雑誌』『京都法学会雑誌』（後に『法学論叢』と改名）『（日本大学）法政新誌』（後に『日本法政新誌』と改名）『（中央大学）法学新報』『（法政大学）法学志林』『（明義雑誌社）明義』などの和文雑誌と、*Revue de Droit International et de Législation Comparée*、*Revue Générale de Droit International Public*、*The American Journal of International Law*、*The Law Quarterly Review* などの欧文雑誌を指している。

　第一に、「正しい戦争」の観念は、道徳的・倫理的・政治的・社会的な諸規範の観点から戦争の正不正を判断するものではなく、基本的に法的枠組の中で戦争を思考する概念である。

　第二に、「正しい戦争」の観念は、「正当な戦争」と「不正な戦争」の区別を前提として、戦争を無条件に禁止することでも無制限に許容することでもない。それは、戦争に対してなんらかの法的条件を設定し、その「条件」に基づいて評価しなければならないという意識を伴うものである[28]。実際、管見では、当時の学説上、戦争が一切禁止されるべきであると主張する国際法学者は見受けられないが故に、本稿で「正しい戦争」観念の存在を証明することは、戦争が無制限に許容されていないことの証明に等しいと思われる。すなわち、本稿に言う「正しい戦争」観念は、戦争に対する法的制限意識と解されてよい。もっとも、「正しい戦争」観念の存在自体の証明は第一歩に過ぎない。より重要なのは、如何なる「正しい戦争」の観念が存在したか、それらの観念を支える根拠が何だったのか、を究明することである。

　第三に、このような「正しい戦争」観念は、従来の「正戦論」との間に共通性もあるが、基本的には区別される。両者は、戦争原因の追究によって戦争発動そのものを制限するという意識を持っている点において

---

[28] そのような観点が近代日本思想史上において明確な形で現れたのは、中江兆民の『三酔人経綸問答』（東京：集成社書店、1887 年）であろう。その著作において、洋学紳士君（絶対的平和主義者）、豪傑君（武力拡張主義者）、南海先生（中間派）の三酔人が登場し、全面否定的な態度をとる「否定派」、全面肯定的な態度をとる「肯定派」、そして条件付きで戦争を認める「条件派」、という三つの立場から、戦争と国際政治について議論を交わした。この三人の対話を通じて複数の論点が様々な角度から提起されている。本稿は、彼等の議論自体に立ち入らないが、一点だけ指摘しておきたい。つまり、肯定派と否定派は、戦争そのものを善玉か悪玉か二者択一の立場に固定化し、超越的で絶対的な価値や目的の導入により、彼らのテーゼを反証不可能な定言的命法に仕立て上げている。それに対して条件派は、条件を設定し、その条件に適った戦争を許容すると考えている。すなわち、条件派は、戦争を行うか行わないかではなく、如何なる戦争を行うかに着目する。そこには戦争を肯定する契機と否定する契機がともに含まれる。本稿の問題意識は『三酔人経綸問答』から示唆を受けた。また、考察対象や問題意識を異にするが、本稿と同じく「条件設定」の意味で「正しい戦争」観念を捉えるものとして、山内進著『「正しい戦争」という思想』（東京：勁草書房、2006 年）参照。本稿は「正しい戦争」概念を定義するにあたって、そこから大きな示唆を受けた。

共通している。しかし、後者は、戦争原因の正不正のみに着目するのに対して、前者は、原因という唯一の要素に限定せずに、戦争発動の時機や方法、武力行使の限度ないし国際法体系における戦争の位置付けなどの多様な要素に着目する。シュミットの指摘したように、「正戦論」の論理構造には、正当因の強調によって無制限の武力行使をもたらしかねないという帰結も秘めている。つまり、正当因を持つ側による殲滅戦争すら積極的に正当化してしまう機能を、「正戦論」は果たし得るのである[29]。シュミットの危惧している「正戦論」と異なり、「正しい戦争」観念は、武力行使の全過程にわたる戦争制限意識を指し、ある一つの要素を強調するあまり、他の要素を無視する危険性を必然的に秘めるものではない。

　第四に、論理的に言えば、「正しい戦争」の条件設定の仕方は多様である。戦争全体であれ個々の戦闘行為であれ、戦争に関して幾許かの区別意識さえ看取されれば、「正しい戦争」の観念が存在すると言えるだろう。しかし、個々の戦闘行為に対する法的規制、つまり *jus in bello* の次元における条件設定については、細部にわたれば相違があるが、その法的規制の必要性自体は、従来基本的に認められている。したがって、本稿において改めてそれを証明する必要はない。つまり、本稿に言う「正しい戦争」観念は、主に *jus ad bellum* の次元における法的制限意識に関わるものである。ただ、論理の展開に必要な限りにおいて、*jus in bello* の問題に言及する。そして、前述のように、*jus ad bellum* のうち、戦争原因論に焦点を当てるが、それに拘らずに、多様な角度から戦争観の全体像を捉えようとする。

　この中心軸の基底には、ある特定な観念の分析を通じて「法と力」の交錯・拮抗・連動関係を可及的に模索しようという動機が潜んでいる[30]。

---

[29]　Carl Schmitt, *Der Nomos der Erde im Völkerrecht des Jus Publicum Europaeum*, 3. Aufl., unveränderter Nachdruck der 1950 erschienenen 1. Aufl, Duncker & Humblot, Berlin, 1988, pp. 285–299. 和訳は、カール・シュミット著、新田邦夫訳、『大地のノモス：ヨーロッパ公法という国際法における』（東京：慈学社出版、2007 年）、406–426 頁。

[30]　このような問題意識は、大沼保昭教授から示唆を受けた。「法と力」の主題に関する大沼教授編著の『国際社会における法と力』（東京：日本評論社、2008 年）参照。また、大沼教授の問題関心を敷衍するものとして、中川淳司、寺谷広司編『国際法学の地平：歴史、理論、実証（大沼保昭先生記念論文集）』（東京：東信堂、2008 年）参照。

本研究は単なる学説史的な考察に止まらずに、法的議論とそれを支える社会現実との相互応酬にも目を向けたい。法はそもそも、不断に変動し続ける現実世界の力関係を整序しながらそれに合わせて自己調整を迫られる。但し、注意すべきは、法的議論の対象である社会現実とは、直接認識された社会関係総体そのものではなく、さまざまな虚構や擬制を用いて表象された理念の投影にほかならないということである。法学的思考様式の根底には、真実なる客観世界をそのまま「認識」するというよりも、むしろ人間の主観的な構築活動を通じて客観世界を意義づけようという欲求が潜んでいる。一方、人間によって意味づけられ虚構された「客観世界」が、日々の実践を取り巻く環境を構成し続けていることは紛れもない現実でもあり、法学的思考様式の形成・発展・変質をも方向付けている。法学が、擬制によって複数の可能な虚構現実のうちの一つを提供し、それによって「社会現実」を牽引する技術であるとするならば、それは「現実」をひたすらに追認するものであっても、「現実」から極端に遊離するものであってもならない[31]。

　この意味で、法と力との関係は、規範世界における法と現実世界に働く力との間の単純な対抗関係（法の事実制御力と事実の規範破壊力）にも、力の行使を正当化する法と、法を支えさらに法を創出する力との間の相互構成関係（法の事実認定力と事実の規範形成力）にも止まらない。さらに、現実の力を保有する者の価値観や世界観が法観念の形成過程に及ぼす影響力、また法的思考を通して作り出された認識空間——一度確立された法観念が、現実の力を保有する者を含む法の受範者全員の価値観や世界観を一定の方向に収斂させていくように枠づける機能——の力において、法と力の相互投影関係を見て取ることができる。要するに、法であれ力であれ、現実世界と規範世界（または実体と虚構）の両次元にまたがって存在している。本稿は、こうした重層的な法と力の関係に着目しながら、国際法上の戦争観を切り口として、国際社会の秩序創出手段としての国際法が如何にして、法的視点の下で認識された国際秩序の構造的要因によって制約されながら、それの克服を図ろうとしたのか、という双方向の連動関係を、抽象論的次元にではなく、実証的に解明することを課題とする。

---

[31] 寺谷広司著『国際人権の逸脱不可能性——緊急事態が照らす法・国家・個人——』（東京：有斐閣、2003年）、378頁。

　なお、戦争観をめぐる国際法学的研究は、従来多様なアプローチの下で行われている。例えば、法哲学や法政策学の観点から規範論理的に戦争のあるべき性格を唱えたり、事例研究として特定の戦争における国家実行を詳述したり、実定国際法文書の規定に依拠して戦争に関する規範意識を抽出したり、国際社会ないし国際法秩序の構造と関連して戦争の構造や機能を論じたり、また複数の立場から国際法体系における戦争の位置付けを整合的に説明したりするなど、多種多様である。そこで本研究を進めていくに際して、議論の射程範囲をさらに以下のように限定しておきたい。

　第一に、戦争の実態に対する描写や説明としての記述的な戦争観よりも、一定の理念枠組に依拠して戦争を評価するという規範的な戦争観に、より大きな関心を傾ける。但し、記述的な議論にも規範的含意が存在しうるので、その場合、記述の背後に潜んでいる論理構造を解明するために、前者にも触れることとする。

　第二に、本稿は戦争観の類型化作業を試みる。しかし、当時の国際法学者の戦争観には広範な幅が存在している。また、戦争を支持・反対する理由やその論理枠組も、時の経過とともに変動する場合があり、同一人物の態度さえ、一定不変な形で存在するわけではない。このような多様な変種とその絶えざる変化にもかかわらず、戦争を認識し判断する基本的な枠組みには共通性と持続性が見られたことも事実である。以下の類型化分析は、バリエーションに留意しながらも、その共通する認識枠組に、より大きな関心を払うこととする。

　本稿の構成は以下のとおりである。第一章は幕末から明治末期にかけて日本に輸入された欧米国際法書に示された戦争観を整理した上で、日本国際法学の発足期における戦時国際法研究の概況を解明する。第二章と第三章は、当時の国際法理論上の戦争観を分析する。そのうち、第二章は、後世の学者がその時代を「無差別戦争観」の時代と考えがちな理由を分析し、それらの理由が成り立つか否かを検証することによって、「正しい戦争」観念のいくつかの側面を浮かび上がらせる。第三章は、上の分析を踏まえたうえで、当時の戦争観を三つの類型に分類し、それぞれの特徴や相互間の異同点を検討する。それによって、「正しい戦争」観念の理論的様相を解明する。そして、第四章は、日露戦争を素材として、三類型の戦争法理論が実践において如何に展開されていったかを考察し、その意義と問題性を明らかにする。それによって、「正しい

戦争」観念の実践的様相を解明する。終章は、国際秩序観と連動する視点の下で、当時の「戦争と平和」構図の特徴を指摘することを以て結びとする。

第一章

日本国際法学における戦争観の形成

欧米からの受容

第一節　戦時国際法の受容

1.1.1.　戦時国際法関係書物の輸入

　本稿にいう「日本国際法学における戦争観」は、日本における伝統的な戦争観ではなく、十九世紀半ばに舶来した欧米国際法と遭遇してから形成されてきた戦争観を指している。したがって、それを考察するには、まず欧米国際法の輸入過程を回顧しておかなければならない[32]。

---

[32]　日本における欧米国際法の受容過程については、これまで多数の研究がなされている。戦前と戦時中においては、有賀長雄、高橋作衛、信夫淳平、尾佐竹猛、吉野作造、大平善梧と横田喜三郎の初期の研究があり、戦後においては、落合淳隆、筒井若水、広部和也、住吉良人、田岡良一、一又正雄、松井芳郎、香西茂、伊藤不二男がそれぞれの問題関心から考察を行い、80年代以降、田中忠、山内進、藤田久一、安岡昭男、韓相煕などもこの分野の研究に力を注いでいる。また、日本を含むアジア諸国における国際法受容過程全体に関しては、柳原正治、藤田久一、広瀬和子、大畑篤四郎、原田環などが業績を残している。そのほか、日本人学者による英文の研究論文も少なくない。J. Shinobu, Otsuka Hirohiko, Ito Fujio, Taijudo Kanae, Oda Shigeru, Onuma Yasuaki, Yamamoto Soji, Akashi Kinji の論文を参照されたい。以上は皆、参考文献リストに挙げている。本稿の問題関心と密接に関連し、執筆の際にそこから示唆を受けたものとして、以下を挙げる。田岡良一「西周助『万国公法』」『国際法外交雑誌』第 71 巻 1 号、1972 年；一又正雄著『日本の国際法学を築いた人々』（東京：日本国際問題研究所、1973 年）；広瀬和子「国際社会の変動と国際法の一般化——十九世紀後半における東洋諸国の国際法への加入過程の法社会学的分析——」寺沢一ほか編『国際法学の再構築（下）』（東京：東京大学出版会、1978 年）；田中忠「我が国における戦争法の受容と実践——幕末、明治期を中心に——」大沼保昭編『国際法、国際連合と日本』（東京：弘文堂、1987 年）；Onuma Yasuaki, "'Japanese International law' in the Prewar Period—Perspectives on the Teaching and Research of International Law in Prewar Japan", in *The Japanese Annual of International Law*, 1986, no. 29; Akashi

　欧米国際法の受容という表現自体は、非欧米世界の立場から語るものであり、欧米諸国の立場から見た場合は、本来欧米諸国の間に通用していた「国際法」の世界史的膨張にほかならない。そもそも欧米諸国に共通する宗教的・文化的な思想遺産や交際の慣行を基盤として形成されてきた近代国際法は、それら諸国間の「国際関係」を規制する法的体系であり、思想的体系でもある[33]。欧米社会とは異質の伝統を持つ社会や地域に対して、「国際法」を適用すべきである、または適用し得る、という考えは、近代国際法学の発想自体に本来含まれたものではない。

　「国際法」の起源の地域性に由来する適用限界は、十九世紀以降主流となりつつあった実定法主義[34]の研究方法によって一層強化された[35]。国際法規範の妥当根拠を人間に共通する理性に求め、国際法の普遍的適用性を暗黙のうちに想定しがちな自然法観念が、次第に疑われ否定されるにつれ、その代りに、現に諸国民の間に行われつつある慣習、および現に各国間に結ばれている条約などの客観的事実に、国際法の妥当根拠を求めようとする実定法主義の傾向が徐々に一般化した。それゆえ、近代国際法の存在を確かめる材料は、欧米諸国間の慣習と条約よりほかにないとされた。

　もっとも、産業革命による近代産業の発達につれ、欧米諸国は貿易のために欧米以外の諸国を彼等に対して開き、さらに植民・半植民関係を作り上げた。そして世界に進出していた欧米諸国の力の支配をよりスム

Kinji, "Japanese 'Acceptance' of the European Law of Nations—A Brief History of International Law in Japan c. 1853–1900", in Michael Stolleis and Masaharu Yanagihara (eds.), *East Asian and European perspectives on international law*, Nomos, Baden-Baden, 2004 など参照。

[33] 筒井若水「本多利明の国際社会観——幕藩期における主権平等意識——」『（東京大学教養学部）社会科学紀要』第 23 号、1973 年、11–16 頁；同「現代国際法における文明の地位」『国際法外交雑誌』第 66 巻 5 号、1968 年、37–44 頁。

[34] ここでの「実定法主義」とは、実践重視という素朴な意味での法実証主義を指している。法実証主義という言葉は多様な意味において用いられるが故に、誤解を避けるため、本稿では基本的に用いない。

[35] 実際、当時のヨーロッパにおいて一般国際法を論じる著書の表題として、「ヨーロッパ国際法」という名称が頻繁に使用され、広く流布されていた。J.L. Klüber, *Droit des gens moderne de l'Europe: avec un supplément, contenat une bibliothèque choisie du droit des gens*, Nouv. éd., rev., annotée et complete, par M.A. Ott, Guillaumin, Paris, 1861; A.W. Heffter, *Das europäische Völkerrecht der Gegenwart auf den bisherigen Grundlagen*, 5. Ausg, E.H. Schroeder, Berlin, 1867, *etc*.

ーズに確立するために、「国際法」が格好の道具として用いられることとなった[36]。このような「国際法」の適用範囲の拡大は、非欧米諸国を平等な主体として扱うために行われたではなく、彼等の行動を好都合に枠づけ馴化するために「国際法」が用いられたということである[37]。その意

---

[36] もっとも、国家政策上の必要性がある一方、従来の欧米国際法はその適用範囲を欧米以外に広げていくべきかどうか、仮にすべきだとしたら、どのように適用すべきか、それをめぐって当時の欧米国際法学者は多くの疑念を抱え、激しい論争が繰り広げられた。1875 年の万国国際法学会（*Institut de droit international*）のハーグ会期において、「ヨーロッパ国際法の東洋諸国民に対する適用可能性」に関する国際法学者の議論は、このことを典型的かつ集約的に現している。その会議において行われた諸議論については、広瀬和子教授と藤田久一教授の興味深い分析を参照。広瀬和子「国際社会の変動と国際法の一般化——十九世紀後半における東洋諸国の国際社会への加入過程の法社会学的分析」寺沢一ほか編『国際法学の再構築（下）』（東京：東京大学出版会、1978 年）、131–146 頁、藤田久一「東洋諸国への国際法の適用——十九世紀国際法の性格」『法と政治の理論と現実（関西大学法学部百周年記念論文集）』（東京：有斐閣、1987 年）、148–169 頁。他方、「国際法」の「世界史的膨張」の動機や動因はどうであれ、その結果として、シュワツェンバーガーが指摘したように、「ヨーロッパ国際法が普遍化のために支払わねばならなかった代価は、次第にキリスト教の基準から離れ、その倫理的要素を希薄にしてゆくことであった。国際法は次第に形式化の過程をたどった」。G. Schwarzenberger, "The Standard of Civilization in International Law", in *Current Legal Problems*, 1955, vol. 8, p. 220.

[37] 「白人の責務」が唱えられながらも、欧米「国際社会」の内部における普遍主義の要素は、その外部に向かう際に、差別主義の論理に転化してしまっている。実際、十九世紀後半から欧米国際法の体系に関係付けられた非欧米諸国ないし地域は、先占の対象として支配・分割されるか、被保護国とされ外交能力のない半主権国となるか、もしくは一応国際法上の地位を認められながら、治外法権制度・領事裁判制度・関税自主権の放棄または片務的最恵国条項を伴う不平等条約を課せられるか、そのいずれかの地位に置かれており、欧米諸国は、彼等に対して国際法を使い分けていたが、いずれも相手を対等なものとして見なす立場ではなかった。この点に関して、当時日本の国際法学者も冷徹に認識している。例えば、後述する専門国際法学者の一人である高橋作衛はこう述べた。「従来西洋諸国は自己に便宜なる場合に於てのみ国際法を適用し若し不便利なるときは東洋等に対しては之を捨てて適用せさるの傾あり」。高橋作衛「国際法上の戦争」『法学新報』第 12 巻 2 号、1902 年、12 頁。また、秋山は高橋より一層徹底した形で国際法の背後にある力関係の問題を指摘した。彼は「国際公法は其発生、発達及実行共に国力均衡と相終始し」たことを指摘した上で、「其均衡を有せさる国家間に於ては洋の東西を問はす其法則の違犯若くは変例と視るへき事実を生」じ、「野蛮国若くは未開国に対して適用せられさるに止まらす文明国社会に於ける列国間

味において、「国際法」は一つの法規範であるとともに、高度に政治的
側面も持っていた。近代国際法における欧米諸国の優越的な地位は、国
際社会におけるこれら諸国の力の支配の法的表現にほかならない[38]。

　欧米国際法の世界史的膨張は、欧米強国の世界的進出の付随的結果と
言えるが、それに直面した非欧米諸国は、どのような対応を行ったのだ
ろうか。よく指摘されるのは、非欧米諸国による受容は、欧米諸国の力
の優勢への屈服の結果であり、消極的で受動的なものであった、という
ことである[39]。しかし、今日の視点からは、いわゆる「受容」が、欧米と
いう外部からの一方的押し付けであるかのように見えるが、当時の非欧
米諸国の受け止め方は、必ずしもそうではなかった。例えば、国際法の
遵守されるべき根拠を、儒学と自然法とを混合した抽象的・道徳的な原
理の次元で理解する場合、普遍的理念の中身の読み替えが行われ、受け
止め側が比較的スムーズに国際法の存在を承認することもあろう。それ
とは反対に、国際法を実用法学として受け止める場合、前述の実定法主
義が支配的であっただけに、自然法観念を含む中世以来の思想遺産を欧
米諸国と共有しない非欧米の国家ないし政治団体は、欧米諸国と交際し
ている過程において生じた慣行や条約が実証されさえすれば、国際法主
体として認められる可能性が開かれることとなる。その点を見極めた非
欧米諸国は、国際法を積極的に活用しようとする傾向がむしろ強く現れ
てくるだろう。さらに、欧米諸国の力の優勢に対抗するために、外交交

に於ても国家の貧富強弱に因り往々其法則の厳正なる実行を見る能はさる」状態
であると説いた。秋山雅之介「国際公法の発生発達及実行に付き列国間に国力均
衡の缺くへからさる所以を論す」『法学志林』第 1 号、1899 年、12、20 頁。

[38] 近代国際法に潜んでいる、自己中心の差別主義を法理論の偽装を以て隠蔽し正当
化するというパワー・ポリティクス関係を鋭く指摘したものとして、G.
Schwarzenberger, *The Inductive Approach to International Law*, Stevens, London, 1965,
pp. 60–61 参照。また、このような差別の正当化が、近代国際法理論から論理必然
的に演繹されるものであると考える立場もある。カール・シュミット著，新田邦
夫訳『大地のノモス――ヨーロッパ公法という国際法における』（東京：慈学社
出版、2007 年）、296–298 頁。また、それを以て国際法秩序が帝国主義的ないし
植民地主義的であると批判する者もある。R.P. Anand, "Role of the 'New' Asian-
African Countries in the Present International Legal Order", in *AJIL*, 1962, vol. 56, no. 2,
pp. 386–389 参照。

[39] Onuma Yasuaki, "'Japanese International law' in the Prewar Period—Perspectives on the
Teaching and Research of International Law in Prewar Japan", in *The Japanese Annual of
International Law*, 1986, no. 29, pp. 23, 40–41.

渉の場で無形の理義を以て有形の腕力の不足を補おうとする傾向が現れ
得る。そうすればするほど、国際法が次第に抽象的・道徳的な理念から
離れ、政府の対外政策に有用な技術（弱者の楯にせよ強者の道具にせ
よ）を提供する実用法学として見なされることもあるだろう。このいず
れの場合にしても、消極的というよりも、むしろ積極的な姿勢が現れ得
るように思われる。しかも、「受容」における時間的な継続性を考慮に
入れるなら、当初は消極的であったが、次第に積極的な姿勢に転換され
ていく可能性がある一方、逆方向の移行もあり得、必ずしも同一の姿勢
に始終するとは限らない。さらに、最初から消極性と積極性の両面を併
せ持つことも十分可能である。

　実際、ペリー来航後の日本は、外圧に押される一方、当初から国際法
知識の吸収に旺盛なる意欲を示した。幕末の攘夷派による排斥が一時あ
ったものの、国際法に対する普遍主義的・道徳的な理解と、実用主義
的・道具的な認識が、最初から併存しており[40]、この二種の態度はともに

---

[40] 日本における国際法の早期受容の特徴として、自然法的・普遍主義的な傾向が強
かったとする吉野説は、長い間、後世の研究者に踏襲されていた。吉野作造「我
国近代史における政治意識の発生」『政治学研究（第二巻）』（東京：岩波書
店、1927 年）。それを踏襲したものとして、大平善梧「国際法学の移入と性法
論」『一橋論叢』第 2 巻 4 号、1938 年、48–49 頁；同「日本の国際法の受容」
『（小樽商科大学）商学討究』第 4 巻 3 号、1953 年、1–16 頁；信夫淳平「我国に
於ける戦時国際法の発達」『国際法外交雑誌』第 42 巻 1 号、1943 年、5 頁；住吉
良人「西欧国際法学の日本への移入とその展開」『（明治大学）法律論叢』第 42
巻 4・5・6 合併号、1969 年、343–370 頁など参照。しかし、田岡良一教授は、後
述する西周訳述の『畢洒林氏説万国公法』に対する緻密な分析を通して、日本に
おける「国際法」の早期受容において、自然法主義よりも、むしろ実定法主義ま
たは実用主義の色彩が強かったと論証し、吉野論文によって確立された伝統的見
方を覆した。田岡良一「西周助『万国公法』」『国際法外交雑誌』第 71 巻 1 号、
1972 年、10–27 頁。その後、田岡説が次第に受け入れられ、定説となりつつあっ
た。住吉良人「明治初期における国際法の導入」『国際法外交雑誌』第 71 巻 5・
6 合併号、1973 年、32–58 頁；同「明治初期における国際法意識」『（明治大
学）法律論叢』第 48 巻 2 号、1975 年、1–31 頁；Akashi Kinji, "Japanese
'Acceptance' of the European Law of Nations—A Brief History of International Law in
Japan c. 1853–1900", in Michael Stolleis and Masaharu Yanagihara (eds.), *East Asian and
European perspectives on international law*, Nomos, Baden-Baden, 2004, pp. 3–5. しか
し、筆者からみれば、むしろ最初から二種の理解の仕方がともに存在していたの
ではないかと思われる。後掲注（41）参照。

国際法知識の吸収に促進的な役割を果たした[41]。その後、国際社会の現実認識の深化に伴い、後者の態度が次第に主流となり、とくに戦時国際法

---

[41] 国際法一般の受容過程は本稿の論旨から離れるため、本文において展開しないが、一言指摘しておきたい。日本における国際法の受容は、二つの相矛盾する側面を併せ持つことを以てその特徴とすると思われる。すなわち一方において、国際法を法と道徳の一致するものと見なし、抽象的・道徳的な原理の次元で国際法の遵守さるべき根拠を理解している。とくに早期において儒教の経典たる『論語』や『大学』の教義を以て国際法を解釈する傾向から、この点が見受けられる。後述の高谷竜洲の『万国公法蠡管』はその序文の中で『大学』を引用し、瓜生三寅の『交道起源』や皇朝堤殻士志の『万国公法釈義』も同様の見解に立つものであった。さらに 1882 年の『万国公法戦争条規』の訳序においても「夫れ万国公法の著たる其意天理を明にし以て人欲を制し天下後世をして復干戈の何物たるを知らさしむるに在り」と書いてある。飯山正秀「緒言」、ブルンチュリー著、山脇玄・飯山正秀訳『万国公法戦争條規』（東京：近藤幸正、1882 年）、1 頁。他方において、国際法は政府の対外政策に有用な技術を提供する実用法学としても受け止められた。注意すべきは、この二つの側面は、前後交替の関係にあるのではなく、むしろ最初から併存してきた、ということである。なぜそうなったかと言えば、理論上の原因と実践上の原因がある。理論上の原因を言えば、当時輸入されてきた欧米国際法学の書物の多くは、国際法の拘束基盤を何らかの普遍的な理念（神であれ理性であれ正義であれ法的信念であれ）にそれを求めながら、国家実行を何よりも重視する傾向を持っていることであるから、その内在的対立がそのまま受容する側に導入された。実践上の原因を言えば、欧米国際法の世界史的膨張に直面した非欧米国家は、国際法の普遍的な適用可能性に対する信念と、その実用道具性（強大国にとっては弱肉強食の現実を正当化するイデオロギーとして、弱小国にとっては実力の不足を法理論の巧みな運用によって補足する技術として、利用され得る）に対する認識の両方を、同時に受け入れざるを得なかったことである。実際、当時の日本人の中には、何れか一方に偏り極端な認識を示した者もいるが、国際法の二つの側面をバランスよく捉えた者もいる。例えば、ウェストレークの『国際法要論』の訳者たる深井英五郎は、その本の訳序の中でこう述べる。「国際法に関して二様の誤解あり。一は其の効力を過大視し、一は之れを過少視するものなり。国際法に信頼して正義の普行を期待するものは恐らく失望を免れざる可し。『大国之所索、小国必聴、疆兵之所加、弱兵必服』とは、辯辞を排し、実力を重しとせる法術の論者が道破したる真理の一面なり。然れども春秋の覇業を翼成せる実際の外交家も尚ほ且つ言へるあり、『君以礼與信属諸侯、而以姦終之、無乃不可乎……夫諸侯之会、其徳刑礼儀、無国不記、記姦之位、君盟替矣』と。国際法を以て虚辞空文に過ぎずとするは国際社会の実状に適したる見解にあらず。全き真理は、他の多くの場合に於ける如く、此の場合に於ても亦た中庸に存するなり。故に国際の案件に処して宜しきを得んと欲するものは国際法の真価を正当に了解するを要す」。ウェストレーク著、深井英五郎

の受容は、後ほど紹介するように、国際法一般の受容における特徴を帯びながら、日本が直面した一連の戦争や事変[42]に現れた国際法問題に対応するために急速に進められ、それ故に、実用主義的な態度が一層際立った。全体的にみれば、戦争開始の権利よりも、交戦法規の内容解明や実地適用がより重視されていたが、いずれにしても、消極的というよりも、むしろ積極的な姿勢が見受けられるように思われる。以下において、そのような特徴を念頭に置きながら、幕末から明治末期にかけて戦時国際法の受容過程を概観した上で、それらの書物のなかの戦争開始の権利に関する記述に重点を置いて考察を進めていく。

　幕末のオランダ留学生派遣は、戦時国際法が日本に輸入される最初の契機となった。オランダ留学生の西周（1829–1897）は、ライデン大学のシモン・フィッセリング（Simon Vissering（1818–1888））に師事し、法理学、国際法、国法、経済学、統計などを学んだ。彼が帰国した後、幕府の開設した洋学校、開成所において万国公法を講じ、1868 年にフィッセリングの講義録を『畢洒林氏説万国公法』と名付けて、訳述刊行した。四巻から構成されたこの書の第三巻は、「戦時泰西公法の条規」と題し、十章からなっている。そのうち、第一章は「興戦の権」を論じ、第二章〜八章は「戦争の間遵守すへき条規」をはじめ交戦法規を論じ、第九、十章は中立法規を論じている。第一章「興戦の権」の冒頭では、「性法の条規に於て人苟も己を屈辱（吾か権を玷辱す）すれは是か為に抵禦して以て己を護の討償して以て其害を補足す其権己に在りと謂に是亦性理公法の準縄たり」、「泰西公法に於て興戦の権は亦同く此条規に本つけり[43]」と記している。具体的には、同盟国を援助する場合は別として、一国またはその臣民が他国の臣民によって権利を侵害された場合には、相手国に処罰と賠償を求め、それが拒まれた場合、もしくは一国またはその臣民が他国によって権利を侵害された場合には、直ちに「興戦

　　補訳『国際法要論』（東京：民友社、1901 年）、序 1 頁。これは当時にしてはかなり中庸で穏当な国際法認識と言えるだろう。

[42]　幕末から 20 世紀初頭にかけて、日本の経験した大きな戦争や事変は、函館戦争、普仏戦争、台湾出兵、壬午・甲申の変、清仏戦争、日清戦争、北清事変（義和団事件）、日露戦争などが挙げられる。それらにおいては、日本は中立国もしくは交戦国の立場に立った。

[43]　西周助訳述『畢洒林氏説万国公法（全四冊）』（大阪：官版書籍製本所、1868年）、第三巻の 1 丁裏〜2 丁表。

の権」が生じる[44]という。これは自然法的正戦論の趣である。しかし、いったん両国間に戦端が開かれると、いずれの側が権利を侵害したかを決定することは困難である。そこで「泰西公法に於ても……自主の国相戦ふ時は彼此とも其理直なりとし、若し然らすとも遂に此極に至る所以は必らす互に曲直有らさること無しとして是を視るなり」として、戦時法規の平等適用を説き、「両国共に其権亦匹敵なる也」という帰結を導く[45]。西周は、性法と泰西公法を意識的に区別して使用している[46]ものの、「興戦の権」が権利の防禦に由来する点において、性法と泰西公法の間に相違がないと認識しているように思われる。

　同じくオランダ留学生の榎本武揚は、フレデリック（Frédéricks）教授に師事し、海軍関係の研究を為した。彼は、フレデリックが翻訳したフランス国際法学者オルトラン（Théodore Ortolan（1808–1874））の『海上国際法』[47]を学んだ。榎本がこの本を至宝とし、五稜郭敗戦の際、身代わりとして官軍に贈った「美談」は有名であった。福沢諭吉は榎本助命のため、官軍参謀たる黒田清隆に頼まれ、その書の冒頭部分を訳したといわれる[48]。その後 1889 年に参謀本部は、その書を『海上国際条規』とし

---

[44] 同前注、第三巻の 6 丁表〜7 丁裏。

[45] 同前注、第三巻の 6 丁表。

[46] 田岡教授の緻密な考証によれば、フィッセリングの学説は自然法主義の色彩が強いにもかかわらず、西周の訳述は「泰西公法」を「性法」と対置することによって、自然法主義の国際法というより、むしろヨーロッパ社会において実際に行われている実定国際法の紹介に偏っている。しかも、西周訳述のフィッセリング講義録は、後者の学説の忠実な記述ではなく、むしろ西周自身の観点や傾向を示したものとして理解すべきである、という。田岡良一「西周助『万国公法』」『国際法外交雑誌』第 71 巻 1 号、1972 年、27–37 頁。

[47] 原著は、M. Théodore Ortolan, *Regles International et Diplomatie de la Mer*, 2e éd., P. Frères, Paris, 1853. 榎本の手元に持っているのは二冊の写本で、本文の前に、翻訳者フレデリックによるオランダ語の自序を付しているものである。その序文には、日本が将来「雄大なる海軍国」となることを予言しつつ、「若し国際公法に関する書籍よりも、一個の大砲を入手するほうが有利とする者あらば、余は之に対して『知識は力なり』との諺の永久に真理なることを挙げざるべからず」と警告を発した。この序文は、「その論旨が全く適中しているだけ却って平凡にも見える」と評された。佐々木信綱「古今伝授と万国海律全書」『文藝春秋』第 4 巻 8 号、1926 年、80–82 頁。

[48] 石河幹明著『福沢諭吉伝（第一巻）』（東京：岩波書店、1932 年）、第十七編 710–711 頁の記述を参照。

て訳出した。その訳書は、「戦争の原因及ひ目的」という項目の下に、こう記している。

> 各邦国は自己の権利を凌圧せられたるときは其回復を要するか為め若くは他国より被むる所の凌辱を洗雪するか為めに自国に於て尽し得へき手段を用ひさるを得す而して此手段は場合の軽重に従ひ数種ありとす……予定し難き猛烈なる一般の暴力を用ふること是なり此最後の手段を戦争と云ふ[49]。

オルトランは正戦論に立脚していることが明らかであろう。但し、この本が日本に与えた影響は、逸話以上のものではないように思われる。実際、戦時国際法の初期受容において特筆に値する事件はむしろ、明治政府と対抗して函館に拠った榎本が、封鎖権、臨検権の合法的行使という明確な目的を以て、各国公使に交戦団体の承認と局外中立を求めた、ということである。これは、日本において戦時国際法を意識的に適用した最初の例だと思われる。

オランダ留学生による翻訳紹介のほか、1860 年代後半から中国からも漢訳国際法の著書が輸入された。それらの漢訳書は、主に中国の洋学伝習所たる北京同文館を総括していた米国宣教師マーティン（William Alexander Parsons Martin, 漢名丁韙良（1827–1916））およびその同僚・生徒の手によって翻訳されたものであった。米国国際法学者ホィートン（恵頓、Henry Wheaton（1785–1848））の *Elements of International Law*[50]（1855 年）の漢訳は、1864 年に『万国公法』と題し中国で刊行されるや、直ちに日本に輸入され、翌年日本の開成所をはじめ松江・延岡など

---

[49] 俄爾社蘭（ヲルトラン）著、海軍参謀本部編纂課編『海上国際条規』（東京：海軍参謀本部、1889 年）、319 頁。

[50] ホィートンの *Elements of International Law* は 1836 年に刊行されてから、再版を繰り返している。『万国公法』を漢訳する際にマーティンが底本としたのは、ローレンス（W.B. Lawrence）による注解本である可能性が高いと言われている。この版本には、1855 年刊と 1863 年刊の二つがある。マーティンの翻訳作業は 1863 年に一応完了したので、その底本は前者の版本だったと考えられる（金鳳珍「『礼』と万国公法の間——朝鮮の初期開化派の公法観——」『北九州大学外国語学部紀要』第 102 号、2001 年、159 頁注（1）参照）。但し、本稿執筆の際、1855 年版は入手できなかったので、1863 年版 (Henry Wheaton, *Elements of International Law*, 2nd annotated edition, by William Beach Lawrence, Little, Brown and Co., Boston, 1863) を参考した。

の諸藩で翻刻されたほか、訓点本、重訳注解本も次々と出版された[51]。この書は、日本の国際法受容に深遠な影響を及ぼし、維新当初の開国方針を決する重大なる参考書となり、経典の如き権威を以て読まれ、「万国公法」という訳名も長い間定着した。四巻構成のこの書の第四巻「論交戦条規」の冒頭の節で、ホィートンは、戦争発動の正当性根拠を自力救済に求めながら、自力救済の正不正の判断権はあくまで個別国家に委ねられるとした[52]。

そのほか、マーティンは、1877 年に米国国際法学者ウールジー（呉爾璽、Theodore Dwight Woolsey（1801–1889））の *Introduction to the Study of International Law*[53]（1872 年）を『公法便覧』として漢訳し、1880 年にドイツ国際法学者ブルンチュリー（歩倫、Johann Caspar Bluntschli（1808–1881））の *Das moderne Völkerrecht der civilisirten Staten als Rechtsbuch dargestellt*[54]（1872 年）の仏訳版 *Le droit international codifié*[55]（1874 年）を重訳し、『公法會通』として刊行した。また、1883 年にブリュッセル陸戦法規議定書[56]を『陸地戰例新選』として訳し、刊行した。この三書は『万国公法』と同じように、直ちに日本に輸入され、翻刻訓点本も刊行

51　恵頓撰、丁韙良訳『万国公法（四巻）』（江戸：開成所（翻刻）、京都崇実館蔵版、1865 年）、恵頓原著、丁韙良訳、高谷竜洲注解、中村正直批閲『万国公法蠡管』（東京：済美黌蔵版、1876 年）など。

52　「各国倘受侵凌、別無他策以伸其冤、惟有用力以抵御報復耳……至邦国有何等委屈始可用力、惟各国自断焉」。恵頓著、丁韙良訳『万国公法』（江戸：開成所（翻刻）、京都崇実館蔵版、1865 年）、第五冊 1 丁表。

53　T.D. Woolsey, *Introduction to the Study of International Law* (designed as an aid in teaching and in historical studies), 3rd ed., rev. and enl., Scribner, Armstrong, New York, 1872.

54　J.C. Bluntschli, *Das moderne Völkerrecht der civilisirten Staten als Rechtsbuch*, 2. mit Rücksicht auf die Ereignisse von 1868 bis 1872 ergänzte Aufl, C.H. Beck, Nördlingen 1872.

55　J.C. Bluntschli, *Le droit international codifié*, traduit de l'allemand par C. Lardy; précédé d'une préface de la 1re édition, par Édouard Laboulaye; et d'une nouvelle préface, par M. de Molinari, 2e éd. rev. et corr, Guillaumin, Paris, 1874.

56　陸戦法規一般の法典化を目的とし、1874 年にブリュッセルで開催された万国国際法学会で採択された八十六カ条の条約案である。スイスのモワニユとドイツのブルンチュリーをはじめ、英、和、佛、日、露、墺、伊諸国の十三名の学者が討議編纂したものであり、不成立に終わった。その内容の大部分は 1899 年のハーグ会議で「陸戦規則」に採用された。

された[57]。陸戦法規に関わる『陸地戦例新選』は別として、『公法便覧』と『公法會通』の著者はいずれも正戦論の立場を取っている。ウールジーによれば、侵略戦争にせよ防禦戦争にせよ皆戦争ではあるが、他国の違法行為を懲戒する「義戦」のみが国際法上許される。「義戦」は国家の権利の防禦と侵害の救済のために、他の平和的紛争解決手段が不調に終わったとき已むを得ず用いる手段である。しかし、「義戦」か否かについては、明らかに非理な場合を除けば、他国が濫りに容喙してはならず、あくまで「自主之権」を持つ個別国家は自ら判断すべきことであった[58]。

同様の立場はブルンチュリーにも見られる。彼によれば、戦争に正当因があるとき、国際法は武力に訴えることを許しており、国際法の原則に反する戦争は不当である。戦争の正当性が認められるのは、土地侵略、内政干渉など国家権利の重大な侵害と、国力の発達への妨害があったときである。しかも、このような正当因があったとしても、直ちに武力に訴えてはならず、予め平和的交渉手段を試みるべきであるという。ただ、正当因の認定は各交戦国が行うほかないと、彼も認めた[59]。

マーティン自身は、宣教師としての背景もあり、自然法主義に偏っているが故に、彼の訳文には、原著以上に自然法的色彩があったとされ

---

[57] 呉君爾璽著、丁韙良訳、妻木頼矩訓点『公法便覧』（東京：丸屋善七、1878年）；歩倫著、丁韙良訳、岸田吟香訓『公法會通』（東京：楽善堂、1881年）；丁韙良訳述、吉田賢輔訓点『陸地戦例新選』（東京：懸車堂、1884年）など。

[58] 「暫時失和而用兵。無論侵擾他邦以趨利。或力行抵禦以避害。皆戦也。此国有不法之擧。彼国以所応得之罪懲之。使不復蹈前懲。義戦也。義戦者。不得已而為之。或和則大義不伸。或和則本国不保。夫然後義戦興焉。苟猶有術以処之。而労民傷財。以求伸於天下。則断乎不可。義者。非傍観共見之義。乃身受独知之義也。邦国既有自主之権。則所行之事與理合congruent。惟己可以裁度。......故其戦非顕然違理。貽害隣邦。則断不可干渉。然若無故興戦。傷天害理。不独可以理喩之。并可以力止之矣」、呉君爾璽著、丁韙良訳、妻木頼矩訓点『公法便覧』（東京：丸屋善七、1878年）、281–282頁。

[59] 「交戦之故。揆以公法。而師出有名者。即謂之義戦。若違背公法。即謂之不義之戦。両国固自以為義、而無人以断其是非......彼国侵犯此国之権利。強占土地。以及擾乱内政等事。則此国以兵禦之宜也。不但此国侵犯彼国之権利可為交戦之因。即此国欺圧彼国以阻其更新者亦為開戦之釁。......邦国過有用兵之故。応先向彼国理論。竭力設法以免戦争之患。否則不可起師也」、歩倫著、丁韙良訳、岸田吟香訓『公法會通』（東京：楽善堂、1881年）、第四巻2丁裏－3丁裏。

る[60]。また、彼の選んだ原著者も、いずれも自然法の立場に親近感を持ち、もしくはその名残をとどめている者である。*jus ad bellum* つまり戦争開始の権利に関して、それらの著者は基本的に正戦論に近い意見を持っている。その部分に関する限り、マーティン訳は抄訳した箇所もあるが、その基調としては基本的に原著に忠実であったと思われる[61]。

　漢訳本の不足や難解さを感じたためか、前述の欧米国際法著書の和訳も現れた。前述のホィートンの書に関しては、瓜生三寅の『交道起源』[62]（1868 年）、皇朝堤縠士志の『万国公法釈義』[63]（1868 年）、重野安繹の『和訳万国公法』[64]（1870 年）、大築拙蔵の『万国公法始戦論』[65]（1875 年）と『恵頓万国公法』[66]（1882 年）などである。大築は、1875年にホィートン原著第四巻第一章の戦争開始とその直接的効果の部分のみを訳し、明法寮から二巻の抄訳本を出版した。これは、松岡守信の序によると、征台事件に伴い、とりあえず開戦部分だけを上梓したもので

---

[60] 大平善梧「国際法学の移入と性法論」『一橋論叢』第 2 巻 4 号、1938 年、49–50頁；住吉良人「西欧国際法学の日本への移入とその展開」『（明治大学）法律論叢』第 42 巻 4・5・6 合併号、1969 年、361 頁。

[61] See H. Wheaton, *Elements of International Law*, 2nd annotated edition, by William Beach Lawrence, Little, Brown and Co., Boston, 1863, p. 505; T.D. Woolsey, *Introduction to the Study of International Law, designed as an aid in teaching, and in historical studies*, 3rd ed., rev. and enl, Scribner, Armstrong, New York, 1872, pp. 187–191; J.C. Bluntschli, *Le droit international codifié*, traduit de l'allemand par C. Lardy; précédé d'une préface de la 1re édition, par Édouard Laboulaye; et d'une nouvelle préface, par M. de Molinari, 2e éd. rev. et corr., Guillaumin, Paris, 1874, pp. 288–293.

[62] ヘンリー・ホィトン撰、ウィリヤム・ロウレンス補、瓜生三寅口訳、山岡次郎太筆受『交道起源、一名万国公法全書』（京都：竹苞楼、1868 年）。瓜生三寅の用いた底本は、Henry Wheaton, *Elements of international law*, 8th ed., edited with notes by Richard Henry Dana, Jr., Little, Brown, Boston, 1866 である。

[63] 美國恵頓氏原著、皇朝堤縠士志訳『万国公法釈義』（京都：御用御書物製本所、1868 年）。凡例に「美利堅の教師に丁韙良といふ人清の何師孟等と共に漢文に翻訳す。今和訳し童蒙に便にす」と記している。

[64] 恵頓撰、重野安繹訳述『和訳万国公法（三冊）』（出版地不明：鹿兒嶋藩蔵梓、1870 年頃）。外務卿沢宣嘉の序がある。「重野士徳奉国命、訳万国公法書、将上梓、請序余」とある。

[65] 恵頓原著、大築拙蔵訳『万国公法始戦論（二巻）』（東京：須原鉄二等、明法寮蔵版、1875 年）

[66] 恵頓著、大築拙蔵訳『恵頓万国公法（完）』（東京：司法省、1882 年）。彼の依拠する底本は、前述の瓜生と同じく、*Elements of International Law* の 1866 年版である。

あるという。同書は、同じく大築によって完訳され、1882 年に司法省から十五巻本として出版された。大築は、「夫れ各国互に侵凌を受くときは其裁判を需むるの道なきを以て遂に力を用ひて以て之に報ゆるの権利あらさることを得す[67]」と訳すに止まり、「自力救済の手段を正当化する侵害の性質と範囲に関する判断は、各国自身に委ねられる[68]」の一句を省略した。また、皇朝堤觳士志と重野安繹の訳は、マーティンの漢訳を参照ないし重訳したものである。瓜生三寅の訳は、第一巻緒論の部だけに止まっていることもあり、マーティンの訳以上に、朱子学と関連する自然の理法、「天理」、「公道」とキリスト教や自然法とを渾然一体となす性法理論の色彩を帯びたのである[69]。

　前述のウールジーの書は、1875 年 3 月に、箕作麟祥によって『国際法、一名万国公法』と題して翻訳出版された[70]。彼は、*international law* の訳語として、「国際法の字允当なるに近き」とし、「万国公法」を「国際法」に改めた。これは、単なる訳名の変更のみならず、国際法のイメージが普遍的理念から現実の国家間関係を規律する合理的存在へと転換されたことを物語っているように思われる[71]。1881 年に東京大学の

---

[67] 惠頓著、大築拙藏訳『惠頓万国公法（完）』（東京：司法省、1882 年）、301 頁。

[68] Henry Wheaton, *Elements of international law*, 8th ed., edited with notes by Richard Henry Dana, Jr., Little, Brown, Boston, 1866, p. 290.

[69] 瓜生三寅は、マーティン訳の万国公法をホィートンの原著と読み比べ、マーティンの訳書が原著の抄訳であることを発見し、原著に即したより精確な訳を作ろうと企てた。しかし、彼の訳はマーティン以上に、自然法主義的色彩が出てきたという。住吉良人「Henry Wheaton, *Elements of International Law*, 1836、丁韙良（W.A.P. Martin）万国公法　一巻（同治三年 1864）、瓜生三寅　交道起源（一名万国公法全書）一号（慶応四年 1867）」『（明治大学）法律論叢』第 44 巻 2・3 合併号、1970 年、181–232 頁。また、和訳書に現れた自然法主義的立場に関しては、住吉良人「明治初期における国際法意識」『（明治大学）法律論叢』第 48 巻 2 号、1975 年、16 頁；同「明治初期における国際法の導入」『国際法外交雑誌』第 71 巻 5・6 合併号、1973 年、56–57 頁；田中忠「我が国における戦争法の受容と実践——幕末、明治期を中心に——」大沼保昭編、『国際法、国際連合と日本』（東京：弘文堂、1987 年）、392 頁参照。

[70] ウールシー著、箕作麟祥訳『国際法、一名万国公法（上編）』（東京：弘文堂、1875 年）。下編「戦時の国際法則 2 章」は未見である。

[71] 穂積陳重は、マーティンがウールジーとブルンチュリーの書を翻訳するにあたって、「万国公法」のかわりに「公法」を用いた原因について、以下の推測を行った。すなわち、ウールジーの書中に、「インターナショナル・ロー」は耶蘇教国

学科改正の際に、この創案が採用され、「国際法」の語が学科名となり、遂に一般に用いられるに至った。さらに二十年後に、日本に赴いた留学生や彼等の翻訳を通して、この用語が東アジア世界に広がり、次第に定着していった。

　また、前述のブルンチュリーの書の漢訳本は仏語訳からの重訳であったが、日本独逸学協会会員である山脇玄と飯山正秀は、同書の中の戦時法規に関する部分を抜粋して、ドイツ語原著から直接和訳した。和訳本は、その冒頭に戦争の善悪をめぐるブルンチュリーとモルトケ将軍の往復論争書簡を収録し、1882 年に『万国公法戦争条規』と題して公刊された。軍事的・戦略的な観点から戦争を賛美するモルトケ将軍の主張に対して、法理的な観点から反駁を加えたブルンチュリーの戦争制限意識が、そこには明確に見受けられる[72]。

　同年に、朝鮮問題で東アジアの国際情勢が一時緊迫するや、前述のマーティン漢訳の『陸地戰例新選』の訓点本が世に出たほか、大谷熊太郎はブリュッセル陸戦法規会議の議定書を和訳し、且つ同会議の始末概要を記した上で、『万国公議交戦条規』として編纂出版した。その序文には、「抑も日韓の事たる、東洋政略に関し、其影響は実に大なるものと謂ふべし。因て若し其処置宜しきを失せば、或は他との一大戦争を開くに至るなきを保せず。蓋し斯の如き場合に当て必要なるものは、此の交戦条規の実施にあるか。欧州諸国既に此の企てあり。事未だ実地に施行

間の通法であり、万国共通の法ではないと書いてある。マーティンの訳文にも「若謂之万国公法尚未見万国允従」、「現有之公法、則多出於泰西奉教之国、相待而互認之例」などとある。当時の清朝にもまだ「インターナショナル・ロー」は行われていない。したがって、マーティンがウールジーの「インターナショナル・ロー」を訳したとき、東京開成学校で「万国」の字を避けたのと同一の理由で、「万国公法」の語を用いなかった。その後、同氏がブルンチュリーの本を漢訳したときも、『公法会通』と題したのではないかという。穂積陳重『法窓夜話』（東京：岩波書店、1980 年）、182–183 頁。箕作麟祥は、*international law* の訳語を「万国公法」から「国際法」に変更するにあたって、「万国」の字を避け、*international law* を国家間関係を処理する行為基準として捉えようとする意図を込めているのではないか。

[72] ブルンチュリー著、山脇玄・飯山正秀訳『万国公法戦争條規』（東京：近藤幸正、1882 年）、9–16 頁。

せずと雖も、其文案討議の記事を集めて有志者の参考となすは亦た無益に非ざるべし[73]」と述べられている。その刊行の趣旨は明らかである。

　また、その時期、漢訳されなかった欧米国際法体系書の和訳も多数現れた。代表的なものとして、米国国際法学者ケント（堅土、James Kent（1763–1847））の『堅土氏万国公法』[74]（1876 年）、米国国際法学者ハーレック（顕理・波礼克、Henry Wager Halleck（1815–1872））の『波氏万国公法』[75]（1876 年）、ベルリン大学教授ヘフター（海弗得、August Wilhelm Heffter（1796–1880））の『海氏万国公法』[76]（1877 年）、イギリス国際法学者アモス（亜麽士、Sheldon Amos（1835–1886））の『万国公法』[77]（1879 年）などが挙げられる[78]。

　『堅土氏万国公法』は、1874 年「征台の役」において、清政府との交渉の便のため、蕃地事務局がケントの著した *Commentaries on American law*[79]（1873 年）中の一篇「万国公法」を何人かの洋学者に翻訳させたものであったが、至急の作業で間違いが多々あったため、その後、大音龍太郎によって校正されたものである。『波氏万国公法』は、ハーレックの *Elements of International Law and Laws of War*[80]（1866 年）の訳で、『海氏万国公法』は、ヘフターの *Das europäische Völkerrecht der Gegenwart*

---

[73] 大谷熊太郎編『万国公議交戦条規』（東京：山中市兵衛等、1882 年）、序 1 頁。
[74] 堅土著、蕃地事務局訳、大音龍太郎校正『堅土氏万国公法』（東京：坂上半七、1876 年）
[75] 顕理・波礼克著述、秋吉省吾訳『波氏万国公法』（東京・穴山篤太郎、1876 年）
[76] 海弗得著、荒川邦蔵・木下修一訳、寺内章明校訂『海氏万国公法』（東京：司法省、1877 年）
[77] 亜麽士著、海軍兵学校訳『万国公法』（東京：海軍兵学校、1879 年）
[78] そのほか、馬屋原彰は、江戸時代に日本を訪れたオランダ人の国際法ハンドブックを『万国公法畧』として翻訳出版した。馬屋原彰訳『万国公法畧』（東京：植山義久、1876 年）。この書はほとんど影響力がなかったので、紹介を省く。
[79] J. Kent, *Commentaries on American law*, 12th ed., in O.W. Holmes, Jr. (ed.), Little, Brown, Boston, 1873.
[80] H.W. Halleck, *Elements of International Law and Laws of War*, J.B. Lippincott, Philadelphia, 1866.

auf den bisherigen Grundlagen[81]（1867 年）の訳で、『万国公法』は、アモスの *Lectures on International Law*[82]（1874 年）の訳である。

　ケントとヘフターの学説は、全体的に実定法主義の傾向が強く見られる。戦争開始の権利に関しては、ケントは「国或は其人民の完全なる権利適々現に他人に毀害せられ若くは其毀害を被むるの恐れありて我れ他に其権利を維持すべきの方法あらさる時は固より交戦の我が一正源為るに妨なし[83]」と述べ、ヘフターは「交戦乃ち能く不正の侵襲を防禦し天與の権利を保守せんか為め毎に我か冤屈を伸るの器となることあり或は敵人嘗て我権利を抂害するに因り之に報復せんか為め常に我か憤を泄し罪を鳴らすの器となることあり是之を交戦の理直なる明証とす……〔交戦者の正不正を裁決する機関の欠如にもかかわらず、〕然り而して人若し妄りに不公の兵器を弄するときは後日の交際に於て其害を免かる可からす[84]」と説き、二人とも正戦論の立場を取っているように思われる。

　ハーレックは、もともと自然法主義の学者である。彼は、「戦の原由を論す」と題する小節において、「戦は確乎の条理なくんは敢て起すへからさるを思ふへし」というヴァッテルの見解を引用した後、「確乎の条理」が何であるかを検討した。それは、自国が「既に他より受たるか或は受んとする害なり」ということである。具体的には、（1）「我有物を複する為め」、（2）「受たる害の償を得、以て尓後の無虞を謀る為め」、（3）「有物を保護し豫め受んとする害を防く為め」、である[85]。ハーレックのこの立場は、侵害された権利の救済のみならず、将来発生し得る侵害への防禦をも対象としているが、いずれにしても、それを正戦論に立脚する形で説いていることは疑いない。

---

[81] A.W. Heffter, *Das europäische Völkerrecht der Gegenwart auf den bisherigen Grundlagen*, 5. Ausg, E.H. Schroeder, Berlin, 1867.

[82] S. Amos, *Lectures on International Law: Delivered in the Middle Temple Hall to the Students of the Inns of Court*, F.B. Rothman, Littleton (Colorado), 1983, Reprint (originally published by Stevens, London, 1874).

[83] 堅士著、蕃地事務局訳、大音龍太郎校正『堅士氏万国公法』（東京：坂上半七、1876 年）、353 頁。

[84] 海弗得著、荒川邦蔵・木下修一訳、寺内章明校訂『海氏万国公法』（東京：司法省、1877 年）、304–305 頁。

[85] 顕理・波礼克著述、秋吉省吾訳『波氏万国公法（巻 2）』（東京：穴山篤太郎、1876 年）、46 丁裏–49 丁表。

　アモスは、戦争を国際法における「懲罰」と位置付けている。すなわち、平時国際法上、独立国家に与えられた権利が侵害を受けた場合、国家は「其曲直を他国に訴ふる能はす又之を他の立法議院にも訴ふる能はす必すや自から手を下して其事実を推究し以て相当の懲罰を其敵に加へさるへからさる[86]」「最後の懲罰[87]」であるとする。これも正戦論の立場から説かれたものであることが明らかである。

　以上の体系書のほかに、交戦法規のみに関連する訳書も多数世に現れた。

　1882 年、西周は抗敵条規、戦者、軍中会盟、捕虜、占拠などに関する交戦法規を訳したノート風のものを、『万国公法手録』として刊行した[88]。この書はおそらく、前述の『万国公議交戦条規』と同じように、緊迫した国際情勢を受けて訳されたものであろう。

　1886 年、陸軍省はゼグラン訳述の『欧州諸国軍事裁判職権誌』[89]を肥田野黙の重訳として刊行した。それはドイツ、オーストリア、イタリアなどのヨーロッパ諸国の軍法審判の構成および機能を紹介するものである。

　1889 年、海軍参謀本部は、仏国海軍文庫主管エドアール（Edwards）著の『海上国際法』[90]を海軍将校参考用として翻訳した。その書は海軍を主体とした各国の関係法規、先例を蒐集参考して国際法の内容を確かめようとするものである。また、1891 年、海軍大学校講師、大審院判事を務め、主として海上戦時法の判例研究に努めた藤田隆三郎は、その著書

---

[86] 亜麼士著、海軍兵学校訳『万国公法』（東京：海軍兵学校、1879 年）、54 丁裏。

[87] 同前注、54 丁表。

[88] 西周訳『万国公法手録（全）』（出版地不明、1882 年）。フランス原書からの訳ではあるが、原著は不明である。なお、小早川欣吾と西村捨也によると、西周訳の『軍人用万国公法』（四六判、百五十二頁、発行年月不明、戦時国際法をのみ記するもので、「仏国原書、西周先生訳」とある外、一切不明である。西周が陸軍省に勤務したとき編纂したものと推測される）の一冊があるといわれるが、筆者は未見である。小早川欣吾著『明治法制史論（下巻）』（東京：巌松堂書店、1940 年）、139 頁、西村捨也著『明治時代法律書解題』（東京：酒井書店、1968 年）、230 頁。

[89] ゼグラン訳述、肥田野黙重訳『歐洲諸國軍事裁判職權誌』（東京：陸軍省印刷、1886 年）

[90] エドアール著、海軍参謀本部訳『海上国際法（全）』（東京：海軍参謀本部、1889 年）

『万国公法』の最後に、130 頁にわたる「戦時公法判決例」[91]を付録した。

1890 年代に入ると、後述するように、専門国際法学者の出現に伴い、欧米著書の翻訳が一層活発に行われた。この時期に代表的な訳書として、以下が挙げられる。

1) 1895 年『国際公法摘要』[92]、イギリス国際法学者ローレンス（Thomas Joseph Lawrence（1849–1919））*A Handbook of Public International Law*[93]（1890 年刊）の訳

2) 1897 年『国際公法講義』[94]、イタリア法学者パテルノストロー（Alessandro Paternostro（1852–1899））が明治法律学校で行った講義の訳

3) 1899 年『國際公法』[95]、イギリス国際法学者ホール（William Edward Hall（1836–1894））*A Treatise on International Law*[96]（1895 年刊）の訳

---

[91] 藤田隆三郎「戦時公法判決例」同編述『万国公法』（大阪：岡島寶文館、1891年）。著者の叙言によると、本書は、ホール、デービス、ハーレック、フィリモア、コベットなどの著書に基づき、海軍士官に万国公法の要義および判決例を教える講義録から編成したものである。

[92] ローレンス著、陸奥広吉訳『国際公法摘要』（東京：丸善、1895 年）。同書について、窪田熊蔵はまた『国際公法大意』として翻訳刊行した。ローレンス著、窪田熊蔵訳『国際公法大意』（丸亀町（香川県）：窪田熊蔵、1897 年）

[93] T.J. Lawrence, *Handbook of International Law*, 3rd ed., Deighton bell, Cambridge, 1890. これは、ローレンスが 1885 年にケンブリッジ大学や海軍兵学校での講義録である。

[94] パテルノストロー述、安達峰一郎訳、中村藤之進記『国際公法講義』（東京：明治法律学校講法会、1897 年）。この書は、パテルノストローが明治法律学校で行った講義の筆記であり、全 11 章と結論からなり、安達の後跋がある。パテルノストローは、ボアソナードの後任として司法省雇となったイタリア人の国際法学者である。

[95] 三宅恒徳は同書の「総則」と「平時国際法」の部分を『ホール氏国際法（上巻）』（東京：横田四郎、1888 年）として訳した。立はその書を完訳した。ホール著、立作太郎訳述『国際公法』（東京：東京法學院、初版は 1899 年刊行、1900年再版発行、1902 年三版発行）。ただ、その書の注の訳は省略された。

[96] H.E. Hall, *A Treatise on International Law*, 4th ed., Clarendon Press, Oxford, 1895.

4) 1900 年『國際法』[97]、ロシア国際法学者マルテンス（Мартенс Федор Федорович（1845–1909）） *Völkerrecht*[98]（1882–1883 年刊）の訳

5) 1901 年『國際法要論』[99]、イギリス国際法学者ウェストレーク（John Westlake（1828–1913）） *Chapters on the Principles of International Law*[100]（1894 年刊）の訳

6) 1902 年『国際公法』[101]、ドイツ法学者リスト（Franz von Liszt（1851–1919）） *Das Völkerrecht*[102]（1898 年刊）の訳

7) 1914 年『国際法原論』[103]、イギリス国際法学者ローレンス（Thomas Joseph Lawrence（1849–1919）） *The Principles of International Law*[104]（1910 年刊）の訳

　これらの訳書は、安達峰一郎、立作太郎、中村進午をはじめ専門国際法学者によって訳されたため、原著に対する理解も訳語の選択も、それ以前の時代と比べてより高い水準に達したと思われる。原著者も皆当時欧米国際法学界で一流の名高い学者であったため、これらの訳書は引用頻度が極めて高く、日本の国際法学の形成に重大な影響力を発揮した。

---

[97] マルテンス著、中村進午訳『国際法（上・下）』（東京：東京専門学校出版部、1900 年）

[98] 和訳は、マルテンスの Современное международное граво Цивилиозванных народов, 2тома,（1882–1883）のドイツ語版（Friedrich von Martens, *Völkerrecht: das internationale Recht der civilisirten Nationen, systematisch dargestellt*, Weidmann, Berlin, 1883–1886）からの重訳であった。

[99] ウェストレーク著、深井英五補訳『国際法要論』（東京：民友社、1901 年）。この訳本には、大量の補注が加えられた。その理由として、深井は、ウェストレークの原著が 1894 年に出版されたが故に、「其の後国際法の発達に寄与したる重要の出来事あり。日清戦争、米西戦争、日本の条約改正、海牙の平和会議は其の主もなるものなり。故に訳者は是等の出来事の光明に照らして、原書の所説を敷演し、之れを最近の状態に適合せしめんとを勉めたり」と訳序の中に説明した。

[100] J. Westlake, *Chapters on the Principles of International Law,* Cambridge University Press, 1894.

[101] リスト著、中村進午解説『国際公法』（東京：東京専門学校出版部、1902 年）

[102] F. Liszt, *Das Völkerrecht*, O. Haering, Berlin, 1898.

[103] ローレンス著、小山精一郎訳『国際法原論（平時）』（東京：厳松堂書店、1914 年）、『国際法原論（戦時）』（東京：清水書店、1916 年）。訳された緒論は第 3 版、第 2 編平時の部以後は改訂第 5 版に依拠する。

[104] T.J. Lawrence, *The Principles of International Law,* 5th ed., D.C. Heath, Boston, 1910.

　そして、戦争開始の権利に関して見る限り、1890 年以前に翻訳された
書物に現れた基本的傾向と違い、これらの訳書においては、戦争原因の
正当性を問わなかったり、もしくは戦争を法的枠外の現象と見なしたり
するものが多い。例えばホールは、司法・行政機関が欠如している国際
社会において、戦争開始の権利は国家の自力救済権に基礎づけられ、
「理論上より之を言へは国際法は戦争を起すへき正当なる原因を確定す
へきなり」、法益侵害の被害国には特別の権利を与え、侵害国には特別
の権利を剥奪し以て懲戒する手段を取ることは「国際法の法規たる性質
に違反するものに非さるや明かなり[105]」と述べる一方で、実際におい
て、国際法は戦争の原因を究明できる規則を作るところまでには至らな
いのみならず、たとえ原因の正不正を究明できたとしても、「国際法を
強行すへき手段あることなきを以て国際法か戦争に付与するに刑罰の性
質を以てせんと欲するも決して能はさる所なり[106]」と指摘する。したが
って、「国際法は戦争の原因の如何を問はすして戦争を以て当事国の撰
んて成立せしめ得へき一種の国際関係と認め唯此関係より発生する結果
を匡正するかために規定を設置するのみ[107]」と説く。こうして、すべて
の戦争において両当事国は同じ法的地位に立ち、また平等の権利を有す
るとみなされるべきである。つまり、国際社会と国際法の発展の現状か
らして、戦争一般を容認せざるを得なかったとしたのである。パテルノ
ストローは、戦争を減少させる方法は戦争原因の除去にあると指摘する
一方、戦争自体は国家の権利保護のために行われるものに限らず、「国
際間の難問題を決する為めに暴力を以て他国に攻撃を為す所為なり[108]」
と述べる。もともと刑法専門のリストは、戦争開始の権利にほとんど言
及せず、ただ「戦争とは二国或は多くの国か武器の力を以てする闘争な
り[109]」と述べる。マルテンスは法実証主義の立場を基調とするが、現行
法規の確認に止まらず、歴史研究によって法規の発展法則を発見する必
要を説く。そして、彼は国家が独立を保持しつつ共通の理念を実現する

---

[105] ホール著、立作太郎訳述『国際公法（再版）』（東京：東京法學院、1900 年）、
89頁。
[106] 同前注、91頁。
[107] 同前注、91頁。
[108] パテルノストロー述、安達峰一郎訳、中村藤之進記『国際公法講義』（東京：明
治法律学校講法会、1897 年）、566–567 頁。
[109] リスト著、中村進午解説『国際公法』（東京：東京専門学校出版部、1902 年）、
141頁。

ために結合する国際共同体を想定し、かつそこから導かれて国際関係が拡大する中で国際行政を「国境を超えるすべての国家的課題および法的関係の総体」と広くとらえた上で、そうした国際行政法概念を一つの柱として国際法体系を構築した[110]。こうした学問的観点の下で、マルテンスは「国際行政上の点より観察すれば戦争は独立国が其権利及び利益を防護せんが為めにする武装争闘なり[111]」と説く一方、「戦争は国家の権利毀害の為めに生ずるよりは寧ろ多く政略上の目的の為めに起ること戦争の歴史に徴して明かなり[112]」と認め、戦争原因の追究よりも、戦時法規の遵守されるべき根拠の解明に努めた。

そのほか、戦争は国際法によって定立された制度ではなく、戦時法規によって規律される事実ないし状態であると説く者もある。つまり、個々の戦闘行為は戦時国際法によって規制されているが、戦争の開始そのものは国際法の外に存在すると考えるのである。例えば、ウェストレークの有名な言葉——「国際法は、戦争を創設したのではなく、戦争がすでに存在するのを見出したのである。ただ、国際法は戦争がより人道的に行われるように規律するのである[113]」の通り、『國際法要論』第十一章「戦争」において、彼は戦時法規が法として有する価値というところから議論を始め、戦争開始の権利に関して一字も言及しなかった[114]。ローレンスは、さらに徹底している。彼によれば、「国際法は如何なる交戦状態にありや将又交戦国間竝に中立国に対する交戦国の権利義務は何ぞやとの問題を論ずれば足れりとす更に古代の学者が論述したる如く国際法を広汎なる意義に解し道徳問題をも論ずるの要なし[115]」であり、グロティウスなど初期の学者が多大な精力を注ぎ込んだ正戦論の研究は、「最も必要なる事項に相違なしと雖も之れ倫理学者若くは神学の範

---

[110] 内田久司執筆の項目「マルテンス」、国際法学会編『国際関係法辞典』（東京：三省堂，1995 年），742 頁。

[111] マルテンス著、中村進午訳『国際法（下）』（東京：東京専門学校出版部、1900 年）、653 頁。

[112] 同前注、654 頁。

[113] J. Westlake, *International Law*, Part II, Cambridge University Press, Cambridge, 1907, p. 3.

[114] ウェストレーク著、深井英五補訳『国際法要論』（東京：民友社、1901 年）、311 頁以下。

[115] ローレンス著、小山精一郎訳『国際法原論（戦時）』（東京：清水書店、1916 年）、5 頁。

囲に属する問題なり[116]」とし、それを国際法の研究領域から追放した。その結果、「輓近の国際公法は戦争名実の正義なると不正義なるとの如何を問はす全く之を交戦国自己の徳義に一任し去り単に戦闘権の関係と法理上の結果とを裁定するに在り而して此関係と結果とは戦争の正義と不正義とに拘はらす諸戦争を通して皆同一なるものなり[117]」とした。こうして、戦争開始に対する国際法的な歯止めはほぼ存在せず、戦争が国家主権の無制限的発動として位置づけられたのである[118]。

　一方、戦時の必然的産物として、日清戦争・日露戦争前後に、戦時国際法関係の書物が多く世に出た。日清戦争の際、開戦とほぼ同時に、原敬訳注の『陸戦公法』[119]（1894 年）が刊行された。それは、1880 年万国国際法学会がオックスフォード会議で起草した陸戦法規案を邦訳し、かつ簡単な注釈を加えたものである。同年に、藤田隆三郎が、米国海軍兵学校教授ヘンリ・グラッス（Henry Glass（1844–1908））の講義録 Marine International Law を翻訳編纂し、『海上万国公法』[120]（1894 年）として出版した。日清戦争の直後、講和会議に備え、中村進午はアヘン戦争、清仏戦争、クリミヤ戦争、普仏戦争などの同時代の戦争の講和過程やその

---

[116] 同前注、5–6 頁。

[117] ローレンス著、陸奥広吉訳『国際公法摘要』（東京：丸善、1895 年）、113–114 頁。

[118] なお、その代表作が和訳されなかったが、日本の国際法学者によって頻繁に引用された同時代の欧米国際法大家は、クリューベル（Johann Ludwig Klüber（1762–1837））、フィリモア（Robert Phillimore（1810–1885））、ロリマー（James Lorimer（1818–1890））などがある。フィリモアは、戦争を国際紛争を解決する最後の手段、つまり国家間の決闘と位置づけ、戦争一般が国際法上合法であるとする。R. Phillimore, *Commentaries Upon International Law*, vol. III, 3rd ed., Butterworths, London, 1885, pp. 1–17. ロリマーは戦争の発動を主権国家が自らの理性的自由を追究する手段と見なしながら、それに対して様々な規制を課している。J. Lorimer, *The Institutes of the Law of Nations: A Treatise of the Jural Relations of Separate Political Communities*, vol. II, Blackwood, Edinburgh, London, 1884, pp. 18–39. 活躍期がその二者より早かったクリューベルは、「自己の権利の防御のために」行う戦争のみを「正当」と見なし、蒙った侵害が自己の責に帰せられるときや自国の利益のためにする戦争は「不当な戦争」であるとする。J. Klüber, *Droit des gens moderne de l'Europe: avec un supplément, contenat une bibliothèque choisie du droit des gens*, Nouv. éd., rev., annotée et complete, par M.A. Ott, Guillaumin, Paris, 1861, pp. 299–303.

[119] 万国公法会編、原敬訳註『陸戦公法』（東京：報行社、1894 年）

[120] 藤田隆三郎編訳『海上万国公法』（東京：博文館、1894 年）

条約文を訳述したうえで、自らの解説を加え、『媾和類例』[121]（1895年）として出版した。その書は、当時日本政府が清政府と外交折衝するにあたって重要な参考書となった。また、衆議院の議員集会所調査部は『干渉及仲裁、戦使及降服』[122]（1895年）を翻訳編纂した。日露戦争後も、ローレンスの *War and Neutrality in the Far East*[123]（1904年）がいち早く日本に紹介され、その書において、ローレンスは日本に対してかなり好意的な見解を示している。

1.1.2. 戦時国際法受容の特徴

以上の紹介から、十九世紀半ばから二十世紀初頭にかけての日本における戦時国際法の受容過程には、二つの特徴があると思われる。

第一に、戦時国際法知識の輸入は、日本が直面した一連の戦争や事変に現れた国際法問題に対応するために急速に進められた。そのため、国家政策に奉仕し、緊迫した国際情勢に活用しなければならないという形而下なる目的に動機付けられることが多い。国際法体系書中の戦時法部分を除けば、戦時国際法の翻訳編纂は、常に日本政府の対外政策の実践的需要に応じて、戦時法規の中身を解明し政策決定者の参考とするという趣旨の下で行われ、戦時国際法を自国の独立自存に役立てようという方向性が当初から見受けられる。このような実用主義的な態度は、戦時国際法受容の消極性というよりも、むしろその積極性を強化した。そこには、固有の構図や発想にとらわれずに最大の国益を求めようとする狙いがあると言えるだろう。後述の国際法学研究においては、この特徴が一層明確に見受けられる。

ただ、ここで留意すべき点が一つある。すなわち、国際法を積極的に利用する方法として、主体次第で「弱者の楯（*a shield for the weak*）」と

---

[121] 中村進午編『媾和類例』（東京：哲学書院、1895年）

[122] 議員集会所調査部編『干渉及仲裁・戦使及降服』（東京：石神禎助、1895年）

[123] T.J. Lawrence, *War and Neutrality in the Far East*, 2nd ed., enl., Macmillan, London, 1904. その和訳として、ローレンス著、古谷久綱訳『日露戦役国際公法論』（東京：民友社、1905年）。また、高橋作衛は、ローレンスの書の内容を章ごとに紹介し、自らのコメントを付け加え、一冊の本として出版した。高橋作衛著『日露戦争国際事件要論』（東京：清水書店、1905年）

「強者の矛（*a sword of the strong*）」の二面がある[124]。前者について、ある学者は日本における戦時国際法発達の原因を説明するにあたって、「強大国は力を以て事の解決を期さんとし、之に対し弱国は力にて抗するを得ぬから、勢ひ理屈を武器とする、故に国際法は由来小弱国の間から発達した[125]」と指摘する。これは欧米強国との折衝交渉を念頭におきながらなされた判断であろう。他方、アジア諸国に面する際に、後者の面が際立つようになった。「征台の役」または朝鮮有事の際に戦時国際法の翻訳が至急行われたのは、武力が強化された日本は、アジア諸国に対して、かつてペリーが日本に対して用いた砲艦外交を以て、欧米国際法を自己の目的に合致するように適用し、東アジアにおける指導的地位を獲得しようという一面があることも看過してはならないであろう[126]。このような、戦時国際法の受容に現れた二重の様相は、西洋に対抗する東洋国としての日本と、東洋における西洋文明の代表としての日本という、異なりながら交錯している二つの側面によって規定されたように思われる。

戦時国際法受容の第二の特徴として、1890 年代を境として、舶来した欧米国際法学的戦争観に、大きな転換が見られることである。1890 年代以前に翻訳された国際法体系書は、自然法主義と実定法主義の傾向が併存していたものの、戦争開始の権利に関しては、正戦論に立脚する形で説いているものが多かった。主として自然法主義の立場に立ったフィッセリングやオルトランをはじめ、ウールジー、ブルンチュリー、ハーレック、アモスはいずれも、戦争開始に対する国際法規制のあり方をかな

---

[124] このような見解は、Stern の研究から示唆を受けた。Stern は、日本における国際法理解には、紳士の作法（*gentlemanly etiquette*）、弱者の楯（*a shield for the weak*）、強者の道具（*a tool of the strong*）という三つの派が存在したと指摘した。J.P. Stern, *The Japanese Interpretation of the "Law of Nations" 1854–1874*, Princeton University Press, Princeton, 1979, pp. 63–92. 但し、道徳主義・理想主義的な色彩を帯びる「紳士の作法」と異なり、後二者はともに実用主義的な態度と見なされ得る。本稿は、Stern の用いた表現を少し変えた上で、道徳主義・理想主義の態度と実用主義的な態度とに二分する。後者のうち、さらに「弱者の楯」と「強者の矛」とに分けている。

[125] 信夫淳平「我国に於ける戦時国際法の発達」『国際法外交雑誌』第 42 巻 1 号、1943 年、1 頁。

[126] 日本における戦時法適用上の二面性を指摘したものとして、田中忠「我が国における戦争法の受容と実践——幕末、明治期を中心に——」大沼保昭編『国際法、国際連合と日本』（東京：弘文堂、1987 年）、421–425 頁参照。

り重視している。どちらかと言えば実定法主義に親和的なホィートン、ケント、ヘフターでさえ、正戦論を貫徹させるための現実条件の不備を認識しながらも、国際法による戦争規制または戦争原因の追究に対して断念したわけではない。しかし、1890年代以降の和訳体系書には、実定法主義に傾くものが大多数であり、戦争原因不問論や戦争法外視の主張が主流となった。戦争開始に対する制限意識は、以前の時代と比べれば、薄れていったのである。ウェストレークやローレンスの「戦争法外視」はいうまでもなく、ホールは正戦論の理論的重要性を認めるものの、その実践上の無意味さをむしろ強調している。マルテンス、パテルノストロー、リストらも、戦争開始の問題に一言も言及せず、もしくは軽く触れるだけで、基本的に戦闘行為の法規制に力を入れて議論を展開している。

もっとも、引用頻度からみれば、それ以前に輸入された体系書が、かなりの影響力を保ち続けていることも事実である。また、後述する日本の国際法学者たちは、欧米学者の著書から重大な影響を受けたものの、欧米学説の単なる複製または模倣ではなく、自国の状況に応じて様々な解釈や修正を施しながら自らの学説を練り上げていくことが多い。換言すれば、欧米から受容した国際法知識は、彼等の学説形成において重大な意義を有するにもかかわらず、彼等の法観念を完全に規定したものではない。それについて、後ほど詳述することとする。

第二節　発足期における戦時国際法研究の概況

1.2.1.　専門国際法学者による研究

前述のように、国際法知識の受容は幕末に始まった。にもかかわらず、専門国際法学者は、それから約三十年後、つまり日清戦争前後になってはじめて出現した[127]。東京開成学校や東京大学（のち東京帝国大

---

[127] 高橋作衛は、専門国際法学者の出現が遅れた原因を「条約改正」に帰した。彼の考えによれば、国際法研究の必要性を感じさせたのは、「条約改正」の問題ではあるが、しかしながら、国際法を勉強した人々がすべて条約改正準備のため、外国法制の翻訳や国内諸制度・法典の整備に回されてしまい、国際法上の問題は、条約、領事裁判権の撤廃、関税自主権の回復のほか、かえって等閑視されたという。つまり、国際法研究を発達させたきっかけは、皮肉的にも、本格的な国際法研究の歩みを遅らせたという。高橋作衛「明治時代に於ける国際法研究の発達（四）」『法学協会雑誌』第31巻4号、1913年、101頁。この観点は、後世の学

学）での国際法講義は、最初は、もっぱら国際法の専門家とは言えない外国人[128]によって行われた。1883 年に栗塚省吾が日本人として初めて国際法の講義を担当した。その時から、1895 年に寺尾亨が東京帝国大学の最初の国際法専任教授として任命されるまで、様々な人が入れ替わって国際法を講義したが、いずれも、他の講義と兼任し、または他の職業（多くは外交官）に従事するかたわらの講義だった[129]。厳密に言えば、少なくとも日清戦争に至るまで、日本においては、専門の国際法研究者も、国際法の体系的研究も、ほとんど現れなかったのである。したがって、日清戦争から第一次大戦までの時期は、日本国際法学研究の発足期といえる[130]。

発足期の代表的な国際法学者は、有賀長雄、高橋作衛、寺尾亨、千賀鶴太郎、中村進午の五人である。彼等は専門国際法学者として、大学や専門学校ないし陸海軍大学校の教壇で国際法講座を担当し、数多くの専門著書や論文を公刊し、数多くの人材を育成した。さらに、日清・日露

者に受け継がれた。例えば、筒井若水、広部和也「学説 100 年史『国際法』」『ジュリスト』第 400 号、1968 年、217 頁。

[128] 米人宣教師のグリフス（William Elliot Griffis）や、イェール大学法科出身のテリー（Henry Taylor Terry）など。

[129] この間の人事変遷について、東京帝国大学編『東京帝国大学五十年史（上巻）』（東京：東京帝国大学、1932 年）、588–594 頁参照。それによると、鳩山和夫、末岡精一、斯波淳六郎、松方幸次郎、吉田作彌、秋月左都夫、清水市太郎、本野一郎が東京帝国大学法科大学の国際法講座を担当したという。

[130] 初期の日本国際法学史の時期区分に関しては、伊藤不二男は三段階論を主張する。すなわち、幕末～明治初期を翻訳書による国際法理解の開明期（第一期）とし、明治中・後期を日清・日露戦争に関する実証的研究の時期（第二期）とし、さらに日露戦争後～大正年代を国際法の体系的研究の開始時期（第三期）とする。伊藤不二男「国際法」野田良之、碧海純一編集『近代日本法思想史』（東京：有斐閣、1979 年）、461–488 頁。また、横田喜三郎や筒井＝広部は、二段階論を説く。つまり、幕末～日清戦争前を欧米近代国際法の紹介・継受の時期（第一期）とし、日清戦争後～明治末年を事実叙述と先例資料の重視、英米学説への依拠の時期（第二期）とする。横田喜三郎「わが国における国際法の研究」東京帝国大学編『東京帝国大学学術大観』（東京：東京帝国大学、1942 年）、236–241 頁、筒井若水、広部和也「学説 100 年史『国際法』」『ジュリスト』第 400 号、1968 年、216–219 頁。本稿は日清戦争前の受容期を前史とし、日清戦争後～第一次大戦前の時期を日本国際法学の発足期とする。どちらかと言えば横田や筒井＝広部の観点に近いが、日本独自の学説形成を重視する点において、横田らの主張と異なっている。

戦争の戦場、外務省や法制局、国際法学会、赤十字社および各種の国際会議などの現場においても活躍した。法理論の面においても法実務の面においても、彼等は日本国際法学の形成と発展に甚大な貢献を為した。本稿は、彼等の学説を重点的に取り上げ、広義の国際法学者[131]の主張を補足的に扱うことによって、その時代の国際法的戦争観の解明に努める。

　以下、まず代表的な国際法学者の生い立ちやその学問的背景を生年順で紹介する。

1.2.1.1.　千賀鶴太郎（せんが　つるたろう、1857–1927）

　千賀は岡山に生れ、上京して英学者中村敬宇の門に入った。1884 年にドイツに赴き、16 年間留学し、ベルリン大学で『現在日本における領事裁判の実態と批判』[132]と題する論文を以て法学博士の学位を得た。1899年に帰国した後、京都帝国大学に新設された法科大学の教授となり、ローマ法、ドイツ法、国際公法の講座を担当した。1923 年に京大退官後は立命館大学にて没年まで国際法の講義を続けた。

　千賀は、その「耐久力の強きは学界稀れに見る所[133]」であると評された。16 年間のベルリン留学はいうまでもないが、京大教授になってからも、「十有余年未だ自己の仮寓地たる洛外加茂村の外一歩も京都の明媚なる風色を知らず[134]」というほど学問に専念し、「仙骨飄々たる超世的学者[135]」と言われる。彼の論著は、ローマ法と国際法の両方にまたがる。第一次大戦前の国際法の主著は、何よりも 1909 年初版の『国際公法要義』[136]である。その書は、当時の国際法学で流行していた「平時国際法」と「戦時国際法」の両分法を斥け、第一部を「国際実法（*materielles Völkerrecht*）」と題し、第二部を「国際形法（*formelles Völkerrecht*）」と

---

[131]　広義の国際法学者の範囲は、前掲注（26）参照。

[132]　Senga Tsurutaro, *Gestaltung und Kritik der heutigen Konsulargerichtsbarkeit in Japan*, R.L. Prager, Berlin, 1897.

[133]　水府太郎「日本の国際法学者（上）」『外交』（東京：外交社）第 2 巻 4 号、1916 年、115 頁。

[134]　同前注。

[135]　千朶木仙史編『学界文壇時代之新人』（東京：天地堂、1908 年）、275 頁。

[136]　千賀鶴太郎著『国際公法要義（訂補再版）』（東京：巌松堂書店、1911 年、初版は 1909 年刊行）。千賀の著作はほかに、『国際公法』（東京：講法會：清水書店、1917 年）もあるが、本稿の考察時期外なので、割愛する。

題する。そして、いわゆる戦時国際法は、第二部「形法」の一部分として取り扱う、という構成を採用している。これは戦時国際法に大きな比重を認める理論体系が流行していた当時の日本では、画期的なものであった。また、著者は私法学、ことにローマ法に造詣深く、長期のドイツ留学によってヨーロッパ法学一般についても十分な教養を身につけた人であったために、国際法を堅牢な法律理論の体系として築き上げている。しかも、著者はドイツ語およびラテン語の豊富な語学力を備え、大陸学派の国際法学を完全に咀嚼し、徹底的に理解し、それを日本語によって体系化した。『国際公法要義』は、当時日本の国際法体系書の中で「一頭地を抜いたもの」であったと称される[137]。また、千賀は、『京都法学会雑誌』『日本法政新誌』『外交時報』等の法学専門誌に多数の論文を掲載し、そのうち、高橋作衛の国際法理論を批判する一連の論文はとくに有名であった[138]。学風から見ても、先例や条約法規を多く収録する高橋の著作と対照的に、千賀の論述は学理的に深味があるように思われる[139]。

1.2.1.2.　寺尾亨（てらお　とおる、1858–1925）

---

[137] 田岡良一執筆の項目「千賀鶴太郎」、国際法学会編『国際関係法辞典』（東京：三省堂、1995 年）、480–481 頁。

[138] 千賀鶴太郎は 1909 年から 1917 年にかけて、『京都法学会雑誌』にて「高橋博士著の国際公法の中余の所見と異なる点に就きて」と題する十三本の論文を連載した。例えば、「博士の下せる国際公法の定義」第 4 巻 5 号、1909 年、「国際公法の淵源に就き博士の下せる定義」第 4 巻 11 号、1909 年、「国際公法の主体に就き博士の説を批駁す」第 7 巻 4 号、1912 年、「高橋博士の所謂領海てふ術語を批駁す」第 8 巻 2 号、1913 年、「高橋博士の基本権の説を批駁す」『京都法学会雑誌』第 8 巻 9 号、1913 年、「高橋博士の干渉の説を批駁す」『京都法学会雑誌』第 9 巻 2 号、1914 年、「批准に就きて高橋博士の説を批駁す」『京都法学会雑誌』第 10 巻 3 号、1915 年、「国際条約の学理的解釈に就き高橋博士及ホールの説を批駁す」『京都法学会雑誌』第 11 巻 7 号、1916 年、「国家の獲得権に就きて高橋博士の説を批駁す」『京都法学会雑誌』第 12 巻 1 号、1917 年など、高橋の国際法理論とほぼ全面的に対立している。千賀による高橋批判は、同時代の人に「熱罵痛烈、息の根を止める迄遣ってのける」と評された。千朶木仙史編『学界文壇時代之新人』（東京：天地堂、1908 年）、276 頁。

[139] 一又正雄著『日本の国際法学を築いた人々』（東京：日本国際問題研究所、1973 年）、64–65 頁。

　寺尾は福岡に生まれ、1876 年に司法省法学校（東京法学校前身、後に東京帝国大学法科大学に統合された）に入学し、在学中は、ボアソナードに師事して刑法を専攻した。卒業後、判事補、判事を歴任してから、1889 年東京帝国大学法科大学講師、1891 年同教授となり、その後まもなくフランス、ドイツ、ベルギーに留学し、そこで国際法に転向した。1895 年帰国後に東京帝国大学法科大学で日本人の国際法専門学者としてはじめて国際公法および国際私法講座を担任し、国際法の教育に当たった。1899 年に法学博士を授与された。

　寺尾は、山田三良を助け、国際法学会（*Japanese Society of International Law*）の創立と育成に努め、逝去まで庶務主任（当時は事実上の学会代表）の職を務めた。日本国際法学者のなかで、万国国際法学会（*Institut de Droit International*）の準会員（*assosié*）に選出された（1908 年）最初の人であった[140]。そして、外務省参事官、法典調査会委員、条約実施準備委員などを兼ね、日本国際法学の開拓及び運用に多くの功績を残した。彼は幼少の時から玄洋社の教育を受けたためか、「豪傑」と呼ばれるほどの気骨漢であり、アジアの動向に深い関心を寄せ、日露開戦を唱えたいわゆる七博士の一人でもあった[141]。彼の主著は、東京帝国大学法科大学での講義録『国際公法』[142]（1902 年）である[143]。この書は、「総

---

[140] ちなみに、外交官の金子堅太郎が 1891 年に準会員に選出された。

[141] 寺尾は早くからアジア主義を唱え、孫文やラース・ビハリ・ボースなどの支援に精力的にあたった。1911 年に中国に辛亥革命が起ると、東京帝国大学教授の職を棄てて南清に赴き、孫文や黄興らを援け、翌年、革命政府の法律顧問に就任した。事敗れて孫文が日本に亡命した後も彼らを支援し続けた。1913 年黒田清隆を会頭とし、東邦政策の攻究を目的として創立された東邦協会の幹事長となり、また孫文らに推され、1914 年に東京に創立された政法学校の校長となり、中国の有志を収容し、政治・経済・法律を教え、多くの人材を生んだ。一又正雄著『日本の国際法学を築いた人々』（東京：日本国際問題研究所、1973 年）、80–85 頁、なお同氏執筆の項目「寺尾亨」、国際法学会編『国際関係法辞典』（東京：三省堂、1995 年）、568–569 頁。また、寺尾は同時代の人に「奇骨稜々真の国士の風がある」と評された。水府太郎「日本の国際法学者（下）」『外交』（東京：外交社）第 2 巻 5 号、1916 年、99 頁。

[142] 寺尾亨講述『国際公法（謄写版）』（出版地不明：庚子攻法会、1902 年）

[143] この講義録の第三編は、1901 年に単行本として発行された。寺尾亨述『国際公法（戦時の部）』（東京：日本法律学校、1901 年）。謄写版の『国際公法』は国際法の全体系に触れるものであるが、走り書きや脱落や不明箇所が多少ある。『国

論」、「国際争議」と「戦争」の三編からなっており、第三編「戦争」
は全体の三分の二の分量を占める。寺尾は「自然法説」と「実地法説」
（実定法主義）の両方を斥け、両者の間の「折衷派」に与する態度を表
明しながら、国際法における正しい戦争の観念を熱っぽく語った。『国
際公法』のほかにはまとまった著書はないが、『国際法雑誌』『国家学
会雑誌』『法学協会雑誌』『日本法政新誌』『法学志林』『法学新報』
『明義』などにおいて、戦争と平和を論じる国際法論文を多数発表して
いる。

1.2.1.3.　有賀長雄（ありが　ながお、1860–1921）

　有賀[144]は大阪出身で、国学の造詣の深い両親の間に生まれた。1882 年
に東京大学文学部を卒業した後、同校で歴史を教えながら、『日本社会
史』を編纂した。1884 年に東京専門学校（早稲田大学前身）の講師とな
った。その頃の著作として、スペンサーの社会進化説に依拠した『社会
進化論』『宗教進化論』『族制進化論』という三巻構成の『社会学』[145]
（1883〜1884）がある。1886–1887 年に自費でヨーロッパに留学し、ベ
ルリン大学で政治学やヨーロッパ文明史や心理学を修め、またオースト
リアでシュタイン（Lorenz von Stein（1815–1890））から国法学を学んだ
[146]。帰国後、その講義筆記をまとめ、『須多因氏講義筆記』[147]（1889
年）として出版し、次いでシュタインの学説を取り入れながら、自ら

　　際公法（戦時の部）』は前者のうちの戦争法部分にあたり、内容がまったく同じ
　　であるが、誤字脱字の訂正が加えられた。

[144] 有賀長雄の死後、十二年経ったとき、彼の創刊した雑誌『外交時報』において、
　　「有賀博士十三回忌記念論文」と称して、特集記事が編まれている。この特集に
　　は立作太郎、信夫淳平、田中穂積、山川端夫など多数のゆかりの人物が寄稿し
　　た。『外交時報』第 685 号、1933 年。そこから、学識高い勤勉家でありながら世
　　渡りが下手な有賀の性情と風貌が窺われ得る。なお、一又正雄著『日本の国際法
　　学を築いた人々』（東京：日本国際問題研究所、1973 年）、67–80 頁参照。

[145] 有賀長雄著『社会学』（『社會進化論』（巻 1）、『宗教進化論』（巻 2）、『族
　　制進化論』（巻 3））（東京：東洋舘書店、1883〜1884 年）

[146] 当時ベルリン留学中の有賀は、元老院議官子爵海江田信義にシュタイン講義の通
　　訳を頼まれ、オーストリアに赴き、シュタインの国法学講義を聴講したという。
　　後掲注（147）有賀による「凡例」、1–2 頁。

[147] スタイン講述、海江田信義聴講、有賀長雄通訳筆記『須多因氏講義筆記』（東
　　京：信山社出版、2006 年）（宮内庁刊行のスタイン著『須多因氏講義（三版）』
　　（1889 年 12 月）を復刻したもの、初版は 1889 年 7 月刊行）

『国家学』[148]（1889 年）を著した[149]。その書に有賀は、シュタインの国家定義を用い、「国家の本義は……人民一同の利益を計る者[150]」であると述べたうえで、そうである以上、国家にとって「人民の利益を図る」ことが「善」でも「正義」でもあり、そのために自らの意思を曲げずに突き進まねばならず、これこそが国家に求められる道徳的な要請である、とした。このような認識は、後の彼の国際法思想に大きな影響を及ぼした。1891 年、有賀は陸軍大学校から国際法の講義を求められ、急いでホルツェンドルフ、ハーレック、ホール、ブルンチュリーなどの著書を読み、国際法の研究を始めた。後に日清、日露戦争に参戦した陸軍将校の大半が有賀の弟子であったため、有賀の学説は日本の戦争法実践に大きな影響力を与え、彼は「軍部の恩人」と呼ばれた[151]。有賀の講義録をまとめた『万国戦時公法』[152]（1894 年）は、日清戦争の直前に刊行され、直ちに陸軍各部隊に配布され、戦時中の絶好の手引書となった。日清戦争の際、彼は第二軍司令部法律顧問として従軍し、終戦後フランスに赴き、戦時中の国際法関係問題を一冊の本にまとめ、『国際公法雑誌（*Revue Générale de Droit International Public*）』の編集主任で著名な国際法学者フォーシーユ（Paul Fauchille（1858–1926））の序文を得て、*La Guerre Sino-Japonaise: au point de vue du droit international*[153]（1896 年）としてパリで出版した。日露戦争が勃発すると、有賀は満州軍総司令部付の法律顧問（各軍に備えられた国際法専門家の筆頭）として従軍し、終戦後再びフランスに行き、同じくフォーシーユの校閲を得て、*La Guerre*

---

[148] 有賀長雄編述『国家学（増補再版）』（東京：牧野書房、1889 年 4 月、初版は 1889 年 1 月刊行）

[149] 有賀は後に、国家と皇室の一体不可分を説いた『国法学』も著した。有賀長雄著『国法学（上・下）』（東京：早稲田大学出版部、1901–1902 年）

[150] 有賀長雄編述『国家学（増補再版）』（東京：牧野書房、1889 年 4 月、初版は 1889 年 1 月刊行）、12–16 頁。

[151] 南次郎「我が陸軍と有賀博士」『外交時報』第 685 号、1933 年、44–58 頁。なお、有賀が陸軍大学校で行った教育と、彼の教え子が日露戦争時に果たした役割に関して、松下佐知子「日露戦争における国際法の発信——有賀長雄を起点として——」『軍事史学』第 40 巻 2・3 合併号（通巻 158・159 号）、195–210 頁参照。

[152] 有賀長雄編『万国戦時公法：陸戦條規（全）』（東京：陸軍大学校、1894 年）

[153] Ariga Nagao, *La Guerre sino-japonaise: au point de vue du droit international*, ouvrage accompagné d'une préface par Paul Fauchille, A. Pedone, Paris, 1896.

Russo-Japonaise: au point de vue continental et le droit international[154]（1908年）を出版した。この両書は後にそれぞれ、『日清戦役国際法論』[155]（1896年）と『日露陸戦国際法論』[156]（1911年）の書名で日本で翻訳刊行した。有賀の書は、詳細な実例を以て戦時国際法の適用を検証しかつ新たな原則を発展させたものとして、高く評価された[157]。

　途中から国際法の研究に転向したにもかかわらず、有賀は絶大な精力を以て、次々と国際法の専門研究書を公刊した。その代表的なものとして、『國際公法講義録』[158]（1900年）、『国際公法』[159]（1901年）、『國家と軍隊との關係』[160]（1902年）、『戦時国際公法』[161]（1904

---

[154] Ariga Nagao, *La Guerre Russo-Japonaise: au point de vue continental et le droit international*, A. Pedone, Paris, 1908.

[155] 有賀長雄著『日清戦役国際法論（全）』（東京：陸軍大学校、1904年再版発行、初版は1896年刊行）

[156] 有賀長雄編『日露陸戦国際法論』（東京：東京偕行社、1911年）

[157] フォーシーユの序文には、「此の如き著述の吾人を裨益すること大なる固より論を俟たす、而も其の功は独り此れのみに止まらす、此の書は日本か其の既に数年来取る所の文明の針路に於て猶ほ進行せんとすることを表証せり」と記した。前掲注（155）、6–7頁。フランス大審院検事長で著名な国際法学者であるデジャルダン（Arthur Desjardins（1835–1901））も、フランス学士院で *La Guerre sino-japonaise* を紹介する演説を行い、日本における戦時国際法の発達が「啻に戦争の術に止まらす戦時公法の理想に於ても欧州をして驚嘆せしむるものあり」とした。前掲注（155）、425頁。また、欧米国際法大家は自らの著書の中で有賀の書を引用し、See T.E. Holland, "International Law in the War between Japan and China", in *Studies in international law*, Clarendon Press, Oxford, 1898, note 1, p. 112, 外国の軍部からも評判が良かった。仏国陸軍はその本を各部隊に配布し、英国陸軍は将校用の規則集である *Land warfare* において有賀の観点を多数引用した。二戦中、米国のカーネギー財団は、有賀の書を平和に資するものとして抄訳し刊行した。Ariga Nagao, *Extracts from la guerre russo-japonaise: au point de vue continental et le droit international: d'après les documents officiels du grand état-major japonais*, [s.n.], Washington, D.C., 1942. なお有賀は、その二書の中で、新興国たる日本が如何に戦時法規を忠実に遵守したかを世界に示し、日本の国際的地位の向上に寄与した功績に因り、1912年に帝国学士院恩賜賞を受けた。有賀自身は後年の回顧談において、その二書の出版事情や従軍経緯を得意げに語った。有賀長雄「佛文著述苦心談」『国際法雑誌』第10巻9号、1912年、677–690頁。

[158] 有賀長雄述『国際公法講義録：將校教育資料』（東京：海軍教育本部、1900年）

[159] 有賀長雄『国際公法』（東京：東京専門学校出版部、1901年）

[160] 有賀長雄編述『国家と軍隊との関係』（東京：偕行社、1902年）

[161] 有賀長雄著『戦時国際公法（上・下）』（東京：早稲田大学出版部、1904年）

年）、『文明戦争法規』[162]（1904 年）、『満洲委任統治論』[163]（1905
年）、『保護国論』[164]（1906 年）などが挙げられる。また、戦時法規に
大きな関心を寄せた有賀は、日本赤十字社特選幹事を嘱託され、ヨーロ
ッパで開かれた赤十字社万国総会に三回出席し、1899 年のハーグ平和会
議にも参加し、日本赤十字社の宣伝や日清・日露戦争における同社の活
動を綴った報告書を著した[165]。有賀は国際法のみならず、外交史の研究
にも多大の力を注ぎ、『近時外交史』[166]（1898 年）、『最近三十年外交
史』[167]（1910 年）を著したほか、1898 年にほぼ独力で『外交時報』を創
刊し、その主筆となった。そのほか彼は、『国際法雑誌』『国家学会雑
誌』『法学協会雑誌』 *Revue de Droit International et de Législation
Comparée*、 *Revue Générale de Droit International Public* で大量の論文を発
表した[168]。

1.2.1.4.　高橋作衛（たかはし　さくえ、1867–1920）

　高橋は長野に生まれ、1891 年に東京帝国大学法科大学政治学科を卒業
した後、大学院に入って国際法を研究し、傍ら海軍大学校の国際法教官
に任官し、国際法を講じた。日清戦争の際、常備艦隊司令長官付法律顧
問として旗艦松島に搭乗し、のち旅順司令官付・旅順口海軍根拠地訳官

---

[162] 有賀長雄著『文明戦争法規』（東京：金港堂書籍株式会社、1904 年）

[163] 有賀長雄著『満洲委任統治論：有賀博士陣中著述』（東京：早稲田大学出版部、
1905 年）

[164] 有賀長雄著『保護国論』（東京：早稲田大学出版部、1906 年）

[165] Ariga Nagao rédigépar, *La croix-rouge en Extrême-Orient: exposé de l'organisation et du
fonctionnement de la Société de la Croix-Rouge du Japon*, A. Pedone, Paris, 1900; Ariga
Nagao compiled, *The Japanese Red Cross Society and the Russo-Japanese War: A Report*,
Printed by Bradbury, Agnew & Co., London, 1907.

[166] 有賀長雄著『近時外交史』（東京：早稲田人学出版部、1910 年再版発行、初版は
1898 年刊行）

[167] 有賀長雄著『最近三十年外交史』（東京：早稲田大学出版部、1910 年）

[168] 和文の論文は膨大な量にのぼっている。欧文の論文としては、Ariga Nagao, "La
Capitulation de Port-Arthur", in *Revue Générale de Droit International Public*, Tome 14,
1907, *etc.* なお、有賀は 1913 年から 1921 年の間に袁世凱政府の政治顧問となっ
た。1915 年の対華 21 カ条の受諾拒否を袁に勧め、さらに日本に帰って元老達に
対華 21 カ条の取りやめを働きかけたため、世論から「国賊」、「売国奴」と罵ら
れ、早稲田の教授・東京帝大講師の職を追われ、学会から追放同然の状態になっ
た。信夫淳平「有賀長雄博士の十三回忌に際し」『外交時報』第 685 号、1933
年、18 頁。

となった。威海衛封鎖の際、丁汝昌提督に対する勧降書を起草したことで有名であった。日清戦争後の 1897 年に、高橋は国際法研究のためイギリス、ドイツ、フランスに留学し、主にイギリスの国際法学者ウェストレークとホーランド（Thomas Erskine Holland（1835–1926））の下で国際法研究を進めた[169]。1900 年に法学博士の学位を取得して、翌年帰国し、東京帝国大学法科大学教授に任官し、寺尾亨と並んで国際法講座を担任した。その後、一貫してイギリス国際法学や国際法学者の紹介に努め、自らが編集に関わった『国際法雑誌』や『法学協会雑誌』で彼らとの通信を公刊し、彼等の著書を推奨し、彼等の名を日本国際法学界に知らしめた[170]。高橋は国際法学会の創立に参加し、『国際法雑誌』の編集主任を長く務めたほか、国際法協会や万国国際法学会にも関わり、万国国際法学会の副会長たる名誉を持つなど、日本国際法学界と外国、とくにイギリスの国際法学界との交流に尽くした功績は大きい。

---

[169] 高橋がこの二人に師事する理由は次の通りである。日清戦争の開戦時、英船高陞号の撃沈事件をめぐり、日本が欧米諸国の世論から猛烈な批判を浴びた。当時イギリスで国際法の二大泰斗とされたウェストレーク教授（ケンブリッジ大学）とホーランド教授（オックスフォード大学）は、敢て一般世論に対抗して、タイムズ紙上に論評を発表し日本の行動を弁護する論陣を張った。彼等は、国際法上の見地から、日本軍の行動が必要かつ正当な行為であり、賠償請求が不可能であると論じた（後にホーランドは、タイムズ紙に載せられた自らの論評を一冊の本にまとめ出版した。T.E. Holland, *Letters to "The Times" upon War and Neutrality (1881–1909): with some Commentary*, Longmans Green & Co., London; New York, 1909. それによって新聞や世論も次第に沈静化していった。高橋は両教授への感謝の念を込め、イギリス留学を決意した、という。高橋作衛著『英船高陞号之撃沈（国際法外交論纂第一編）』（東京：清水書店、1903 年）、叙文 7 頁。関係する紹介は、一又正雄著『日本の国際法学を築いた人々』（東京：日本国際問題研究所、1973 年）、87 頁；野澤基恭「日本における近代国際法の受容と適用——高橋作衛と近代国際法——」『東アジア近代史』第 3 号、2000 年、57–58 頁参照。

[170] とくに日露戦争前後に、高橋作衛は、日本に好意的なイギリス学者の観点の紹介に精力的であった。「ホルランド博士の日本に対する同情」『国際法雑誌』第 2 巻 7 号、1904 年；「ウェストレーキ博士の日露開戦観」『国際法雑誌』第 2 巻 8 号、1904 年；「朝鮮の地位に関する英国学者の意見」『国際法雑誌』第 3 巻 1 号、1904 年（ローレンスの意見を紹介）；「欧州雁信——ウェストレーキ博士の日露戦観と其新著」『国際法雑誌』第 3 巻 3 号、1904 年；「日露講和条約に関するウェストレーキ博士の短評」『国際法雑誌』第 4 巻 4 号、1905 年；「ホルランド博士の新著『タイムス』投書集を評して本邦新聞並に一般社会の学者観に論及す」『国際法雑誌』第 8 巻 7 号、1910 年等。

　高橋の著作としては、日清戦争関係の *Cases on International Law during the Chino-Japanese War*[171]（1899 年）、『英船高陞号之撃沈』[172]（1903 年）のほか、日露早期開戦の主唱者たる七博士の一人として、日露戦争中に、七博士事件の経緯を記し、満州問題に関する自らの意見を述べ、『満洲問題之解決；七博士意見書起草顛末；満洲問題研究録』[173]（1904 年）を出版した。日露戦争の際、軍嘱託として海軍に従軍したことから、*International Law Applied to the Russo-Japanese War*[174]（1908 年）を著した。また、ローレンスの *War and Neutrality in the Far East* を章ごとに紹介し、自らのコメントを付け加え、『日露戰爭國際事件要論』[175]（1905 年）として出版した。陸戦法規の解明に努めた有賀と対照的に、高橋は主に海戦法規や捕獲審検所審決例の編纂に努めた。彼の著作は当時の海軍では必携とされ、外国でも高く評価された[176]。また、留学中の著作で

---

[171] Takahashi Sakuyé, *Cases on International Law during the Chino-Japanese War*, with a preface by T.E. Holland and an introduction by J. Westlake, Cambridge University Press, Cambridge, 1899. 後に高橋は、その著作をめぐる欧米国際法大家の論評 6 編と、その中の 1 編に対する高橋の回答、さらに専門誌や新聞雑誌に掲載された書評 9 編を一冊の書物にまとめ、ミュンヘンで出版した。Takahashi Sakuyé gesammelt, *Aeusserungen über völkerrechtlich bedeutsame Vorkommnisse aus dem chinesisch-japanischen Seekrieg und das darauf bezügliche Werk: "Cases on international law during the Chino-Japanese War"*, E. Reinhardt, München, 1900. それらの書評は総じて高橋の著書に高い評価を与えた。なお、1898 年に、高橋は英文雑誌に日本軍の行動の正当性を擁護する論文を載せた。Takahashi Sakuyé, "The Application of International Law during the Chino-Japanese War", in *The Law Quarterly Review*, 1898, vol. 14. この論文は後に単行本として発行された。Takahashi Sakuye, *The applications of international law during the Chino-Japanese war*, Stevens, London, 1898（Reprinted from *The Law Quarterly Review*, October 1898）.

[172] 高橋作衛著『英船高陞号之撃沈（国際法外交論纂第一編）』（東京：清水書店、1903 年）。高橋は関係外交文書を駆使し、イギリス学者の言説を引用しながら、日本軍による高陞号撃沈と日本政府の無宣言開戦が国際法に違反していないことの証明に腐心した。

[173] 『満洲問題之解決；七博士意見書起草顛末；満洲問題研究録（国際法外交論纂第二編）』（東京：清水書店、1904 年）

[174] Takahashi Sakuyé, *International Law Applied to the Russo-Japanese War: with the Decisions of the Japanese Prize Courts*, Stevens, London, 1908.

[175] 高橋作衛著『日露戦争国際事件要論』（東京：清水書店、1905 年）。

[176] *International Law Applied to the Russo-Japanese War* は、欧米から多数の書評を得た。それらの書評は、技術的な点に関して多少批判があるが、基本的に高橋の書に高い評価を与えた。後に高橋は、欧米大家の書評（ウェストレークの書簡を

ある *Le droit international dans l'histoire du japon*[177]（1901 年）と *La neutralité du Japon pendant la guerre Franco-Allemande*[178]（1901 年）も、日本における国際法研究の進歩を実証的に解明し、外国に認めさせたものとして高い評価を得た。高橋は、米国のフリーマン・スノー（Freeman Snow）が彼の *Cases and Opinions on International Law*[179]の中で提唱し、ハーバード大学のラングデル（Christopher Columbus Langdell（1826–1906））[180]教授が教育現場で採用した「例証主義（*case system*）」をモデルとして、日清戦争中の先例や、その後ヨーロッパ留学中に調査した事例を集め、900 頁超の『戦時國際法理先例論』[181]（1904 年）を出版した。また、国際法体系書として、『戦時國際公法』[182]（1902 年）、『平

はじめ私信による批評が計 6 編、ホーランドの書評をはじめ新聞雑誌に掲載された書評が計 14 編）を一冊の書物に編み、Takahashi Sakuyé compiled, *Reviews of Dr. Takahashi's recent work, "International law applied to the Russo-Japanese War"*, Tokyo Printing, Tokio, 1909 として出版した。

[177] Takahashi Sakayé, *Le droit international dans l'histoire du japon*, Bureau de la Revue, Bruxelles, 1901.

[178] Takahashi Sakuyé, *La neutralité du Japon pendant la guerre Franco-Allemande*, Bureau de la Revue, Bruxelles, 1901. なお、日本の国際法研究状況を紹介する和文の論文として、高橋作衛「日本に於ける国際法研究の進歩」『国際法雑誌』第 3 巻 2 号、1904 年、同「明治時代に於ける国際法研究の発達」『法学協会雑誌』第 30 巻 10 号、11 号、12 号、第 31 巻 4 号、5 号、1912–1913 年の連載参照。

[179] F. Snow, *Cases and Opinions on International Law: with Notes and a Syllabus*, Boston Book Co., Boston, 1893.

[180] ラングデルは 1870 年ハーバード・ロー・スクールの初代学長に任命され、ケース・メソッドという新たな教授法を実践しながら、大学における職業訓練的法学教育を確立した人物である。大川裕紀子「ラングデルの功罪——大学における法学教育——」滝沢正編集代表『比較法学の課題と展望（大木雅夫先生古稀記念）』（東京：信山社、2002 年）

[181] 高橋作衛著『戦時国際法理先例論（訂正増補第三版）』（東京：清水書店、1907 年、初版は 1904 年に東京法学院大学により刊行）。1907 年の増補版で日露戦争の事例を加えた。高橋によれば、日本学者による研究が諸外国を納得させるためには、よく似た先例を見つけてそれを自国の事例に当てはめるという形がもっとも効果的であり、「先例によること最も適切にして最も憑拠すべきもの」という。同書、叙 2 頁。

[182] 高橋作衛著『戦時国際公法（第八版増補訂正）』（東京：哲学書院、1905 年、初版は 1902 年刊行）

時国際法論』[183]（1904 年）、『戦時國際法要論』[184]（1905 年）などがある。彼の著作は基本的に、ウェストレーク、ローレンス、ホーランド、ホールなどの英国学者の学説を主軸としながら、取捨選択をすることによって自らの見解を示すものである。また、先例重視の英米派の学風を真似て、国際法事例や国際条約や万国国際法学会の決議など多数入れたため、1000 頁前後の分厚い大著が多かった。この点において、学理的分析を重んじ、敢えて先例、条約に触れなかった千賀と鮮明な対照をなしている[185]。なお、彼が『国際法雑誌』『法学協会雑誌』『国家学会雑誌』『外交時報』『法学新報』『法学志林』 *The Law Quarterly Review* 等の雑誌に発表した論文は膨大な数に上っている。

1.2.1.5. 中村進午（なかむら　しんご、1870–1939）

中村は新潟に生まれ、養家の関係から医学に志して上京し、ドイツ語を学んだ。のち中村家に戻り法学に転向した。1890 年に東京帝国大学法科大学に入学し、最初は末岡精一博士等について国法学を学んだが、1892 年に日本朝野を憤激させた千島艦事件が起り、青年中村は慨然として国際法に転じ、不平等条約の撤廃と国権回復に挺身する学者の路を進

---

[183] 高橋作衛著『平時国際法論（第二版）』（東京：日本法律学校、1904 年、初版は1903 年刊行）

[184] 高橋作衛著『戦時国際法要論（全）（改訂第三版）』（東京：清水書店、1910 年、初版は 1905 年刊行）。なお、『国際法大意』（東京：清水書店、1913 年）も刊行されたが、基本的に前出した体系書の内容を踏襲したものであったため、紹介を省略する。

[185] 先例研究があまり重視されなかった当時においても、高橋の学風を高く評価する者もいた。例えば水府太郎はこう述べた。「その大学に於て担任せる国際公法は引例の該博なる立論の透徹せる沿革の正確なる点を以て最も学生間の評判を博して居やう一方に於て公法の講座に万丈の気焔を挙げつある彼は他方に於て自己の研究を公にするの忠実なる容易に他に比を求むる能はざる所である、彼の『国際法雑誌』を宰して毎号斬新なる意見を発表する外、『国際先例論』若くは『平時国際法論』を著述して広く世を益し国を利するの大なる今更吾人の喋々する迄もない。殊にその国際法は唯、机上の議論にのみ依らず、実際を根拠とせる点に於て他の多くの公法学者と違って居る、これ有賀氏の陸上に従軍し彼れの海上に従軍して具さにこれが根基を探った所以であらう」。水府太郎「日本の国際法学者」『外交』（東京：外交社）第 2 巻 4 号、1916 年、109 頁。

むに至った[186]。1894 年に卒業した後大学院に入り、学習院院長近衛篤麿の知遇を受け、1897 年に学習院教授に任官し、直ちにドイツ、フランスに三年間留学した。主としてハイデルベルクで勉学し、その間イェリネック（Georg Jellinek（1851–1911））の演習にも参加した[187]。帰国後、早稲田、学習院、高商、拓殖、海軍、日本、日本女子、明治、中央、慶応、法政、上智、専修などの各大学および専門学校の講壇に立ち、兼任講師・教授として、国際公法、法学通論、国際私法、親族法、相続法、ドイツ法などを担当して活躍した。なかでも早稲田と高商（一橋大学前身）とゆかりが深かった。彼の門からは有名な法学者が輩出し、学界ならびに法曹界に大きく貢献した。1901 年に法学博士の学位を受けた。

　中村の人となりについては、「飄逸洒脱、秋月の如き冷徹なる一面と、深く蔵せらるゝ熱血の一面……を兼ね備へて居られた[188]」と評された。彼は「洒脱せる禅僧[189]」の如き冷静に学問的研鑽を為す一方、国家の運命を個人の運命と結びつけ、国益を伸張するにあたって憤慨激昂している。1903 年日露国交の険悪化に伴い、彼は、寺尾亨、高橋作衛とともに対露強硬論を主張した七博士事件の中心人物として有名であり、また 1905 年に日露講和条約反対上奏事件に連座し、一時下野することも憚らなかった。

　中村の代表作として、以下が挙げられる。条約改正に備え、日清戦争中に刊行された『新条約論』[190]（1894 年）は、日本における「最初の、

---

[186] 一橋大学の同僚たる寺尾元彦の回顧談によると、中村は「最初は憲法を志していたが、明治二十五年十一月に、帝国軍艦『千島』が英艦『ラヴェンナ』号と衝突沈没した不祥事件があり、翌年に横浜の英国領事裁判所で、日本の敗訴となることをきっかけとして、中村は深く時局に感奮する所あり、慨然として国際公法の研究に転ぜられた」という。寺尾元彦「中村進午博士追悼の辞」一又正雄、大平善梧編輯責任『時局関係国際法外交論文集：中村進午博士追悼記念』（東京：巌松堂書店、1940 年）、11 頁。

[187] 中村進午「マルテンス博士の為めに惜む」『外交時報（臨時増刊）』第 67 号、1904 年、29 頁。

[188] 寺尾元彦「中村進午博士追悼の辞」一又正雄、大平善梧編輯責任『時局関係国際法外交論文集：中村進午博士追悼記念』（東京：巌松堂書店、1940 年）、13–14 頁。

[189] 佐野善作「故中村進午博士を惜む」一又正雄、大平善梧編輯責任『時局関係国際法外交論文集：中村進午博士追悼記念』（東京：巌松堂書店、1940 年）、4 頁。

[190] 中村進午著『新條約論（三版）』（東京：東京専門學校出版部、1897 年、初版は1894 年刊行）

本格的な、平時国際法問題の著作[191]」と言われた。日清戦争の直後に著した『媾和類例』[192]（1895 年）は、アヘン戦争、清仏戦争、クリミヤ戦争、普仏戦争などの同時代の戦争の講和過程やその条約文を蒐集し、かつ自らの解説を加えたものであり、当時日本政府が清政府と外交折衝するにあたって重要な参考書となった。彼が各大学で行った講義の講義録をもとに著した『國際公法論』[193]（1897 年）や『戦時國際公法』[194]（1912 年）も、日本における国際法知識の向上ならびに普及に寄与したところが甚大であった。前述の彼の大訳業であるマルテンスの『国際法』は、千賀鶴太郎の著作とともに、ドイツ系国際法学の全面的紹介として、日本国際法学の形成と発展に大きな影響を及ぼした。

1.2.2. 広義の国際法学者による研究

以上のように、専門国際法学者の著作には、戦時国際法の占める分量が圧倒的に多かった。広義の国際法学者の書いた国際法体系書においても同様だった。前述のように、広義の国際法学者は、国際法の専任教師ではないが、政府機関や軍隊の本職に従事するかたわら、国際法に関する学術論文ないし体系書を著し、大学や専門学校で国際法講義を兼任することも稀ではない。多くの者は社会的地位が高く、国際法学界において専門国際法学者ほどではないが、かなりの影響力を持った。彼等の手による比較的高水準の体系書を挙げてみると、海軍大学校で国際法講義を担当し、主として海戦関係の判例研究に努めた藤田隆三郎の『万國公法』[195]（1891 年）と『万國公法講義』[196]、日露戦争に従軍し、後に陸軍省参事官に任じられた秋山雅之介の『国際公法』[197]（1893 年）と『國際公法』[198]（1903–1904 年）、明治法曹界の重鎮たる鳩山和夫の『万国公

---

[191] 一又正雄著『日本の国際法学を築いた人々』（東京：日本国際問題研究所、1973 年）、104 頁。

[192] 中村進午編『媾和類例』（東京：哲学書院、1895 年）

[193] 中村進午著『国際公法論』（東京：東華堂、1897 年）

[194] 中村進午述『戦時国際公法』（東京：早稲田大学出版部、1912 年）。

[195] 藤田隆三郎編述『万国公法』（大阪：岡島寶文館、1891 年）

[196] 藤田隆三郎講述、花井卓蔵筆記『万国公法講義』（出版地不明：出版社不明：発行年不明）

[197] 秋山雅之介述、須田栄治編『国際公法（完）』（東京：東京専門学校、1893 年）

[198] 秋山雅之介著『国際公法（全二冊）』（東京：和仏法律学校、1903–1904 年）

法』[199]（1896 年）、フランスで法学博士の学位を得て、東京高等商業学校で教鞭を執った神藤才一の『国際公法講義』[200]（1898 年）、東京法学院大学（中央大学前身）出身の玉置嘉門の『学説対照国際公法論綱』[201]（1901 年）、ジャーナリストたる大野若三郎の『國際法新論』[202]（1903 年）、外交官でありながら各大学の教壇で国際法講義を行った松原一雄の『最近國際公法原論』[203]（1904 年）と『国際法先例』[204]（1904 年）があった。これらの著書は何れも、戦時法の部分が全書の半分またはそれ以上を占めている。

　そのほか、戦時国際法のみを扱う研究書も多数あった。専門国際法学者でありながら、本稿の中で補足的に扱うに止まる立作太郎の『戦時国際公法』[205]（1912 年）と『戦時國際法』[206]（1913 年）は重要である。そのほか、比較的有名なものとして、明治期に著名な弁護士であった花井卓蔵の『非常国際法論』[207]（1895 年）、鳩山和夫の『戦時国際公法』[208]（1897 年）、神藤才一の『戦時国際公法』[209]（1902 年）、飯田寛助・高原仲治の『通俗戦時国際公法』[210]（1904 年）、松原一雄の『国際公法（戦時）』[211]（1905 年）、日露戦争に従軍し、後に海軍省参事官となった遠藤源六の『國際法要論（戦時）』[212]（1908 年）、『戦時禁制品論』

---

[199] 鳩山和夫述『万国公法』（東京：東京専門学校、1896 年）

[200] 神藤才一講述『国際公法講義』（東京：明治法律学校、1898 年）

[201] 玉置嘉門編纂『学説対照国際公法論綱』（東京：清水書店、1901 年）

[202] 大野若三郎著『国際法新論』（東京：有斐閣書房、1903 年）

[203] 松原一雄著『最近国際公法原論』（東京：東京法學院大学、1904 年）

[204] 松原一雄述『国際法先例』（東京：日本大学、1904 年）

[205] 立作太郎述『戦時国際公法』（東京：日本大学、1912 年）

[206] 立作太郎著『戦時国際法（全）』（東京：中央大学、1913 年）

[207] 花井卓蔵著『非常国際法論』（東京：有斐閣、1895 年）

[208] 鳩山和夫講述『戦時国際公法』（東京：東京専門学校、1897 年）

[209] 神藤才一講述『戦時国際公法：国際協調論』（東京：東京政治学校出版部、1902 年）。面白いことに、この書は、平和的紛争解決手段（交渉、調停、仲裁など）と平時下の強制手段（復讐、差押、封鎖）しか述べず、戦争に関する部分は省かれた。

[210] 飯田寛助、高原仲治編、鳩山和夫閲『通俗戦時国際公法』（東京：東光館、1904 年）

[211] 松原一雄述『国際公法：戦時』（東京：法政大学、1905 年）

[212] 遠藤源六著『国際法要論：戦時（増補第 2 版）』（東京：清水書店、1910 年、初版は 1908 年刊行）

[213]（1910 年）と『軍国講話：戦争と国際法』[214]（1914 年）、秋山雅之介の『戦時国際法』[215]（1910 年）などが挙げられる。また、戦時法規の注解書として、外交官の長岡春一は自らの出席した国際会議の経験に依拠し、『外交通義』[216]（1901 年）、『成文国際公法』[217]（1909 年）、『倫敦海戦法規』[218]（1914 年）を刊行した。

この時代の特色として言及すべきは、日清・日露の二大戦争、特に後者をめぐり、戦時法関係の論著が雨後の筍のように大量に現れたことである。前述の有賀や高橋は、日本軍が戦時法規を忠実に遵守したことを欧米諸国に認めさせるために、和文の論著だけでなく、欧文研究書や論文も多数著し、当時著名な欧米学者から数多くの書評を得た[219]。この二人のほかに、外務省や陸海軍省に勤めた官僚や軍人たちも、和文だけでなく、欧米向けの広報活動の一環として、欧文の論著を公刊した。

---

[213] 遠藤源六著『戦時禁制品論』（東京：清水書店、1910 年）

[214] 遠藤源六著『軍国講話：戦争と国際法』（東京：読書会、1914 年）

[215] 秋山雅之介述『戦時国際法』（東京：明治大学出版部、1910 年）

[216] 長岡春一著、寺尾亨校閲并序『外交通義（全）』（東京：有斐閣書房、1901 年）

[217] 長岡春一は、1907 年第二回ハーグ平和会議に委員随員として参加し、その時議定された諸条約を解説した『成文国際公法（訂正増補第二版）』（東京：国際法學會、1914 年、初版は 1909 年刊行）を著した。

[218] 長岡春一は、1908–1909 年のロンドン海戦法規会議において採択された海戦法規に関するロンドン宣言の注解を『国際法雑誌』で発表し、後にそれを訂正増補したうえで『倫敦海戰法規』（東京：清水書店、1914 年）として出版した。

[219] 前掲注（157）（171）（176）に言及されたもののほか、F. Rey, "Book Review of *La Guerre Russo-Japonaise: au point de vue continental et le droit international* (by Ariga Nagao)", in *Revue Générale de Droit International Public*, 1908, Tome 15; E. Lehr, "Book Review of *La Guerre Russo-Japonaise: au point de vue continental et le droit international* (by Ariga Nagao)", in *Revue de Droit International et de Législation Comparée*, 1908, Tome X; T.E. Holland, "Book Review of *International Law Applied to the Russo-Japanese War, with the Decisions of the Japanese Prize Courts* (by Takahashi Sakuyé)", in *The Law Quarterly Review*, 1908, vol. 24; D. Crick, "Book Review of *International law applied to the Russo-Japanese War: with the decisions of the Japanese prize courts* (by Takahashi Sakuyé)", in *Revue de Droit International et de Législation Comparée*, 1908, Tome X; A.S. Hershey, "Book Review of *La Guerre Russo-Japonaise: au point de vue continental et le droit international* (by Ariga Nagao), *International law applied to the Russo-Japanese War: with the decisions of the Japanese prize courts* (by Takahashi Sakuyé), *La Guerre Russo-Japonaise au Point Vue de Droit International. I. Origine et Causes de la Guerre* (by Francis Rey)", in *AJIL*, 1908, vol. 2, no. 3–4.

　和文に関しては、『国際法雑誌』『外交時報』『国家学会雑誌』『法学協会雑誌』『京都法学会雑誌』『法政新誌』（後に『日本法政新誌』と改名）『法学新報』『法学志林』『明義』などの日本国内の専門誌において、戦時法関連の論文が多数現れたほか、著書として、日露戦争中に第一軍（黒木軍）と樺太軍の国際法事務嘱託として参戦した蜷川新の『黒木軍と戦時國際法』[220]（1905 年）、海軍省参事官遠藤源六の『日露戦役国際法論）』[221]（1908 年）、第三軍（乃木軍）の国際法事務嘱託として参戦し、後に弁護士となった篠田治策の『日露戦役國際公法』[222]（1911 年）などが挙げられる。欧文では、外交官長岡春一の *Étude sur la guerre russo-japonaise* [223] のほか、*Revue de Droit International et de Législation Comparée* などの欧米の国際法雑誌に彼等の論文が掲載され[224]、国際社会において日本に有利な世論傾向が作り出された。これらの論著はいずれも、戦時法規の適用に着目し、外交文書や戦時実例などの実証材料を蒐集編纂したうえで、欧米の戦時国際法理論に照らし、日本軍の法遵守を証明しようとするものであった。また、欧米学者による日露戦争研究、とくに日本に対して好意的な見解を示す研究は、素早く日本に紹介され、相互参照も行われた[225]。

---

[220] 蜷川新著『黒木軍と戦時国際法』（東京：清水書店、1905 年）

[221] 遠藤源六著『日露戦役国際法論（全）』（東京：明治大学出版部、1908 年）

[222] 篠田治策著『日露戰役国際公法』（東京：法政大学、1911 年）

[223] H. Nagaoka, *Étude sur la guerre russo-japonaise, au point de vue du droit international*, A. Pedone, Paris, 1905. そのほか、歴史学者朝河貫一も早い時期で日露戦争の原因分析を行った。K. Asakawa, *The Russo-Japanese conflict: its causes and issues*, with an introduction by Frederick Wells Williams, Houghton, Mifflin, Boston, 1904.

[224] 欧文の論文に関しては、M.H. Nagaoka, "La Guerre Russo-Japonaise et le Droit International", in *Revue de Droit International et de Législation Comparée*, 1904, Tome VI; Akiyama Masanosuké, "Règlements et Instructions du Gouvernement Japonais sur le Traitement des Sujets Russes Pendant la Guerre Russo-Japonaise", in *Revue de Droit International et de Législation Comparée*, 1906, vol. 38, pp. 567–584, 706–716; 1907, vol. 39, pp. 211–229, 297–315, *etc.*

[225] 日清、日露戦争に関して、当時の欧米学者による研究またはその相互間の書評も多数あった。欧米学者による研究としては、M.A. Halot, "Les Origines du Conflit Russo-Japonais", in *Revue de Droit International et de Législation Comparée*, 1904, deuxieme serie, Tome VI; T.J. Lawrence, *War and Neutrality in the Far East*, 2nd ed., enl, Macmillan, London, 1904; F.E. Smith and N.W. Sibley, *International law, as interpreted during the Russo-Japanese war*, 2nd ed., rev. and reset, T. Fisher Unwin, London, 1907 (the first print in 1905); A.S. Hershey, *The international law and diplomacy of the Russo-Japanese war*, The Macmillan, New York, 1906; Francis Rey, "La situation internationale

　以上の宣伝によって、戦時中における日本軍の行動は国内外で高い評価を得た。1902 年に創刊された国際法学会の機関誌たる『国際法雑誌』[226]も、その第一巻の「発刊の辞」においてこう述べている。

> 最近の歴史を観るに我国が世界史上の一強国たることを表彰せる日清戦争は我国民は戦時最も困難なる境遇に在ても特に敵国が国際法を無視して顧みざる場合に於ても尚且国際法の原則を尤も厳正に実践したることを証明すると同時に清国人を啓発して国際法を知得せしむべき必要を明らかにせり……蓋し我軍隊が能く戦時公法を厳守する所以は我国が弱者に対して正義人道を無視せさるの義膽より由来するものなり……吾人は此秋に際し世界人類の為め正義及人道の為め一方に於ては列国と共に支那人の文化を開発して国際法の普及を勉め平和の維持と国際法の進歩を企図し他方に於て一朝事有るに際しては列国共に戦時公法を遵守することを期せさるへからす[227]。

　すなわち、日清戦争や北清事変における日本の戦時法規遵守の実行を自賛し、日本が世界列強と比肩できる文明国になったと誇ったのである。

　そのほか、広義の国際法学者たちは、戦時関係の国際条約や国際会議をめぐり、多数の論文や研究書を著した。1856 年パリ会議で採択された海上法要義（私掠船禁止と中立船・中立貨の保護を定める宣言）、1864年ジュネーブ赤十字会議で採択されたジュネーブ条約（戦地における軍

---

de la Corée", in *Revue Générale de Droit International Public*, 1906, Tome 13; Francis Rey, "Origine et causes de la guerre", in *La guerre russo-japonaise au point de vue du droit international*, vol. 1, A. Pedone, Paris, 1907; T.E. Holland, "*Letters to The Times*" *upon War and Neutrality (1881–1909): with some Commentary*, Longmans Green & Co., London and New York, 1909. また、彼等相互間の書評としては、Francis Rey, "Book Review of *The international law and diplomacy of the Russo-Japanese war* (by A.S. Hershey)", in *Revue Générale de Droit International Public*, 1907, Tome 14; F. Rey, "Book Review of *International law, as interpreted during the Russo-Japanese war* (by F.E. Smith and N.W. Sibley)", in *Revue Générale de Droit International Public*, 1908, Tome 15; C. Kennedy, "Book Review of *International law, as interpreted during the Russo-Japanese war* (by F.E. Smith and N.W. Sible) and *The international law and diplomacy of the Russo-Japanese war* (by A.S. Hershey)", in *AJIL*, 1907, vol. 1, part II. そのうち、ローレンスの書が直ちに和訳された（ローレンス著、古谷久綱訳『日露戦役国際公法論』（東京：民友社、1905 年））ほか、他の学者の研究も、日本国際法学者の論著においてしばしば言及された。

[226] 1912 年に、カーネギー財団の援助を受けることをきっかけに、『国際法外交雑誌』と改題して現在に至っている。

[227] 「発刊の辞」『国際法雑誌』第 1 巻 1 号、1902 年、3 頁。

隊の負傷軍人の状態の改善に関する第一回赤十字条約）、1874 年のブリュッセル陸戦法規議定書（陸戦法一般の法典化を目的とし五十六カ条の条約案）は、多くの論著で言及された一方、何よりも 1899 年と 1907 年のハーグ平和会議および 1909 年のロンドン海戦法規会議で採択された諸条約は、当時の日本国際法学界において大きな反響を引起し、その前後に数多くの論文が現れた[228]。

1.2.3.　発足期における戦時国際法研究の特徴

以上、日本国際法学の発足期の概況を回顧した。初期の日本国際法学研究の発達を促す要素として、国際法・外交史学者信夫淳平は、次の七つを挙げている。（1）欧米強国の圧力に面する新興国の対外的自覚；（2）内乱において外国の態度による刺激；（3）戦時において中立国としてその権利義務を励行する経験；（4）戦時において交戦国として国際法則を遵守し、新たな法則を案出する経験；（5）国際法学者の研究・教育活動；（6）国際法関係の学会活動への積極的参加；（7）国際法関係の国際会議の出席、である[229]。

戦時国際法研究は、以上の諸要素のうち、何よりも（4）の要素、すなわち戦争に関する国家実行——とくに日清・日露戦争——に強く刺激されたため、国際法の他の諸分野に比べて一層発達している。*jus in bello* の次元における個々の戦時法規の内容解明という実用的・技術的な側面が非常に重視されており、それを中心とする戦時国際法の研究は、量的にも質的にも高いレベルに達したと思われる。

---

[228]　二回のハーグ平和会議に関する論文は枚挙に違ないほど多数あり、紹介を省く。著書の中で、興味深いものは、前述の長岡春一の『成文国際公法』のほか、漢学専門家である石山福治の『国際平和論』（東京：奉公会、1904 年）、独逸学協会学校（独協大学前身）出身で、独文書により国際法を独学し、日露戦争中に第三軍（乃木軍）の国際法事務嘱託として従軍した兵藤三郎の『万国平和論』（東京：東洋平和協會出版部、1907 年）などが挙げられる。倫敦海戦法規会議に関しては、前述の長岡春一の『倫敦海戦法規』のほか、同じく海軍省参事官であった山川端夫の「倫敦海戦法規会議に就て」『法学協会雑誌』第 27 巻 7、8、9 号、1909 年；立作太郎「海戦法規に関する龍敦宣言」『外交時報』第 138 号、1909 年；秋山雅之介「海戦法規に関する倫敦宣言」『法学志林』第 11 巻 7 号、1909 年など参照。

[229]　信夫淳平「我国に於ける戦時国際法の発達」『国際法外交雑誌』第 42 巻 1 号、1943 年、1–21 頁。

　また、前述の国際法学者の視点から見れば、発足期の戦時国際法研究は、以下の四つの特徴を有する。

　第一、専門国際法学者は皆欧米留学の経験を持ち、帰国後、留学先の主流国際法学説や国際法学者を積極的に日本に紹介することに努めた。彼等の著作には留学先の法学教育の特徴的な傾向が顕著に現れ、自らの受けた学問的訓練の長所を生かそうとする姿勢が見受けられる。千賀による高橋批判の示すように、資料や事実の蒐集および緻密な判例研究を重視する英米法系と、条文解釈を中心に概念の整序と一般原理の追究を重視する大陸法系との間に対立が見られ、研究方法に関する自覚は初歩的でありながら、ある程度確立された。後述するように、このような方法論上の相違は、その理論構成にも影響を及ぼした。

　第二、国際法学者の多くは、理論的研究に没頭するのではなく、実務の現場においても活躍していた。広義の国際法学者はいうまでもなく、専門国際法学者も、平時において外務省・陸海軍省・法制局等と深い関わりを持ち、戦争の際に法律顧問として自ら戦場に赴き、現地の国際法問題の処理に当たり、その実際的経験に基づいて書物を著すことが少なくない。全体的傾向から言えば、純粋な理論的研鑽よりも、日本の国家実行に即して研究を展開していく実践的志向が強く見受けられる。国際法は、実際問題に適用される具体的な行動基準として実務的立場との関連で思考され、素朴な意味での実証研究が盛んに行われた[230]。

---

[230] それをどう評価すべきだろうか。横田教授や筒井＝広部教授の見解によれば、この時期の国際法著作は、実際問題を事実的に叙述することに重点を置き、反面、分析的に深く考察することはあまりしなかった。資料的・事実的な方面を詳しく正確に記述することに主眼を置き、分析的・理論的な考察はあまりしなかった。論理的な部分に関しては、基本的に外国の学者の見解を翻訳し列記したもので、著者自身の見解が分析的に示されることはほとんどなかった、という。横田喜三郎「わが国における国際法の研究」東京帝国大学編『東京帝國大学学術大観』（東京：東京帝国大学、1942 年）、240 頁；筒井若水、広部和也「学説 100 年史『国際法』」『ジュリスト』第 400 号、1968 年、218–219 頁。このような認識は今日に至ってほぼ定着している。これは必ずしも間違っていないが、当時の状況を的確に捉え得たものとは言えず、むしろ表面的な印象に過ぎないように思われる。本稿第二章以降の論述は、おそらく従来の認識の改変に少し役に立つだろうと思われる。なお、後ほど紹介する有賀長雄の「国際公法と国際事実」および高橋作衛の「国際法の真相」などの論文は、いわゆる「素朴な実証研究」の存在理由を解釈すると同時に、当時の学問研究が決して「事実記述尽くめ」ではないこ

　第三に、専門国際法学者にせよ広義の国際法学者にせよ、戦時国際法の研究に従事するにあたって、日本の「文明国」性を海外に宣伝し、その国際的地位を向上させるという現実的な目的を帯びている。有賀や高橋に典型的に見られるように、彼等は欧米国際法理論の一方的な輸入に満足せず、いわゆる対外発信も相当重視している。欧米国際法学者と積極的に交流し、国際会議や学会活動に熱心に参加し、欧文（英文、仏文、独文）で論著を公刊し、日本の国際法研究・教育の進歩、国際法実践、とりわけ戦時国際法の遵守事例を欧米に紹介することに精力的であった[231]。したがって、彼等の著作は自国の国家実行を擁護しまたは弁解することが多く、批判的分析がほとんど見当たらなかった[232]。

　　とを物語っている。有賀長雄「国際公法と国際事実」『国際法雑誌』第 2 巻 5
　　号、1904 年、高橋作衛「国際法の真相」『法政新誌』第 8 巻 1 号、1904 年参照。
[231]　当時の日本国際法学者の対外発信について、明石欽司「日本の国際法学『対外発信』の 100 年——欧文著作公刊活動を題材として——」大沼保昭編『国際社会の法と政治（「日本と国際法の 100 年」第 1 巻）』（東京：三省堂、2001 年）、209–216 頁参照。ただ、明石教授の論文は欧文著作公刊活動を中心に考察したが、広義の対外発信は、日本の国家実行や制度改善の成果を宣伝するための、政府間の国際会議や国際的な学会活動に積極的に参加する活動も含めて考察すべきであると思われる。
[232]　もっとも、同じく日本の「文明性」を高唱する者であるが、自画自賛に徹底した高橋と比べれば、旅順虐殺事件における日本軍の蛮行を弁解しながらも、ある程度その非を認めた有賀の著作は、「信頼性」と「公平性」が高いと言われる。A.S. Hershey, "Book Review of *La Guerre Russo-Japonaise: au point de vue continental et le droit international* (by Ariga Nagao), *International law applied to the Russo-Japanese War: with the decisions of the Japanese prize courts* (by Takahashi Sakuyé), *La Guerre Russo-Japonaise au point vue de droit international. I. Origine et causes de la guerre* (by Francis Rey)", in *AJIL*, 1908, vol. 2, no. 3–4, pp. 947–948；有賀長雄著『日清戦役国際法論（全）』（東京：陸軍大学校、1904 年再版発行、初版は 1896 年刊行）、「フォーシールの序言」、6 頁。例を挙げれば、有賀は、欧米世論に一大騒動を巻き起こした旅順虐殺事件に対して、まず清国が国際法を遵守していない以上、日本も本当ならば国際法を守る義務がないことを確認したうえで、日本が外交上の方針として戦時国際法を守ることを決定したのだから、旅順虐殺事件に対しても弁明の必要があるとした。そのうえ、彼は、第 2 軍司令官大山巌の答弁には、「当を得ている」ところがあるものの、「此の如き強烈を以て動作するの必要更に無かりしに似たり」、「此の必要の有無は寧ろ戦術上の問題にして法律上の問題に非さる」と、法的観点からして否定的態度を表明した。また、捕虜殺害の目的を懲戒に帰する大山の答弁に対して、それが国際法違反であると明確に指摘した。有賀長雄著『日清戦役国際法論（全）』（東京：陸軍大学校、1904

第四、高橋のように国際法研究に終始した学者はむしろ少数であり、専門国際法学者の多くは、多分野にわたって深い造詣を持っている。寺尾、有賀のような他の専門から国際法に転向した者もいれば、千賀や中村のように、国際法を教えるかたわら、ローマ法、ドイツ法、私法ないし一般法理論に精通する者もいる。これは、専門分業が未だ発達していない当時にしては当然のことであろうが、他分野の知識が国際法的思考に何らかの影響を及ぼし、同一学者の思想体系に相互にせめぎ合う重層的な傾向が存在する可能性も生まれた。これについて、後ほど詳述する。

年再版発行、初版は 1896 年刊行）、116–117 頁。後述するように、この点をめぐる有賀と高橋の差異は、両者のナショナリズムの程度の差によるというよりも、その国際法観そのものの相違によるものであったと言えよう。なお、明治期日本の国際法研究における国家主義志向を指摘したものとして、See Onuma Yasuaki, "'Japanese International Law' in the Prewar Period—Perspectives on the Teaching and Research of International Law in Prewar Japan", in *The Japanese Annual of International Law*, 1986, no. 29, pp. 33–35.

第二章

―――――

国際法理論における戦争観（一）

二つの誤解

　序章で述べた通り、本稿は、「無差別戦争観」の時代とされた十九世紀末頃から二十世紀初頭までの世紀転換期、すなわち日本国際法学研究の発足期において、「正しい戦争」の観念が存在するかどうか、存在するとしたならば、それがどのような形で現れ、どの程度のものなのか、さらに、その中に如何なる意義と問題性が潜むのか、などの問題の解明を目指している。当時の学説上、戦争が一切禁止されるべきであると主張する国際法学者は見受けられないが故に、「正しい戦争」観念の存在を検証することは、戦争に対する法的制限意識の有無を検証するに等しい。つまり、戦争が無制限に許容されていないことを証明できさえすれば、「正しい戦争」の観念が存在したと言える。もっとも、この証明は第一歩に過ぎず、より重要なのは、如何なる「正しい戦争」の観念が存在したか、それらの観念を支える根拠は何だったのかを究明することである。以下において、第一章で述べた戦時国際法研究の概況を踏まえ、とくにその中に列挙した文献に依拠しながら、当時の国際法学の理論と実践における「正しい戦争」観念の有無と程度を考察する。

　考察を進めるにあたって、個々の論者の法的観点と彼等の倫理意識との関係について留意すべき点をあらかじめ指摘しておきたい。十九世紀の欧米と日本において、いわば「手放しの戦争賛美論[233]」を高唱する者

---

[233] それによれば、戦争は神意に適する自然法則の如き、善でもあり美でもあり、科学の進歩を促して、勇気・服従および犠牲的精神などの美徳を養い、芸術の発達、文明の伝播を助け、人類に幸福をもたらし、正しき文化の理想に合するものである、という。欧米学者によって唱えられた「手放しの戦争賛美論」は早くも日本国際法学界に紹介・輸入された。例えば、ミッシェル・ルボン述、児玉錦平訳「戦争哲学」『法学協会雑誌』第 14 巻 5 号、396–403 頁、6 号、499–506 頁、7 号、600–605 頁、1896 年；小島愛三郎「哲理上より観察したる戦争」『法

は少なからず存在した。それは、超越的な価値の導入によって戦争の存在合理性ないし自己目的性を絶対化する論調であった。それに対して、当時日本の国際法学者は基本的に消極的な態度をとっている[234]。彼等は、戦争は正常事態ではなく異常事態であること[235]、目的ではなく手段

学新報』第 11 巻通号 118 号、1901 年、67–72 頁；中村進午「戦争存廃論者の意見を紹介す」『法政新誌』第 55 号、1902 年、11–22 頁；蜷川新「欧州公法学者の戦争観並に平和観」『国際法雑誌』第 1 巻 6 号、1902 年、8–14 頁、同「戦争論（承前）」『国際法雑誌』第 5 巻 9 号、1907 年、21–26 頁。

[234] 「手放しの戦争賛美論」に対して否定的な態度を最も鮮明に表したのは、寺尾亨であろう。彼は一連の公刊論文の中で、前述のいわゆる「戦争哲学」を批判した。「戦争に就て」『法学志林』第 6 巻通号 55 号、1904 年、37–39 頁；「戦争と国際法」『法学協会雑誌』第 25 巻第 11 号、1907 年、1559–1564 頁；「万国平和論に就き」『国際法雑誌』第 5 巻 5 号、1907 年、12–14 頁；「平和と国際法」『国際法雑誌』第 6 巻 3 号、1907 年、2–5 頁；「国際法と戦争及平和」『日本法政新誌』第 11 巻 12 号、1907 年、6–10 頁；「平和と国際法」大日本平和協会編『平和論集』（東京：大日本平和協会、1911 年）、5–8 頁など。東大での講義録においても、寺尾は、軍事的・戦略的な観点から戦争そのものを賛美し、「戦争の人道化」を達成する最も効果的な方途はあらゆる手段を用いて戦争を早期に終結させることであったとするモルトケ将軍の主張に反対し、戦争の存在合理性そのものを認めるが、恣意的な暴力、つまり「無名の師」に反対するブルンチュリーの主張に明確に賛意を示した。寺尾亨講述『国際公法（謄写版）』（出版地不明：庚子攻法会、1902 年）、6 丁裏－7 丁裏。後ほど寺尾は、自らの国際法学説を展開するにあたって、この講義録に訳述されたブルンチュリーの見解にほぼ全面的に依拠した。なお、前述のように、ブルンチュリーとモルトケ将軍の往復論争書簡は、山脇玄と飯山正秀の訳した『万国公法戦争條規』にも収録された。ブルンチュリー著、山脇玄・飯山正秀訳『万国公法戦争條規』（東京：近藤幸正、1882 年）、9–16 頁。

[235] 「〔戦争は〕自然なる和合の関係を絶滅する非常なる情態にして、国際上真に戒心を要すへき事項に属す」、花井卓蔵『非常国際法論』（東京：有斐閣、1895 年）、4–5 頁；「社会的共同をなすことの人の自由目的及び性質より推考するときは戦争は変体なりと云はさる可らず......戦争をなすは忽ち古の野蛮に復するに至るべし故に目的より云ふも戦争は普通の常体なりと云ふ可らず」、寺尾亨講述『国際公法（謄写版）』（出版地不明：庚子攻法会、1902 年）、47 丁表。「戦争なるものは......必らす交戦国間及ひ第三国に異常の関係を生するものなり此の関係の規定を非常国際法と為す」、高橋作衛著『戦時国際法要論（全）（改訂第三版）』（東京：清水書店、1910 年、初版は 1905 年刊行）、32–33 頁。

であること[236]、また、戦争がもたらし得る損害が莫大であること[237]を指摘し、戦争自身に対して否定的な傾向を示している。

　もっとも、一個人として戦争自体に好悪感情を示すことと、国際法学者として戦争問題に対する法的規制のあり方を論じることとは、別次元の問題である。戦争を「悪」と認めながら、国際法上、それに対して一定の法的な存在空間を与えるべきだと積極的に主張することは、論理上整合的でないわけではない。国際法上戦争を一切禁止することは、戦争の「悪」を抑制するには最善の方法ではない、と考えることもあり得るからである。したがって、戦争に対して嫌悪感を持つからといって、国際法学の観点から戦争を無条件に否定することを必然的に意味するものではない。逆に言えば、戦争の法的地位を承認するからといって、戦争を賛成する立場に立つとは限らない。とはいえ、論者の価値判断は、その法的主張にある程度影響を及ぼし、その論点の基底に流れている伏線となり得るし、論理上一貫していないように見える部分は、論者の理論的観点とその倫理意識との間の破綻にほかならない、ということもあり得るだろう。実際、倫理意識と法的主張との間に、必ずしも明確な境界線が存在しないが故に、個々の論者が如何なる趣旨を以て発言したかを

---

[236] 「交戦とは、国家か他の国家に対し、平和の方法を以て、主張すること能はさる権利を、適法の強力に訴へて、伸達するの手段を云ふ」、花井卓蔵著『非常国際法論』（東京：有斐閣、1895 年）、54 頁；「今日の戦争は外国に向て国民発達の目的上より必要とする要求を貫徹せしむる為最後に用いる所の強制方便なり」、有賀長雄著『戦時国際公法（上巻）』（東京：早稲田大学出版部、1904 年）、8 頁；「国家間に戦争の発生は避くへからさるのみならす又屡々其必要ありて戦争は国際紛争を決すへき最後の手段なること」、秋山雅之介著『国際公法：戦時』（東京：法政大学、1904 年再版、初版は 1903 年刊行）、67 頁；「国家の目的は、其存在を保つにあり、戦争も、平和も、皆其手段なり」、稲田周之助『軍政及軍備』（東京：同労舎、1912 年）、4 頁。

[237] 「戦争の効果と害毒とは歴史上共に非認すること能はさる顕著の事実なれはなり」、蜷川新「戦争論（承前）」『国際法雑誌』第 5 巻 9 号、1907 年、32 頁；「近来艦船、兵器、弾薬の改良並に各種の劇烈なる爆発物の発明又は電気力の応用等に依りて益々其の惨害を逞しくせり故に戦争の惨害は人道上到底之を黙過すること能はさるに至れり」、遠藤源六著『国際法要論：戦時（増補第 2 版）』（東京：清水書店、1910 年、初版は 1908 年刊行）、598 頁；「其〔戦争〕人道を残害して徒に獣性を挑発するのみならす政治社会経済等の各方面に渉りて甚大至深の損害を醸生し勝者敗者共に其殃を避くる能はさる也」、大野若三郎著『国際法新論』（東京：有斐閣書房、1903 年）、434 頁。

確定することは、まったく不可能と言わないにしても、多くの場合は判断がつきにくいだろう。論者自身が法的立場からの発言だと明言したとしても、今日の視点からはそう言い切れない場合もあり、逆の場合もあり得るだろう。したがって、個々の論者の法的主張を取り上げ、その戦争制限意識の様相を解明するにあたって、彼等の法的主張の基盤をなす学問以外の動機にも幾許か留意せざるを得ない一方、過度にそれに依拠することは危険であるが故に、本稿はあくまで個々の戦争観の法的根拠の解明に重点を置いて検討することとする。

日本国際法学研究の発足期における「正しい戦争」観念を正面から検証する前に、まず、なぜその時代は後世の学者に「無差別戦争観」の時代と見られがちなのか、その理由を検討しておく必要がある。それは主に当時の二つの学説、すなわち、戦争原因不問論と戦争状態説に関わっていると思われる。

第一節　戦争原因不問論

戦争に対する国際法規制のあり方を検証するにあたって、個々の論者が戦争の正当理由を問うかどうかの点に着目して、彼等が「正戦論」の立場に立ったか、それとも「無差別戦争観」の立場を取ったかを断定するのは、当然の認識の仕方かもしれない。しかし、表面的には同じく戦争原因不問論でありながらも、その主張の根拠から見た場合、戦争に対する法的制限意識の有無及び程度に関して、各論者の間に決定的な隔たりがあり得る。

2.1.1.　原因追究の「原因不問論」

まず、原因不問の表現を用いながらも、むしろ実質的な観点において、原因を追究すべきと主張する者がいる。

前述のように、ドイツで 16 年間留学した千賀鶴太郎は、大陸学派の国際法学に深く馴染んでいた。彼はその主著たる『国際公法要義』において、当時の国際法学で流行していた「平時国際法」と「戦時国際法」との両分法を斥け、国際法体系を「国際実法（*materielles Völkerrecht*）」

と、「国際形法（*formelles Völkerrecht*）」とに二分した[238]。「国際実法」は、国際法主体、国家固有の権利という総論部分と、国際人権（元首や臣民など）、国際物権（領土など）、国際債権（国際条約）という各論部分からなっている。「国際形法」は、国際機関と国際紛争とに二分され、前者は外交官や領事官を扱い、後者は、平時争議と戦争を扱う。いわゆる「戦時国際法」は、有賀の法体系の中で、「形法」の中の一部として取り扱われ、紙幅から見ても、全体の三分の一しか占めていない。これは、「平時国際法」と「戦時国際法」の両分法を採用し、全書の半分ないしそれ以上の紙幅を戦時法に割り当てるという、当時一般の体系書の書き方と比べれば、きわめて異例である。

　千賀の言う「実法」とは、実体的な権利義務関係を規定する国際法規範であるのに対して、その「形法」は、今日の言葉で言えば、手続法に相当し、実体法上の権利義務を執行する手続を定める国際法規範である。戦争を「形法」の範疇に帰した千賀は、こう述べる。"戦争は斯く形法の上に於ては其理由の正否を問はすして成立す。"[239]

　ここには、原因不問の表現が用いられている。しかし、上の論述に続いて、千賀はまたこう述べている。

> 然れとも実法の上に於ては固より戦争に正不正の別なしと謂ふに非す法理上正当なる理由ありて自力の執行として開戦するものに限り之を正当なる戦（Gerechte Kriege; guerre juste; lawful war）と看做すへし即ち戦争は法理上に於ては自国の権利の保護若くは正当なる干渉の為めに非さるよりは之を開始すへからす故に純粋に政略上より之を開始する時は之を不正なる戦（Ungerechte Kriege; guerre unjust; unlawful war）と謂はさるを得す[240]。

　すなわち、国際法は戦争の原因を問わなければならない。これは一見すると、自己矛盾したかのように見える。しかし、「実法」と「形法」の構造的関係において理解するなら、国際法による戦争規制のあり方に関する千賀の主張は、以下のように解釈され得るだろう。

---

[238] その分類の理由については、千賀鶴太郎「国際公法の分門」同『国際公法要義（訂補再版）』（東京：巌松堂書店、1911 年、初版は 1909 年刊行）、69–72 頁参照。

[239] 同前注、517 頁。

[240] 同前注。

　戦争そのものを法的手続と見なすのは、何らかの実体的権利の存在を前提としている。手続法の範疇に属する戦争は、実体法上の権利義務を執行する手段として用いられる。戦争の「理由の正否を問わす」というのは、国際法が戦時法規の適用対象たりうる武力行使の範囲を確定する際に、しかもその限りにおいて、開戦理由の正否と関わらずに、戦時法規を無差別に適用する、ということを意味する。他方、戦争の発動自体は、けっして自由に行い得るものではなく、あくまで実体国際法に根拠づけられなければならない。実体法上の権利保護などの正当理由を持つ戦争のみが、正当な戦争と見なされ、それ以外の「純粋に政略上より之を開始する」戦争は、不正な戦争と見なされるべきである。一言で言えば、戦時法規の適用上、戦争原因の正当性を問うべきではないが、実体法上の権利実現のための執行手段として戦争を位置づける以上、その正当性を問うのはむしろ、「実法」に従属している「形法」の本来の含意であろう。

　こうして、手続法の観点からは戦争の原因を問わないが、実体法の観点からは問わなければならないという、一見矛盾した千賀の主張は、彼の国際法体系全体の中で理解するならば、統一的に捉えられ得るものであろう。千賀鶴太郎は、原因不問の表現を用いながらも、本当は、戦争発動に対して法的規制を加えなければならないことを強調しているのではないかと思われる。この意味で、「原因不問」を説いた彼は、実は「正しい戦争」観念の持ち主であると言えよう。

2.1.2.　戦時法規の差別適用を回避するための原因不問論

　また、戦争原因の追及は *jus in bello* の次元における戦時法規の差別適用または適用不能をもたらしかねないと危惧し、少なくとも既に発生した戦争に関しては原因を追究すべきではない、若しくは交戦国双方の正当性を仮定する必要がある、と唱える者もある。

　例えば、高橋作衛は次のように説く。

　　今日戦争法の原則に依れは交戦国は其双方共に正当の権利として交戦権を執行することを認む而して此認定を為すには少くとも交戦国双方を等しく正当と假定することを要す若し戦因の正否を以て戦の正否を分たは不正義なる戦因を有する交戦国は其権利として交戦権

を執行する能はさるに至るへし之に由て是を観れは戦争なるものは
其原因の正不正を問ふものにあらさること明なり[241]。

交戦権を戦時国際法の枢軸に据える[242]高橋から見れば、交戦国双方の
正当性を仮定しなければ、彼等が交戦権を執行する法的根拠は失われ、
戦時法規も適用できなくなる。したがって、交戦権の執行ないし戦時法
規の適用を確保するためには、正当性の仮定を必要とし、戦争の原因を
問うべきではないと彼は説いている。類似する考えは遠藤源六において
も見られる。彼によれば、

> 其の不正なる戦争を為す者に戦争権を認めさるに於ては之に戦時法
> 規を適用することを得さるに至り其の不正者をして益々擅逸を逞う
> せしむる虞あるをや故に国家間に於ては其の原因如何を問はす兵力
> 争闘あるときは常に戦争あり戦争当事国は等しく戦争権を有すと謂
> はさるを得す[243]。

遠藤から見れば、戦争の原因を追究するならば、不正とされる交戦国
は、正しいとされる交戦国または第三国から差別を受けることとなる。
こうして、不正とされる側は戦時中の権利を行使し得なくなり、もしく
は戦争の主体として認められない境地に陥る。その結果、正しいとされ
る側は戦時法規上の制限を顧みず、不正とされる側に対して非人道な措
置を取る可能性がある一方、不正とされる側も破れかぶれになり、国際
法を無視し、恣意専断な行動に出る恐れがある。それは戦争の残酷さを
一層深刻化してしまうのではないか、と彼は危惧を抱いている。したが
って、彼も戦時法規の平等適用の確保という観点から、戦争の原因を問
うべきではないと説いている。

同様の危惧を抱えた秋山雅之介は、このような戦争原因不問論の文脈
限定性を一層明確に指摘する。彼によれば、

---

[241] 高橋作衛、中村進午述『戦時国際公法』（東京：日本大学、1906 年）、11 頁。

[242] 高橋は『戦時国際公法』においてこう述べた。「余が所謂新案とは、交戦権を中
枢とし、先つ其性質より其主体、客体、活動の区域、時機、手段などを説明し。
一々起点を交戦権に取り。万縷其緒を合し。輻輳帰一。」高橋作衛著『戦時国際
公法（第八版増補訂正）』（東京：哲学書院、1905 年、初版は 1902 年刊行）、
叙 3 頁。なお、その書は 1902 年海軍大学校での講義の速記を骨子に敷衍したもの
であり、戦時海上法の部分を詳細に論じ、陸戦法規に重点を置く有賀の著作と対
照的である。

[243] 遠藤源六著『国際法要論：戦時（増補第 2 版）』（東京：清水書店、1910 年、初
版は 1908 年刊行）、604–605 頁。

> 茲に戦争の開始するときは国際公法上交戦者双方の権利行使にして
> 原因如何を問わすと云ふは既に国家間に戦争の生したる以上は双方
> に於て同しく其戦争を開始するの理由ありたるものとし開戦は共に
> 其権利の実行と看做し其戦争中交戦者の戦争遂行に関する権利義務
> に付ては多少の区別を為さす双方を同一の地位に置きて論定するに
> 過きすして其戦争中交戦者双方は戦争に関する国際公法の法則に依
> り行動すへきことは国家か文明国間に介在し居るの必要条件として
> 国際公法を遵守するの義務あるに依るものとす[244]。

　秋山からみれば、いわゆる原因不問論は、すでに発生した戦争に対して、戦時中の権利義務の遂行上、開戦理由の追究によって交戦者双方を差別化することを回避し、彼等を同等の権利を有する者と見なし、「同一の地位に置きて論定するに過きすして」、それ以上でもそれ以下でもない。言い換えれば、彼は、戦争原因の正不正の区別を要しないという意味において原因不問論を主張したわけではなく、あくまで「たとえ一方の交戦者が不法に戦争を惹起したとしても、之が為に、戦争行為に関する交戦国の権利義務に大小の差別を為すことができない[245]」ということを強調するために、原因不問を説いたのである。

　しかも、このような文脈限定の原因不問論が拡大解釈されてはならないということは、以下の論述からより明確に看取される。

　秋山は、「戦争の開始は交戦国双方の権利にして国際公法に於ては戦争に関し国家か其戦争を開始するに至りたる原因如何と其原因の当否を問ふの必要なし[246]」に続いて、「国際公法に於ては単に其戦争を遂行するの方法及行為に付きてのみ交戦者の権利義務を論すとの原則を誤解して国家は如何なる原因にても他国に対して開戦し得へきものと為すこと能はす[247]」と説いた。この論述は表面上、矛盾しているように見えるが、原因不問論が主張された文脈を考慮すれば、むしろ一貫していると解され得るだろう。ここからも、戦争発動への制限意識が看取され得るであろう。

---

[244] 秋山雅之介述『戦時国際法』（東京：明治大学出版部、1910 年）、15 頁。

[245] 秋山雅之介著『国際公法：戦時』（東京：法政大学、1904 年再版、初版は 1903 年刊行）、15–16 頁。

[246] 同前注、20 頁。

[247] 同前注、21 頁。

　では、なぜ戦時法規の平等適用がこれほど重要視されているのだろうか。直接な理由として、戦争が不可避である以上、戦時法規の平等適用こそ戦争害悪の抑制に実質的な意味を持つものである、という考え方が、この種の原因不問論の背後にあるのではないか。実際、高橋、遠藤、秋山の論述から、戦時法規の平等適用を最優先に確保するために、社会学的な意味での戦争現象を網羅的に取り入れる傾向が見られる[248]。とはいえ、それは戦争発動に対する無制限な許容態度を意味するものではない。

　そのほかにも興味深い理由がある。例えば、「其戦争中交戦者双方は戦争に関する国際公法の法則に依り行動すへきことは国家か文明国間に介在し居るの必要条件として国際公法を遵守するの義務あるに依るものとす[249]」と秋山は説く。つまり、戦時法規の平等適用が確保されなければならないのは、戦時法規の遵守が文明国としての義務であるからだ、と秋山は説明している。しかし、論理的に言えば、国際法において、交戦国双方の正当性を仮定することによって戦時法規の平等適用を確保することと、個別国家が戦時法規を遵守する義務を負うこととは、別問題である。法遵守の義務があるからといって、法自体が平等に適用されねばならない根拠にならないし、他方、法の平等適用が確保されたとしても、法遵守の保障にもならない。両者の間には、明らかな論理的飛躍が存在する。もっとも、秋山がそれに対して無頓着であったとは断言できない。実際、「文明国」概念を介在して考えるなら、前述の論理の成り立つ余地もある。つまり、戦争法の義務を遵守する能力と意思こそが、「文明国」の仲間入りを認定する条件である。そうである以上、もし国際法が交戦国の開戦理由によって、不正とされる側の戦争権を剥奪できるとしたら、不正な側は戦時法規を守ることによって自らが「文明国」であることを証明する機会を失ってしまい、「文明国」と見なされない虞がある。それを懸念している秋山は、高橋や遠藤と同じように、戦時法規の不平等適用による戦争惨禍の深刻化に対して危惧を抱く一方、当

---

[248] 高橋、遠藤、秋山に限らず、当時において、いったん発生した戦争に対して、戦時法規を平等に適用すべきであるという考えが一般的であった。後述するように、原因追究を主張する論者においても、できる限り多くの武力行使に戦時法規を適用しようという傾向が見られる。ただ、彼等は *jus ad bellum* と *jus in bello* を相互に独立した範疇として扱う点において、高橋、遠藤、秋山と異なっている。

[249] 秋山雅之介述『戦時国際法』（東京：明治大学出版部、1910年）、15頁。

時日本の国際的地位を念頭に置きつつ、「文明国」たりうる証左として
の戦時法規遵守の機会が剥奪されないように、戦争原因不問論を主張し
たのではないかと思われる[250]。

　そのほか、同じく戦時法規の遵守を重視する立場から出発したが、上
記と異なる理由によって、原因不問論を主張する者もいる。例えば、立
作太郎は、戦争という国家間暴力の存在を以て国際法の法としての存在
理由を否定し、あるいは暴力としての戦争がそもそも法観念と相容れな
いとする意見に対して、以下のような反論を行った。「戦時国際法は一
種の法規として厳然存在するものなりとす」、それが遵守されている以
上、「戦争は国際法の存在を否定するものに非すして却て国際法に依て
認められ且之に支配せらるる所の法規上の状態たり[251]」という。すなわ
ち、立から見れば、戦時法規の適用こそが、戦争の存在にも拘わらず、
国際法が法的存在たりうる証拠となり得、さらに、戦争さえ国際法の支
配下にあることを証明できるものである。裏返して言えば、もし戦争原
因の追究が戦時法規の適用に影響を及ぼし、国際法の規制効果を減殺す
るのであれば、それはかえって国際法の法としての存在理由を疑わせる
という望ましくない結果を招いてしまう。もし戦争原因の追究が戦時法
規の適用に何等の影響も及ぼし得ないものであれば、原因追究の意義は
いったいどこにあるのだろうか。

　これは、今日の視点からみるならば、倒錯した論理のように見える。
しかし、国際法の淵源を、行為基準が遵守されるべきであるという法的
確信（*Rechtsüberzeung*）にそれを求める立の基礎理論[252]と結びつけて理
解するなら、そのような論理が成り立つ余地もあるだろう。つまり、立
の一般国際法観を考慮すれば、以下のように解釈され得る。*jus in bello*
の次元における諸規範は、「交戦国及中立国か之を遵奉するを常と

---

[250] 実際、秋山はその国際法体系書において、「文明国」と国際法の関係および「文
　　明国」としての日本の地位に対して、深い関心を示している。例えば、秋山雅之
　　介著『国際公法（第一冊）』（東京：和仏法律学校、1903 年）、8–17 頁。

[251] 立作太郎著『戦時国際法（全）』（東京：中央大学、1913 年）、19–20 頁。

[252] 立作太郎「国際法の淵源と法信説」『法学新報』第 24 巻 11 号、1914 年、30–41
　　頁。なお、注意すべきは、立の「法的確信（*Rechtsüberzeung*）」は、慣習法と条
　　約法を含む国際法全体の成立基盤たるものであり、今日言われる慣習国際法の成
　　立要件の一つである「*opinio juris*」とは同一視できないことである。立自身の説
　　明によれば、その「法的確信」は、自然法、国家の自己制限説、合意主義、ドイ
　　ツ歴史学派の民族精神説のいずれとも異なっている。

す[253]」。それに対して、*jus ad bellum* の次元における諸規範は、未だに遵守されるべき行為基準として社会一般に認識されておらず、すなわちそれに関する法的確信が未だ形成されていない。そうである以上、その遵守の程度が低く、それ自体として国際法の存在理由を裏付け得るものではないし、それに拘泥することは、*jus in bello* の差別適用を招き得、戦時法規の遵守を破壊しかねない。その結果、かえって国際法の法的存在たる性質に不利な影響を与えてしまう。その意味において、戦争原因の追究よりも戦時法規の整備に力を注ぐべきであるという立の主張は、それなりの説得力があると思われる。

　要するに、戦時法規の平等適用を確保するために戦争原因不問論を唱える者は、必ずしも戦争原因の正不正に対して本来無関心であるとは限らない。その主張の根拠を見る限り、彼等は、戦争原因の追究が必ずしも戦争害悪の減少という目標につながらない、少なくともその目標を実現するための最善方策ではないと判断したため、若しくは「文明国の仲間入り」という思惑によって、原因不問を主張するに至ったのである。いずれにしても、程度の差こそあれ、彼等は戦争による害悪の最小化に関心を持ち、文脈限定的に原因不問論を説いたのであり、けっして無制限な戦争許容論者と同一視されてはならないと思われる。

2.1.3.　原因究明不可能の原因不問論

　また、国際社会において戦争原因の正不正を究明する公的機関も判定基準も存在しないが故に、戦争原因を問う術がなく、やむを得ず原因不問論を主張した者もいる。これは周知のように、よく見られる論調である。

　例えば秋山雅之介はこう述べる。

> 国際公法に於ては国家か戦争を惹起し得へき原因に付き容易に一定の法則を下すこと能はさるのみならす假令其法則を設定するも之に起因せさる戦争を国家間に惹起するものあるときは其原因の当否を判定して法則の執行を保障すへき機関なきを以て其法則の実用なく

---

[253] 立作太郎著『戦時国際法（全）』（東京：中央大学、1913 年）、19頁。

斯る法則に違反する戦争も亦均しく国際公法に於ては戦争に非すと云ふこと能はさるを以てなり[254]。

飯田寛助、高原仲治も次のように説く。

国際間の争議は常に複雑なる争点に基因し豫め一定の標準を設くること能はさるのみならす或は其基因原則に関して両国各其説を異にするより争議を醸生することあり或は国際法の権利義務に関係なくして利害の衝突を起すことあり故に国際法は一般の原則を設け以て戦争開始の正当なる原因を明示すること能はさるを以て戦時国際法は戦争開始の原因如何を問わす已に衝突を来したる以上は交戦国を以て常に同等の権利を享有するものと看做し決して其間に区別を認めさるなり[255]。

つまり、戦争の正不正については両当事者の見解が相互に食い違うのが常であり、国際法は戦争の原因を究明・断定し得る一般的原則を持たない。しかも、交戦国以外に、戦争原因の正不正を有権的に判断し得る機関を欠く国際社会の現状においては、たとえ国際法上、正不正の条件を厳密に規定したとしても、それを厳格に実行することは困難である、と彼等は考えている[256]。実際、上の論者が言及した国際社会の基本構造は、今日に至っても基本的に変わっていない。国際社会の分権的構造に根ざす諸弊害を解決し得る根本的な対応策も、未だに案出されていない。当時の論者がそのような見解を主張するに至ったのは、ある程度理解できることであろう。彼等は少なくとも積極的な戦争許容論者と区別されるべきであろう。

ただ、注意すべきは、国際社会の基本構造に由来する制限を認識したが故に、やむを得ず原因不問を唱える者は、あらゆる戦争の原因を究明することは不可能であるが、すべての戦争原因が究明不可能であると考えていないことである。

例えば、秋山雅之介は前述の論述の次に、こう述べる。

---

[254] 秋山雅之介著『国際公法：戦時』（東京：法政大学、1904年再版、初版は1903年刊行）、19–21頁。なお、同一の論者が複数の理由によって原因不問を主張するのは、しばしば見られる現象である。

[255] 飯田寛助、高原仲治編、鳩山和夫閲『通俗戦時国際公法』（東京：東光館、1904年）、2–3頁。

[256] 同様の見解は、当時多くの論者によって示された。例えば、立作太郎著『戦時国際法（全）』（東京：中央大学、1913年）、13–15頁、遠藤源六著『軍国講話：戦争と国際法』（東京：読書会、1914年）、1–2頁など。

〔とはいえ〕国家か何等正当の理由なく不法に他国に対して戦争を
為すは啻に列国間の好誼に反するのみならす国際公法上の義務を無
視するものにして斯る場合に於ては列国一般の批難攻撃を招き自国
の威厳及信用を永遠に失墜するに至るへきは勿論他の諸国は之を以
て正当に干渉の理由と為し得へきを以てなり[257]。

また、飯田寛助、高原仲治も続いてこう述べる。

〔したがって、正当戦争不正戦争の分類について〕、今日に於ては
斯る分類を認めす且之を認むるに必要なし然れとも茲に注意すへき
は国際公法は国家か戦争を惹起する原因の正否を問はされとも之を
誤解して如何なる原因にても他国に対して開戦し得可きものとなす
こと能はす何たる理由も存せす若くは不当に他国を併呑する等の目
的を以て戦争を開始するは国際公法の許さゝる所にして列国一般の
非難攻撃を免れす[258]。

すなわち、極端な形で現れた不正な戦争は、「国際公法の許されない
ところである」と、彼等は明確に指摘している。交戦国の一方が明らか
に不正であることは常ではないにしても、このような戦争観には、恣意
的な戦争を排除する意図が込められていると解してよかろう。国際法と
国際社会の基本構造に重大な欠陥があることは事実である。しかし、こ
の事実から、国際法は、各国が自国の利益に基づいて恣意的に暴力を振
るうことを許すと結論づけることはできない。

そして、国際社会の基本構造によって原因追究を不可能とし、原因不
問を説いた者の論理には、次のような考えがあったのかもしれない。す
なわち、本来は権利侵害のみを戦争の正当化理由と見なすべきではある
が、客観的制約のために、明らかに不正な戦争を除き、すべての戦争を
一応合法であると見なすしかない。しかしながら、その基本構造に由来
する制限状況が改善されさえすれば、原因追究が可能であり、為すべき
ことでもある。その上で、制限状況が根本的に改善されるまでは、原因
不問を主張せざるを得ないだけでなく、むしろそのほうが戦争の害悪を
抑えるにはより効果的である、と彼等は考えているように思われるので
ある。

---

[257] 秋山雅之介著『国際公法：戦時』（東京：法政大学、1904 年再版、初版は 1903
年刊行）、19–23 頁。
[258] 飯田寛助、高原仲治編、鳩山和夫閲『通俗戦時国際公法』（東京：東光館、1904
年）、2–3、11 頁。

2.1.4. 戦争目的正当化の原因不問論

以上のほか、戦争の目的が「国民の発達を図り国家の利益を図る」ことにあるのであれば、戦争発動の具体的原因を問わず正当なものとして肯定されるべきであると主張する者もいる。

前述のように、オーストリアでシュタインについて国法学を学んだ有賀長雄は、帰国後、シュタインの学説を取り入れながら、『国家学』を著した。その書において有賀は、シュタインの国家定義を用い、「国家の本義は……人民一同の利益を計る者[259]」と述べたうえで、そうである以上、国家にとって「人民の利益を図る」ことは「善」でもあり「正義」でもあり、そのために自らの意思を曲げずに突き進まねばならず、これこそが国家に対する道徳的な要請である、と説く。

もっとも、国際社会には複数の国家が存在する以上、一国家の意思が常に貫徹されるとは限らない。

> 一国か其の内政上又は外交上に於て国民発達の目的上より為さゝるへからさる一事あり、……而して其の事か曾ゝ或る外国の緊要なる利益と衝突するときは、我れも我か意思の自由を放棄し難く、関係外国も亦其の意思の自由を放棄せさるへし。是に於て国際紛争あり、孰れかの一方に於て譲歩せされは落着せすと雖、孰れも譲歩を欲せす、或は実際譲歩すること能はさることあるへし[260]。

しかも、複数の国家間の「善」や「正義」を裁定する最高権力者は存在しない。それゆえ、各国の「善」や「正義」が衝突し合い、互いに譲歩しないのであれば、何らかの手段でいずれかの意思を貫徹させなければならない。平和的手段が功を奏しない場合、残る選択肢は戦争しかない。「天地の間独立国家の上に立ちて正邪を判定する者なし、是に於て勝敗を実力に決せんとするなり[261]」。

---

[259] 有賀長雄編述『国家学（増補再版）』（東京：牧野書房、1889 年 4 月、初版は1889 年 1 月刊行）、12–16 頁。

[260] 有賀長雄著『戦時国際公法（上巻）』（東京：早稲田大学出版部、1904 年）、7 頁。

[261] 有賀長雄編『万国戦時公法：陸戦條規（全）』（東京：陸軍大学校、1894 年）、34 頁。

そのような認識の下で、有賀は「今日の戦争は外国に向て国民発達の目的上より必要とする要求を貫徹せしむる為最後に用いる所の強制方便なり[262]」と、戦争の定義を下している。敷衍すれば、

> 戦争の大旨は国家の目的より出つ、国家主一の目的は国民の懿徳良能を発達せしめ之に依り以て其の存立を保持するに在り、而して外国と交際するに於ても列国協同の便に依り互に其の国民の発達を計るを以て目的とすへきは平時公際の大旨なり、……従て徳義に合へる所以なり[263]。

そうである以上、戦争の目的は問われない。日本が朝鮮の自主独立を求めるのも[264]、清国が朝鮮を属邦だと主張するのも[265]、露国が朝鮮を支配下に置こうとするのも[266]、各々の国家が「人民一同の利益」を図るために行うものであるならば、そのために起こす戦争は同等的に「善」であり「正義」である。こうして、開戦理由を法律上の権利に限定する必要がないのみならず、「戦争は其の起因の何たるを問わす究極正義の分争たるに外ならす」とまで有賀は唱えた[267]。

ただ、注意すべきは、有賀のように戦争の正当因を広範に捉え、積極的に原因不問論を唱える者も、すべての戦争を国際法上合法視したわけではない、ということである。有賀は、強国が自らの強力に恃んで弱国を凌ぐ戦争を強く非難している。

> 世界今日の形勢に於て孰れの一国たりとも目的の当否に関係せす、唯た其の強きに任して戦争を為し得へきにあらす、何となれば若此の如き悪慣例を作るときは、世界は一日も治平を見るを得すして列

---

[262] 有賀長雄著『戦時国際公法（上巻）』（東京：早稲田大学出版部、1904 年）、8 頁。

[263] 有賀長雄編『万国戦時公法：陸戦條規（全）』（東京：陸軍大学校、1894 年）、1–2 頁。

[264] 有賀長雄著『日清戦役国際法論（全）』（東京：陸軍大学校、1904 年再版発行、初版は 1896 年刊行）、26 頁。

[265] 有賀長雄著『日清戦役国際法論（全）』（東京：陸軍大学校、1904 年再版発行、初版は 1896 年刊行）、26 頁。

[266] 有賀長雄著『満洲委任統治論：有賀博士陣中著述』（東京：早稲田大学出版部、1905 年）、4 頁。なお、同「国際道徳論」『外交時報』第 39 号、1901 年、70 頁。

[267] 有賀長雄編『万国戦時公法：陸戦條規（全）』（東京：陸軍大学校、1894 年）、34 頁。

　国の不利之より甚しきは無きか故に、連衝して干渉を容れ、其の暴
戻を制すへけれはなり[268]

　〔国際社会において強大国が弱小国を圧迫している事実に対して〕、
　それは国際法の認むる所でないが、外交上の事実と見て居る、国際
　法に於ては固より強大国だから斯の如き権利がある、小弱国だから
　斯の如き権利がないと云ふことは少しも言へぬのであります[269]。

　すなわち、有賀は原因不問論を無制限に主張しているわけではない。
しかも、有賀によれば、強を恃んで弱を凌ぐような戦争が許されないの
は、国際法学説上の観点だけでなく、国際社会においてすでに諸国の共
通意識となっている[270]。

　　それ〔＝戦争の目的〕は国際法の考へ計りでない、一体の世間の外
　　交社会の考へがさうなって居る、と云ふものは今日に於きましては
　　目的の当否に関せず唯強きに乗じて戦争することは出来ない、昔の
　　様に侵略戦争とか復讐戦争と云ふものは無い[271]。

　ただ、なぜ国際社会においてそのような共通意識が形成され得たかを
説明する際に、有賀は、「若しさう云ふ悪例を作るときは各国が挙って
反対いたしますから、さう云ふことは段々と消へて往くにであります
[272]」と説く。それに続いて、各国の反対によってロシアが困窮に陥った
クリミヤ戦争を引き合いに出し、それ以来「無名の戦争」がなくなり、
「外交上万已むを得ない事情が生じて来たときに初めて戦争をすること
にな」り、しかも、それは「国際法に於て言ふ所だが、国家が実際戦争
するに当りて違って居らぬ」と指摘する[273]。すなわち、「無名の戦争」
が無くなったのは、そのような戦争を起こした国は、列国をして敵意を
生じさせ、自ら不利な状況に陥り、結局、「国民の発達を図り国家の利

---

[268] 有賀長雄著『戦時国際公法（上巻）』（東京：早稲田大学出版部、1904 年）、1
　　頁。
[269] 有賀長雄述『国際公法講義録：將校教育資料』（東京：海軍教育本部、1900 年）、
　　29 頁。
[270] 興味深いことに、戦争規制に関して国際社会の共通認識が重要な役割を果せると
　　する点において、有賀は立と共通するものの、当時の国際社会において如何なる
　　共通認識が形成されたかについて、有賀は立と異なる見解を示している。
[271] 有賀長雄述『国際公法講義録：將校教育資料』（東京：海軍教育本部、1900 年）、
　　192–193 頁。
[272] 同前注。
[273] 同前注。

益を図る」という戦争の根本的な目的も達成されにくくなるからである。これは、主として現実的な理由によるものではあるが、そこからも一種の戦争制限意識が窺われる。

そして、論理的に見ても、有賀の原因不問論と一部の戦争への非難は、必ずしも両立し得ないものではない。実際、彼の中には戦争の根本的原因と具体的原因を区別するような意識が潜在していると思われる。つまり、戦争を引き起こした個々の国際紛争の具体的原因の正不正について、国際法は追究すべきではないとする一方、戦争の根本的原因、いわば「戦争の大旨」を、「国民の発達を図り国家の利益を図る」ために、「万已を得ざる事情」が生じた場合に限定し、それ以外の戦争は不正な戦争である、というのが彼の本意なのではないか。換言すれば、戦争の根本的原因が「国民の発達を図り国家の利益を図る」ことにあるのであれば、そのための戦争は積極的に正当化される一方、それだけに、正当化された戦争は、根本的原因の次元において制限を受ける。根本的原因は戦争の正当化根拠となると同時に、裏返して見れば、それ自体の正当性は問われなければならず、その限りにおいて自己制限を為している。これは一見逆説に見えるが、有賀の論理構造の中で統一的に捉えられ得るものであり、そこからも「正しい戦争」の観念が窺われ得るだろう。

以上の例示が示すように、原因不問論は、必ずしも戦争制限意識の欠如を意味するものではない。原因不問論者のうち、独特の論理を以て、または留保をつけながらも、戦争制限を主張する者が多数存在している。程度の差こそあれ、それらの理由づけから戦争制限意識を垣間見ることができる。「原因不問＝戦争一般の許容」という短絡的な見方は、その時代を「無差別戦争観」の時代と見てしまう原因の一つであろうが、しかし、戦争原因を問うかどうかという文言上の表現を見るだけでは、それらの論者における戦争制限意識の有無と程度を確定することはできない。国際法的戦争観の実相を究明するには、それらの国際法学者が如何にして戦争を国際法体系の中に位置づけ、そして如何なる前提の下で、如何なる理由を以て、如何なる範囲内で、戦争原因論を唱えたかを、詳細に見なければならないのである。

第二節　戦争状態説

　この時代が「無差別戦争観」の時代と見られやすいもう一つの理由は、当時多くの論者が与していた「状態説」の意義に対する理解にあると思われる。当時、戦争を行為または諸行為の集合としてではなく、一つの単位的な観念、つまり一つの状態として捉える見解が多かった。例えば、立作太郎はこう述べる。

　　国際法上に於ける戦争とは一国家か対手国の抵抗力を挫き自己の主張を貫く為に対手国に対して平時に於て許されさる加害手段を行ふことを認められ且国際法上平時に異る権利義務の関係を生することを認めらるゝ数国家間の状態なりとす[274]。

　また、蜷川新も次のように指摘する。

　　戦争とは国際法上の権利強行の為めに生する国交関係の破壊せられたる状態なり[275]。

　このような「状態説」に対して、後世の学者はどのように理解し、如何なる意味づけを為したのだろうか。石本泰雄は、「いわゆる『事実上の戦争』について」という有名な論文において、McNair と立作太郎の「状態説」を引用しながら、その根本的な意義について、以下のように指摘している[276]。やや長くなるが、石本説の趣旨を全面的に反映するために関連箇所を全部引用する。

　　戦争を一つの状態、一つの単位的な観念として把握しなければならないというのは、実は平時国際法と戦時国際法の二元的な構造に基

---

[274]　立作太郎著『戦時国際法（全）』（東京：中央大学、1913 年）、1–2 頁。

[275]　蜷川新「戦争論（上）」『国際法雑誌』第 5 巻 8 号、1907 年、27 頁。なお、より簡潔な形で戦争の「状態説」を説いたのは、同「戦争の定義に関する疑義」『国際法雑誌』第 2 巻 12 号、1904 年、13–16 頁参照。

[276]　もっとも、その論文の主旨は、「状態説」そのものの検討に尽きるわけではない。その執筆動機は、狭い意味における「事実上の戦争」、すなわち当事国が戦争意思を表示しない戦争が、国際法上において如何なる地位を占めていた（第一次大戦前の古典国際法上において）、もしくは占めている（第一次大戦後の現代国際法上において）かを考察することによって、両者の相違を解明し、以て「国際法の構造的転換をあきらかにすることにある」、と石本は説明している。石本泰雄「いわゆる『事実上の戦争』について」高野雄一編集代表『現代国際法の課題（横田先生還暦祝賀）』（東京：有斐閣、1958 年）、286–287, 290 頁。古典国際法上における「事実上の戦争」の法的地位を検討する際、石本は、「状態説」の根本的意義を解釈している。

づいている。いいかえれば「平和」と「戦争」の二元的な対立とい
う国際法の体系的な構造に基づいている[277]。

そうしてみると、同じ一つの行為に対しても、平時であるか戦時で
あるかによって、まったく異なった評価が与えられるということに
なる。平和的な行為を規整するのが平時法であり、暴力的な行為を
規整するのが戦時法であるというような構造ではけっしてない。平
時法と戦時法は異次元的な関係をもって妥当するのである[278]。

このように、平時国際法と戦時国際法とは二元的な構造を持ってい
る。したがって、戦争を単に具体的な諸行為の集合として把握する
ことは、国際法体系の認識という点では不十分である。どうし
ても、平和と対立する単位的な観念として把握することが必要であ
る。そうしてみると、具体的な戦争の諸行為から独立した一つの状
態として戦争の概念を構成することこそ、古典的国際法の観念的支
柱であったといってよいであろう。「平和」は実に「戦争」の発見
を媒介として発見されたのである[279]。

戦争を「状態」として概念規定するというのは、平時国際法と戦時
国際法との二元的な構造を簡単に表現するために外ならない。しか
しながら、このような認識は、二元的な「平和」と「戦争」の間の
法的連続性を求める者にとっては、不十分な規定にすぎない。とこ
ろで、このような連続性の架橋を試みるものこそ、国際法学の創始
者の時代からの伝統を負う正戦論の学説である。正戦論の立場に立
つと、戦争は、無制限に認められるのでなく、平時国際法の違反に
対する反動としてだけ許されることになる。言い換えれば、戦争を
法執行手続として、いわば「怖るべき訴訟」として、把握すること
になる。なによりも注意しなくてはならないことは、正戦論の立場
に立つ限り、戦争を単に『状態』として規定することが意味を失う
ということであろう[280]。

以上の検討を通じて、素朴な状態説、いいかえれば、さまざまの具
体的な戦争諸行為から独立した単に的観念として戦争を把握する状
態説は、正戦論との対決を経て、より高次の概念内容に高めら
れる。戦争を状態とするのは、第一に、さまざまの具体的な戦争諸
行為から独立した単位的観念であることを表現するとともに、第二
に、戦争に訴えるという国家行為が国際法的規制を受けないという

---

[277] 同前注、292 頁。

[278] 同前注、293 頁。

[279] 同前注、294 頁。

[280] 同前注、297–298 頁。

意味をも含むことができた。このようにして戦争はすなわち「戦争状態」であった[281]。

石本説の趣旨を要約すれば、以下の通りになるだろう。

第一に、「状態説」と「二元構造論」との間に論理的連関性がある[282]。戦争を一つの単位的観念、つまり「状態」として捉えるのは、「平時国際法と戦時国際法との二元的な構造を簡単に表現するために外ならない」。

第二に、「状態説」または「二元構造論」の論理的帰結は二つある。一つは、個々の戦闘行為に特殊な法的効果を付与し、平時では違法となる行為が、戦時状態の存在によって適法化され得ることである。もう一つは、「平和」と「戦争」とを相互に独立した範疇として二元対立的に捉えることが可能となり、平時状態と戦時状態との間に法的連続性が失われ、前者から後者への転換点（つまり戦争の開始）は、「国際法的規制を受けないという意味をも含むことができた」。換言すれば、「状態説」または「二元構造論」は、戦争を法執行手続と見なす「正戦論」と相容れず、戦争の発動を無制限に許容する「無差別戦争観」を導き出し得る理論である。

「状態説」または「二元構造論」の意義に関する石本説は、国際法体系における戦争の位置付けを認識する上で示唆的な指摘である。しかし、石本説は、「状態説」または「二元構造論」の意義を全面的かつ正確に把握したとは言い難く、いくつかの重要な点を看過している。とくに「無差別戦争観」の時代とされた日本国際法学の発足期における戦争観の実相を解明する上で、それらの点を明らかにしなければならないと思われる。それゆえ、以下において、本稿の問題意識から出発して、石本説に対して批判的解釈を試みたい。

---

[281] 同前注、306 頁。

[282] ただ石本は、脚注の中で「もちろん、戦争を状態として表現したすべての学者がこのような国際法の構造を意識していたとは言えない」と留保をつけている。しかし、それに続いて、彼は「逆に、国際法の構造が、戦争を一つの状態として把握することを可能にしたのである」と述べ、「二元構造論」と「状態説」との間の論理的関連性をむしろ強調している。同前注、309 頁注（一）。

2.2.1. 「二元構造論」の意義

まず、当時の国際法著作によく見られる理論体系は、確かに石本の指摘したように、国際法を「平時国際法」と「戦時国際法」とに二分し、平時法と戦時法とを異次元において妥当しようとする「二元構造論」である[283]。その結果、同一行為に対して、平時にあるか戦時にあるかによって異なる評価が与えられ得る。これは、「二元構造論」の最も重要な帰結であると思われる。

当時の論者も、同様の認識を示している。例えば、蜷川新はこう述べる。

> 外交談判中に若し武力の争闘を為すことあらは此争闘ありし時機即ち外交関係の破壊ありし時機なりと為すか然らすんは其争闘は戦争開始前に於ける国際間の不法行為なりと称せさる可らす[284]。

つまり、同じく外交交渉中に行われた武力行使に関しても、それが外交関係の断絶ないし戦争開始を意味する場合は合法的な行為と見なされるが、戦争開始の標識としてではなく、単なる平時状態下の武力行使に止まる場合は、相手国の権利を侵害する違法行為と見なされるべきである。その行為に対する法的判断は、戦時状態に入ったか否かによって、完全に違ってくる。いったん戦時状態に入るや否や、「国と国とは武力を以て戦闘を為すの自由を有すとなすものなり[285]」。

そして、重要なことに、いわゆる「平時法」と「戦時法」は、平和的な行為を規制する法と暴力的な行為を規制する法、というように区別されているわけではない。平時においても、報復や復仇など戦争と同じように武力行使を伴う場合がある[286]。「戦争は国家間の兵力争闘なれとも兵力を以てする加害行為は必すしも戦争と云ふこと能はす国際紛議に際し紛争国は対手国に対して強制手段を用ひ其報仇又は平時封鎖に於て時として兵力を用ゆること[287]」がある。実際、報復、復仇、平時封鎖など

---

[283] 1.2.1 と 1.2.2 参照。当時の国際法体系書のうち、「戦時国際法」と「平時国際法」を書名として用いられることが多い。

[284] 蜷川新「戦争論（上）」『国際法雑誌』第5巻8号、1907年、27頁。

[285] 同前注。

[286] 他方、戦時においても、休戦や占領などの非戦闘状態があり、常に戦闘行為を伴うわけではない。

[287] 秋山雅之介著『国際公法：戦時』（東京：法政大学、1904年再版、初版は1903年刊行）、70頁。

平時下の強制手段に関しては、当時の体系書はほぼ例外なく一定の紙幅を割いている。しかも、平時下の強制手段と戦争とは、同じく武力行使を伴うものとして外形上似ているだけでなく、実質的にも連続することがある。最初は復仇など平時下の強制措置を講じるものの、そのような微温的な手段が効果を挙げない場合、あるいは相手国の武力抵抗に遭った場合、ついには相手国の国際法上の権利の全面的侵害を伴う強制手段、つまり戦争に踏み切ることがある。現に復仇、とくに武力復仇は戦争の前奏となった前例は稀ではない[288]。さらに、平時の強制手段として為された武力行使の形態や規模は、戦争とほとんど変わらない場合もある[289]。「積極的、一般的の報仇と戦争との差異は単に一髪の間あるに止り学理上之を明瞭にすること困難なるのみならす諸国の実例に於ても之を混同したること少からす[290]」というように、社会学、政治学の観点からして、両者は事実上大差がない場合は少なくない。逆に、戦争には、戦闘規模の小さいものもあり、戦闘らしい戦闘がまったく行われない「名ばかりの戦争」さえある。にもかかわらず、平時の強制手段は、あくまで「戦争に至らぬ」武力行使と位置付けられている。それは、武力行使の形態や規模が戦争に及ばないという意味ではなく、両者の法的効果が完全に異なることを指している。言い換えれば、国際法理論上、特殊な法的効果を持つ戦争と、そのような効果を持たずに平和と相容れるものと考えられる武力行使とは、はっきりと区別されている。平時の強制手段が「戦争に至らぬ」というのは、事実上の戦闘の規模や形態の間

---

[288] 1928 年に開始したパラグアイ・ボリビア間の紛争、または 1935 年に開始したイタリア・エチオピア間の紛争において、当事国は当初防衛のための復仇と称したが、結局戦争となった。

[289] 実践において、戦争開始の手続きを踏むか否かという形式上の区別を除けば、平時下の強制手段と戦争の区別が最も顕著に見られるのは、対第三国関係に生じた法的効果の面においてであろう。強制手段の場合、たとえ武力復仇だとしても、中立法規が妥当せず、第三国との間に中立関係を発生させない。それに対して、戦争の場合、戦時国際法が全面的に適用され得るものであり、第三国に一定の義務を負わせることができる。その意味において、強制手段の場合、ある国家が相手国を屈服せしめるために行使し得る手段は、戦争の場合よりも制限を受けねばならない。田岡良一著『国際法学大綱（下）（十版）』（東京：厳松堂書店、1948 年、初版は 1939 年刊行）、132–133 頁。ただ、中立の問題は本稿の主旨から離れるため、これ以上展開しない。

[290] 秋山雅之介著『国際公法：戦時』（東京：法政大学、1904 年再版、初版は 1903 年刊行）、70 頁。

題ではなく、法的限界を意味するものである。「交戦と強制手段とは似て非なるものなり[291]」。それについて、立はこう指摘する。

> 平時に於ける復仇又は平時封鎖等に於て行ふを得へき加害手段は一定の方法及程度を逸するを得す戦争状態に於ては国際法規及条約に抵触せさる限は如何なる加害手段をも用ふることを得へく対手国を征服して之を併合するに至ることを得へきなり[292]。

　規範論理の次元においては、平時下の強制手段を講じる国家は、武力行使に訴えること自体が許されるものの、それらの処置を除けば、相手国の国際法上の権利を基本的に尊重し、原則として相手国との平和的交通を維持すべきであるとされている。つまり、強制手段としての武力行使は、事実上戦争の様相を帯びることがあるにしても、一定の法原則に限界付けられるという意味においては「戦争に至らぬ」武力行使である。それに対して、国家が戦争に訴える場合は、平時状態下において相手国に対して負う国際法上のほぼすべての義務から解放され、その国を屈服させるために自ら必要と考えるあらゆる措置を行使することができる。同じく武力行使の形態を有するものにしても、平時の強制手段と戦争との間にそのような区別が形成され得るのは、まさに二元構造論の論理的帰結にほかならないと言えよう。その点において、「二元構造論」の意義に関する石本の指摘は肯綮にあたるものである。

　しかし、「二元構造論」と「状態説」との関係について、石本は、「状態説」の採用が「平時国際法と戦時国際法との二元的な構造を簡単に表現するために外ならない」と説き、両者を直結させている。それは、少なくとも第一次大戦前の日本の状況に照らして見る限り、適切な見方とは言い難いだろう。以下においてその問題を検討する。

2.2.2. 「状態説」＝「二元的構造」の承認？

　当時の日本の学説を見れば、「状態説」を採る理由は様々であった。例えば、「状態説」の代表者の一人である立作太郎は、こう述べる[293]。

---

[291] 花井卓蔵「交戦と強制手段との区別を論す」『法学新報』第 5 巻通号 52 号、1895 年、8 頁。

[292] 立作太郎著『戦時国際法（全）』（東京：中央大学、1913 年）、11 頁。

[293] 考察時期の制限により、本稿で扱った立の理論はその初期の論著に止まり、すなわち『戦時国際法（全）』（東京：中央大学、1913 年）である。石本が引用したのは、1931 年公刊の『戦時国際法論』（東京：日本評論社、1931 年）である。し

戦争を以て兵力の争闘と為す通説の不便なる点を挙ぐへし

（イ）戦争は現今の国際法上其開始より終了に至る迄終始継続する単一なる観念なり然るに兵力に依る争闘は間歇的に行はるゝ実戦闘の集合に帰せさるを得さるを以て其実質に於て終始継続する単一なる観念と相容れす

（ロ）現実の国際法上一方の宣戦あれは假令実戦闘行はれさるも戦争開始すると為すこと認めらるゝは疑を容れす

（ハ）戦争は兵力に依る争闘なりとせは一方の敵対行為あるのみにては未た兵力に依る争闘ありと云ふを得さるを以て戦争の開始を認め得さるへきなり然れとも一方的敵対行為（例へは土地の占領、軍艦の拿捕）あれは戦争の開始を認むへきは現実慣習国際法規として疑を容るゝ能はさるなり

（ニ）全般的休戦行はるゝも戦争状態は依然存続すること現今の国際法上認めらるゝ所なり…其の間に兵力に依る争闘を存せさるを以て敵船の捕獲を為し得さることと為すも戦時禁制品輸送又は軍事的幇助を為す中立戦を捕獲し得るなり[294]。

　つまり、立は主として、開戦宣言のみで実戦を伴わない「名ばかりの戦争」や、武力行使を伴う一方的な敵対行為、並びに戦時中の休戦状態などを、法理論上整合的に説明するために「状態説」に与している。論理的に言えば、戦争を武力闘争の行為または諸闘争行為の集合として捉える場合、以上のような諸状況を戦争と見なすには、やや無理なところがある。その点を考慮し、立は「状態説」を採っている。立と同様の立場に立った者は、当時に少なくない。例えば、蜷川新は、休戦期間中に戦闘行為がないにもかかわらず、国交回復までは戦争状態が続くと見なすべきとした上、「行為説」を採れば「休戦＝戦争なし＝平和状態」という不合理な結論を導いてしまう、と指摘する[295]。また彼は、「行為説」と比べれば、「状態説」のほうが歴史上の事実を説明する能力が高く、「余輩は、広く右歴史上の観察に基き、戦争の定義を下す時は、戦

かし、両書において、立は自ら「状態説」を採る理由に関して、ほぼ同様な説明を行っている。

[294] 立作太郎著『戦時国際法（全）』（東京：中央大学、1913 年）、3–4 頁。それらの論点を敷衍したものは、同「国際法上の戦争の観念」『法学新報』第 14 巻 9 号、1904 年、1–12 頁参照。

[295] 蜷川新「戦争論（上）」『国際法雑誌』第 5 巻 8 号、1907 年、28 頁。

争を以て、一の状態となすの、全然適当なるを認むるものなり[296]」と唱える。つまり、当時において、戦争を状態として捉える学者は、「状態説」の整合的な説明能力を考慮に入れたため、「状態説」に与する立場を取ることが多い。彼等は必ずしも平和と対置する概念としての戦争を強調し、または「二元構造論」を意識しているが故に、そのような主張をなしたとは限らない。

　一方、「状態説」に反対し、戦争を行為として捉える者は、それによって「二元構造論」を否定する立場に立ったとは限らない。例えば、高橋作衛は、「戦争は争闘の行為自身なるや将た状況なるや」に関して、中立法規を含む戦時法規の規制対象である戦争は個々の戦闘行為からなっており、「戦争は行為自身なり」と説く[297]一方、自らの教科書において、当時一般の国際法体系書と同じく、「戦時」と「平時」の二分法を採用している[298]。また、「状態説」に対して明確な態度を示さなかった論者、たとえば有賀も「二元構造論」を採用している[299]。実際、当時においては、「二元構造論」の認識が一般に広がっており、必ずしも「状態説」を採る者のみが「二元構造論」にコミットしているとは限らない。さらに言えば、その時代の国際法学上の戦争観を考察するにあたって、主に法理論の整合性に着目して説かれた「状態説」よりも、個々の論者の国際法認識の基盤を構成した「二元構造論」のほうが、根本的な意義を持ち、緻密な分析に値するものであると思われる。

---

[296] 蜷川新「戦争の定義に関する疑義」『国際法雑誌』第 2 巻 12 号、1904 年、15 頁。

[297] 高橋作衛著『戦時国際法要論（全）（改訂第三版）』（東京：清水書店、1910年、初版は 1905 年刊行）、32–33 頁；同「国際法上の戦争」『法学新報』第 12 巻 2 号、9 頁。但し、「行為説」に与する高橋も、「行為説」がやや狭隘に失して、「戦争は行為自身なり然れとも国際法の規定する範囲は行為自身の外に戦争の状況即ち戦争に因て生する当事者相互間及び交戦国と第三国間の非常なる権利義務の関係を含むものと知るへし」と認めた。同「国際法上の戦争」『法学新報』第 12 巻 2 号、9 頁。

[298] 高橋作衛著『平時国際法論（第二版）』（東京：日本法律学校、1904 年、初版は 1903 年刊行）、『戦時国際公法（第八版増補訂正）』（東京：哲学書院、1905年、初版は 1902 年刊行）、『戦時国際法要論（全）（改訂第三版）』（東京：清水書店、1910年、初版は 1905 年刊行）など。

[299] 有賀長雄『国際公法』（東京：東京専門学校出版部、1901 年）、有賀長雄著『戦時国際公法（上・下）』（東京：早稲田大学出版部、1904 年）。前者は、平時国際公法しか扱っていない。

　石本説は、「二元構造論」の論理的帰結に対して鋭敏な感覚を持つ点において、優れた見解と言えるものの、「状態説」を「二元構造論」に直結し、後者の意義と問題性を前者に読み込もうとする点においては、少なくとも一般理論として成り立ちにくいところがあるように思われる。それだけでなく、「二元構造論」の論理的帰結に関しても、石本説は、再考の余地がないわけではないと思われる。

2.2.3.　「二元構造論」＝ *jus ad bellum* の無規制？

　前述のように、石本は「二元構造論」の論理的帰結として二点挙げた。第一に、個々の戦闘行為に特殊な法的効果を付与し、平時では違法となる行為が戦時状態の存在によって適法化され得ることである。第二に、平時状態と戦時状態との間に法的連続性が失われ、戦争開始の行為が国際法的規制を受け得なくなる、ということである。前者は、「二元構造論」が *jus in bello* の次元における権利義務関係に関して生じ得る効果であり、後者は、「二元構造論」が *jus ad bellum* の次元における権利義務関係に及ぼし得る影響である。*jus in bello* に関しては、2.2.1 で分析したように、「二元構造論」を採ることによって、「平時」と「戦時」とは異次元において妥当することになる。その限りにおいて、石本説は的確な見解と言えよう。

　しかし、*jus ad bellum* に関しては、少なくとも論理上、「二元構造論」から複数の帰結を導き出す可能性が存在している。にもかかわらず、石本説は、そのうちの一つを指摘するに止まり、他の可能性を看過してしまった。かつその一つを強調しすぎたが故に、他の可能性が無視される嫌いもある。本稿は、石本説によって看過された点を補足し、「二元構造論」が *jus ad bellum* に及ぼし得る影響を改めて指摘しておきたい。

　具体的に言えば、同じく「二元構造論」を採用する者のうち、論理上、「戦時」と「平時」との関係を断絶的に捉える可能性があり、連続的に捉える可能性もある。「平時」と「戦時」の関係をどう把握するかによって、*jus ad bellum* の性格も変わってくる。戦争開始に対する法的規制の否定、若しくは戦争発動への放任態度は、あくまで「二元構造論」における一種の見方にすぎないのである。

2.2.3.1.　断絶的な捉え方

　まず、断絶的な捉え方を見てみよう。そのような見方の下で、個々の戦闘行為を規制する法は、平時法と異なる次元において独自の論理を以て妥当するだけでなく、戦争開始の行為（戦争発動の原因、時機、方法などを含む）も平時法上の権利義務と無関係なものとして把握されることになる。戦争開始の行為は、平時国際法によって拘束されない以上、戦時法によってしか規制され得ず、戦時法がそれを定めなければ、各国の自由に委ねられる。そうなってはじめて、*jus ad bellum* は一切の法的規制から解放される。石本説が想定したのは、そのような場合であろう。

　ここにおいて、復仇と戦争の法的連続性に関するケルゼンの有名な問いかけが想起されよう。ケルゼンは、国際法における戦争の位置付けの問題を回避しながら国際法の法的性質を論ずる多くの学者の論理上の欠陥を鋭く指摘した。彼によれば、復仇のような比較的軽微な相手国権利の侵害は、相手国側に国際法違反の行為があった（＝自国の権利がそれによって侵害された）ときにのみ許されるにも拘わらず、戦争のようなより重大な権利侵害が、かえってこの条件を必要としないと言うのは矛盾ではないか。このような国際法は、「こそ泥は罰せられるが、強盗は勝手」という秩序に堕落してしまうのではないか、と問いかけた[300]。

　さらにいえば、もし国家が如何なる場合において戦争に訴えられるかということが、法の問題ではなく個別国家の政策上の問題に過ぎないのであれば、平時国際法に定められたすべての義務は、国家がその単独の意思によって、その政策上の利益の考慮のみに基づいて任意に逸脱し得ることになる。その場合、国家は国際法によって保護された利益範囲を実際持たないことになる。また、そのような性質を本質的に持つものを法と名付けることは幻覚に過ぎない。つまり、戦争発動の自由を容認するとき、国際社会を一つの法律秩序とする思想は根底より覆らねばならず、国際法は法的性質を失うことになる[301]。

　ケルゼンの指摘は、戦争開始の行為があらゆる法的規制から解放されるという「戦争発動自由説」（石本の用語で言えば、戦争が無制限に認

---

[300] Kelsen, H., *Principles of International Law*, 2nd ed., rev. and ed. by Robert W. Tucker, Holt, Rinehart & Winston, New York, 1966, p. 31.

[301] Kelsen, H., *Law and Peace in International Relations: the Oliver Wendell Holmes lectures, 1940–41*, W.S. Hein & Co., Buffalo (New York), 1997（Originally published by Harvard University Press, Cambridge (Massachusets), 1942）, pp. 51–54; Kelsen, H., *General Theory of Law and State*, translated by Anders Wedberg, Harvard University Press, Cambridge (Massachusets), 1949, c1945, p. 340.

められるという意味での「無差別戦争観」）に対する批判としてきわめて鋭い。「戦争発動自由説」を採る場合、国際法は「平時」と「戦時」という二つの隔絶された体系から構成されるだけでなく、その二体系の転換点としての戦争開始という行為が、あたかも宙づりになったように、いずれの体系にも属さないことになる。それは、国際法体系の論理的一貫性ないし国際法の法的存在そのものに対して、矛盾を来たすものであり危険でもある。

しかし、注意すべきは、そのような「戦争発動自由説」は「二元構造論」と同一視できないことである。なぜなら、「二元構造論」には複数の見方があり得るからである。まず、「戦時」と「平時」との関係を断絶的に捉える可能性があり、連続的に捉える可能性もある。次に、前者においても、戦争開始の行為は平時法に拘束されないものの、戦時法上の規制まで一切解除されるとは限らない。とりわけ戦争発動の時機や方法に関しては、戦時法が規制を加えることは十分あり得る。つまり、戦争の発動が、平時法と戦時法のあらゆる規制から解放される場合にのみ、「戦争発動自由説」が成り立つだろう。

すなわち、「二元構造論」の採用自体は、必ずしも「戦争発動自由説」を意味するとは限らない。「戦争発動自由説」はあくまでも、「二元構造論」の下位概念——断絶的な捉え方——のうちの一つの見方にすぎない。「二元構造論」の論理的帰結として、「国際法的規制を受けないという意味をも含むことができた」と説くにあたって、石本は、おそらく「戦争発動自由説」を念頭に置いていたであろう。

2.2.3.2.　連続的な捉え方の一：「権利」裁定手段としての戦争

国際法理論上、「戦争発動自由説」に内包された危険性は、ケルゼン以降、明確に意識されている。それに対して鋭敏な感覚を保つことは、国際法学者の優れた素質の表徴であろう。しかし、それに注目するあまり、他の可能な見方を看過してしまうのは、あまり適切ではないだろう。石本説は、断絶的な捉え方のうち、戦時法による戦争開始規制の可能性を看過しているのみならず、「平時」と「戦時」の連続的な捉え方も見落としている。実際、一口で連続的な捉え方といっても、詳細に見れば、さらに形式的連続と実質的連続という二つの場合がある。

形式的連続とは、戦争を、平時状態下の権利の所在を認定・究明する手段として捉えることを意味している。つまり戦争を裁定手段と見なし

ている。この場合、「平時」と「戦時」の連続によって、戦争の開始は平時状態下の権利義務関係に根拠づけられる必要がある一方、法的権利義務関係の中身は結局力の闘争によって確定され得ることになる。そこに言う「権利」は、仮に規範論理上、既存の法的権利に限定されようとも、実際においては、戦争に勝った強者の利益が法的「権利」として確立されがちであり、それゆえ、既存の法的権利に限らず、力関係の変化に応じて一方的に変更・伸張しようとする「権利」まで含むこととなる。換言すれば、既存の権利義務関係は、力によって実現・維持されることもあり、力関係の変化に相応して変更される可能性もある。したがって、戦争を平時状態下の権利の裁定手段と見なす場合、「戦時」と「平時」との間に一応の連続性が見られるが、それはあくまで不確定な関係に過ぎず、*jus ad bellum* に対する平時国際法上の規制も形式的な制限に止まっている。戦争を裁定手段と見なす観点は、ある意味で、訴訟法上の証拠規則や立証方法に共通するところがあるように思われる。後者は、実質的正義の解明よりも法的「正義」の究明を目指している。それと類似するように、裁定手段としての戦争は、実質的正義を実現する手段というよりも、むしろ法的「正義」つまり戦争の結果に基づいて承認された法的「権利」（＝強者の利益）を確立する手段として機能し得るのである。

このような、裁定手段としての戦争の機能およびその限界は、当時の論者によってすでに冷徹に認識されている。

例えば、遠藤源六はこう述べる[302]。

> 戦争は結果に依りても其の正当不正当を判別すること能はさるなり
> 何となれは正者必勝、不正者必敗は最上権を有する者の公平なる判
> 断に依る場合の外之を見ること能はさる現象なり戦争は各自の実力
> に依り雌雄を決するものなり換言すれは其の原因たる理由に付ては
> 各自に正当なりと主張し互に譲ることを能はさるか故に起れるもの
> にして論理の推敲を離れ兵力に依り其の主張を貫徹せむとするもの
> なり従て戦勝は其の実力の優秀なることを示すも其の主張の正当な
> りしことを証明するものに非す又敗者か勝者の主張に服するは戦争
> の原因たる勝者の主張か正当なることを認むるものに非すして単に

---

[302] 後述するように、遠藤は、断絶的な捉え方をとる（法的枠外派の）論者である。しかし、裁定手段としての戦争の問題性を指摘する者は、裁定手段派の論者に限定される必要はないので、ここで遠藤の見解を引用している。

> 実力争闘に敗れたるか故に已むを得す之に譲るのみ実質上正否の問
> 題は之か為に決するものに非さるなり[303]。

　つまり、紛争当事国の主張に相違があり、国際法その他の平和的手段
によって調整され得ない場合、双方は、それぞれ自己の主張を貫徹させ
るために戦争に訴え、力の闘争によっていずれかの主張が実現され得る
かを決定する。戦争は、両者の中のいずれがより強力であるかを決する
決闘であり、それを通じて強力な一方の利益を法的権利として承認
する。これはまさに力の支配を肯定するものである。しかも、「実質上
正否の問題は之か為に決するものに非さるなり」という指摘に示された
ように、戦争の結果が客観的正義に反する可能性は明確に認識されてい
る。

　実践的結果からみれば、戦争を裁定手段と見なす観点と「戦争発動自
由説」との間には、事実上大差がないように見える。しかし、法的論理
とその実践的帰結は、区別されるべき二つの問題である。法的論理から
言えば、「平時」と「戦時」の連続的な捉え方の下で戦争を裁定手段と
する観点は、戦争の発動が平時国際法によって制限されることを基本的
に認め、法的根拠を完全に欠いている戦争を許容しないとする。交戦国
双方とも、一応（*prima facie*）の法的根拠を持つ場合にのみ、戦争が裁判
となり得る。そうである以上、国際法の解釈に関して自国本位の好都合
論の余地があるにしても、自由自在に解釈・変更することが困難であ
る。その限りにおいて、戦争発動への法的規制はある程度機能し得るだ
ろう。

　したがって、その実践的帰結に含まれた危険性にもかかわらず、少な
くとも規範論理の次元において、戦争を裁定手段とする観点は「正しい
戦争」の観念を含んでおり、その意味において、戦争への無制限な許容
態度とは紙一重ながら、一線を画するように思われる。

2.2.3.3.　連続的な捉え方の二：権利執行手段としての戦争

　他方、同じく「平時」と「戦時」を連続的に捉える見方の下で、戦争
を、既に究明され確立された法的権利を執行する手段と見なす場合もあ
る。そのような場合、戦争を起こす権利は、公権力不在の国際社会にお

---

[303] 遠藤源六著『国際法要論：戦時（増補第 2 版）』（東京：清水書店、1910 年、初
　　版は 1908 年刊行）、603–604 頁。

いて権利侵害を受けた国家の自力救済、もしくは他国の権利を侵害した国家への制裁として正当化される。こうして、戦争は、恣意な暴力手段や一方的な権利変更手段ではなく、あくまで既存の法的権利ないし法秩序を維持する手段として機能するのであり、戦争発動の根拠は平時国際法上の権利義務と実質的な関連性を持つこととなる。この種の観点からは、戦争発動への法的制限意識、つまり「正しい戦争」の観念が明確に看取され得る。上記の石本説は、「無差別戦争観」を「二元構造論」のコロラリーとして捉え、そして、その「無差別戦争観」の対極として「正戦論」を挙げた。実際、彼の意味する「正戦論」——戦争を法執行手続と見なす観点——は、「二元構造論」のうち、彼によって看過された実質的連続性という捉え方にほかならない。

　もっとも、国際社会の分権的構造に由来する欠陥によって、戦争の法執行手段としての妥当性と実効性は、実際には大いに減殺されざるを得ない。よく指摘されるように、戦争を法執行手段と見なすには、正義の所在を予め究明しておかなければならない。しかしながら、国際社会においてそのための判断基準や判断権者は存在せず、正不正の認定権はあくまで個別国家に委ねられている。公平な認定を保証できる手段は、国際法上ほとんど提供していない[304]。しかも、仮に何らかの手段を以て正義の所在を客観的に認定し得たとしても、戦争が法執行手段として持つ短所はやはり否定し難い。戦争で勝つのは、「正しい」者ではなく強い者である。「正しい」側の力が優勢を占めない限り、戦争は自力救済または制裁としての機能を果たせないか、若しくは不完全にしか機能し得ないことになる。逆に今度は、「正しい」側の力が優勢を占める場合でも、法執行（＝既存の法状態の回復）の目的を達するに必要な程度を超えて、国家の野心または復讐心を満足させるための暴力が不正な側に向かって加えられる可能性はある。

　法執行手段としての戦争の問題については、当時の論者も鋭く指摘した。例えば、前者の危険性については、原田六峯はこう述べる。

> 交戦を以て国際法の一制裁なりと主張すれとも、是甚た誤謬の見にして、交戦の面倒及失費は制裁となり得るも、交戦其物は決して爾らず。何となれは、交戦の勝敗、予め知るへからさるを以てなり。

---

[304] 当時、国際仲裁の事例は少なくなかったが、戦争に至るような重大な事由に基づく紛争を仲裁に付することは通例ではないし、仲裁法廷は通常アドホックな紛争解決機能しか持たない。

> 若し被害者幸に勝利を得たるときは、以て加害者を懲らすに足るへ
> しと雖も、不幸にして敗北するときは、適々加害者を増長せしむる
> に過きす[305]。

また、後者の危険性については、寺尾は「正しい戦争」たりうる条件
を説く際に、比例性の限度要件を挙げる一方、その実行上の困難性を指
摘する。

> 戦争は其目的としたる権利の恢復を得るか又は恢復を得ることの確
> 実なりしときは直に之を中止せさる可らず是れ戦争は其目的を達す
> るに必要なる行為に止めさる可らずと云ふにあり或学者は戦争は侵
> 害せられたる権利と比例せさる可らずと謂へり此条件は実際上困難
> なり之を個人間の正当防衛に考ふるも己れの受けたる侵害よりも大
> なる損害を彼に與ふことあり況んや戦争の際には往々必要以上に達
> することあり（始めは正当なることを目的とせしも後には宿望たる
> 野心を遂けんとするに至る）或学者は戦争は奇妙なる者なりと評せ
> り今日にては大望は禁せられしも初めは権利侵害に対する戦争より
> 次第に進んて大望の為め戦争をなすに至る且つ之に権利侵害の口実
> を生し其損害費用を対手国に請求するを得るの事実あるを以てなり
> [306]。

ICJ をはじめとする国際法廷や集団安全保障制度が未確立な状態では、
法執行手段としての戦争の認定権と執行権は個別国家に委ねられるしか
ない。そうである以上、上記のような諸難点は避けられないだろう。も
っとも、適用上の問題はさておき、規範意識の面において、この種の観
点は戦争発動への法的規制の必要性と可能性を強く主張し、「正しい戦
争」観念を明確に持ち出しているものと言えよう。

以上、「平時」と「戦時」の関連づけに着目し、「二元構造論」に含
まれる複数の状況を簡単に分析した。「二元構造論」のうち、「平時」
と「戦時」の関連づけをどう捉えるかによって、*jus ad bellum* の次元にお
ける戦争制限意識の有無とその程度がかなり異なってくる。石本説は、
「状態説」を「二元構造論」に直結させ、かつ「二元構造論」のうち
「戦争発動自由説」に注目するあまり、他の見方を看過してしまう嫌い
がある。その意味において、「状態説」から「無差別戦争観」を導き出

---

[305] 原田六峯のコメント、花井卓蔵『非常国際法論』（東京：有斐閣、1895 年）、
237–238 頁。

[306] 寺尾亨講述『国際公法（謄写版）』（出版地不明：庚子攻法会、1902 年）、59 丁
裏。

そうとする石本説は、あまり適切な解釈とは言い難いであろう。そのような解釈も、本稿の考察時期が「無差別戦争観」の時代と見なされやすい理由の一つであろう。

第三章

―――――

国際法理論における戦争観（二）

三つの類型

　第二章の分析を踏まえた上で、*jus ad bellum*、つまり戦争開始の行為に対する法的規制の有無と程度に着目し、十九世紀末頃から二十世紀初頭にわたる日本国際法学上の戦争観を分類してみる。戦争開始の行為は、戦争発動の原因、時機、方法などの複数の要素から構成される。そして、法的規制には、国際法的な規制と非国際法的な規制が含まれ、前者はさらに平時国際法上の規制と戦時国際法上の規制に区別される[307]。議論が多岐に分かれることを避けるため、本稿においては、最も核心的な問題、すなわち、戦争の発動は平時国際法上の権利義務関係に根拠づけられることが必要か否か、必要なら、どのような形でどこまで必要なのか、という戦争発動の原因に対する平時国際法上の規制のあり方を以て分類の基準とする。それ以外の法的規制の方法や程度については、各類型の中身を分析する際に言及する。

　こうして、二段階の基準に拠り、類型化することができる。まず、戦争発動の原因が平時国際法によって制限されるか否かによって、「法的枠外派」と「法的枠内派」に大きく二分する。前者は、戦時国際法と平時国際法の関係を断絶的に捉えるのに対して、後者は連続的な捉え方をなしている。

　次に、「法的枠内派」のうち、戦争原因に対する平時国際法上の規制が形式的なものなのか実質的なものなのか（つまり、「平時」と「戦時」の連続的な捉え方のうち、形式的な連続か実質的な連続か）によって、二つの類型に分ける。形式的な規制の場合、戦争は「権利」裁定手段と見なされるのに対して、実質的な規制の場合は、戦争は権利執行手段と見なされる。それゆえ、「法的枠内派」はさらに「裁定手段派」と

---

[307] これらは完全に峻別できないが、一応区別している。

「執行手段派」に分けられる。こういう三つの類型を図式化してみれ
ば、以下の通りになる。

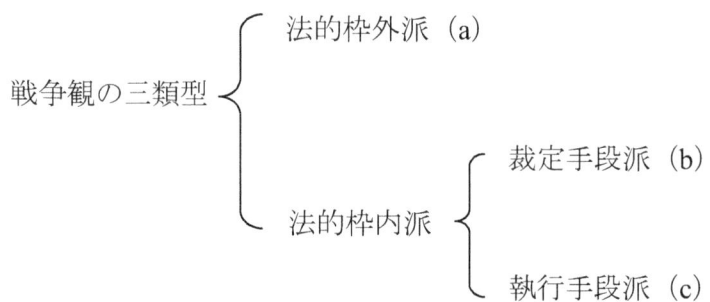

ただ、注意すべきは、ここにいう「法的枠外」の「法」は、平時国際
法のみを指していることである。戦争発動の原因が「法的枠外」にある
といっても、国際法ないし法一般の外に置かれることを意味しない。確
かに、戦時国際法は、戦争発動の時機や方法に対して制限を課すること
が多いものの、戦争発動の原因を規定することは通例ではない。しかし
ながら、それを規定する場合もないとは言い切れない。また、平時法も
戦時法も戦争発動の原因を規制しない場合においても、戦争の原因が如
何なる制限も受けないことを意味しない。それは国際法以外の法的要素
によって制限される可能性があるのみならず、それらの制限が国際法規
制のあり方に何らかの影響を及ぼし得ることも十分考えられる。さら
に、仮に戦争発動の原因が如何なる法的制限も受けないとしても、戦争
発動の時機や方法が戦時国際法によって定められれば、*jus ad bellum* の次
元における法的制限意識（＝「正しい戦争」観念）が看取されると言え
よう。また、国際法体系において戦争がどのように位置付けられるかを
考察することによって、何らかの制限意識が窺われることもあり得る。

　こうして、本稿は、戦時国際法と平時国際法の関係の多様性に
着目し、類型化の作業を進めるにあたって、戦争発動の原因に対する平
時国際法上の規制のあり方を分析の中心に据えながらも、（1）戦争原因
に対する戦時国際法上の規制、（2）戦争発動の時機や方法に対する戦時
国際法上の規制、（3）国際法体系における戦争の位置付け、（4）国際
法以外の法的要素による戦争原因規制およびそれが国際法規制のあり方
に及ぼし得る影響なども視野に入れる。それによって、*jus ad bellum* に関

する戦争観の全体像を捉え、「正しい戦争」観念の様相を解明しようとする。

　以下において、三類型の法理論からそれぞれ、「正しい戦争」観念を読み取ることができるか、読み取れるとしたらその本質は何か、また、個々の論者の考え方を支える根拠はどこにあるか、彼等の共通点と相違点は何か、それらの相違をもたらす原因はどこにあるか、その中にどのような意義と問題性はあるか、等の問題を分析する。ただ、実際の状況は、上記の分類よりはるかに複雑で錯綜しており、同じ類型に属する戦争観にも差異があり、異なる類型に属する戦争観の間に、論理的相関性または類似性が見られる場合もある。その点を念頭に置きつつ、以下の考察を進めていきたい。

第一節　法的枠外派——（a）類型

3.1.1.　法的枠外派の根拠づけ

　（a）類型の核心的な主張は、以下のように要約できる。すなわち、戦争の発動は平時国際法上の権利義務関係に依拠する必要がなく、国家が如何なる場合に戦争に訴えるかは基本的に国家政策の問題に過ぎず、それゆえ、権利のための戦争であれ、利益のための戦争であれ、国際法上同様に合法な戦争として是認されるべきである、ということである。これは、十九世紀末から二十世紀初頭にかけて欧米国際法学に支配的であった意思実証主義とその核を成す絶対的な国家主権概念のコロラリーとして、国益追求手段としての戦争を積極的に肯定する立場である。

　この類型は、専門国際法学者のうち、有賀長雄と中村進午をその代表者とし、広義の国際法学者からは遠藤源六が挙げられる。有賀の戦争観は、例えば以下の論述に示されている。

> 交戦の法律に於ては開戦の理由を問ふこと無し、唯た実力決争の事実を標的とし、此の事実あるときは即ち此の法律を適用するなり。或は戦争に定義を下して両国権利の争を決する手段と為す者あり、而して十中八九の場合は此の論当れり、然れとも戦争の原因を此の一事に限るは狭隘に失せり、何となれは両国ともに未た権利として有せさる所の利益の為に戦争することあるへく、或は全く権利利益に関係せす、政略の為又は主義の為に戦争することあるへけれはな

　り、因て公法上に於ては意志の衝突を以て一般の原因と為すへく、
　此の衝突の何に因りて起るやは措て問わさるを宜しとす[308]。

　すなわち、国際法上認められる戦争は、権利をめぐる争いに限定され
ず、「全く権利利益に関係せす、政略の為又は主義の為に戦争する」こ
とすら許容されるべきとする。この文言を見る限り、有賀は戦争に対し
て相当許容的な態度を取っている。では、彼の主張を支える根拠はどこ
にあるのか。有賀は、前述のように、国際法研究に転向する前に、スペ
ンサーとシュタインらから大きな影響を受けた。実際、彼の戦争観も、
その社会・国家観ないし国家学理論と密接な関連を持っている。『社会
学』（1883 年刊）において、彼は主にスペンサーの社会ダーウィニズム
に依拠し、社会の起源について次のように述べた。すなわち、個人の間
に強者と弱者という非対称的な関係が存在し、果てしない闘争が行われ
ている。闘争の結果、非対称関係が次第に固着化され、一定のまとまり
が生み出される。これこそ社会の起源である、と彼は説く[309]。その
うえ、『国家学』（1889 年刊）において、有賀は、シュタインなどの学
説を用いながら、社会の構成論理と国家の構成論理を区別し、「斯く力
の異なるに依りて他人の生活に侵し入て以て我が生活を豊大にするより
衆人の間に上下の異等を生ずるの関係を指して社会と謂ふ[310]」のに対
して、「国家の本義」は「人民一同の利益を計るの機関[311]」であると述べ
る。つまり、有賀から見れば、国家成立前の社会は、事実上果てしない
闘争に支配されており、人間同士の間には、相手を侵略して自分の利益
を得よう、という契機が不断に存在していた。そのようなホッブス的世
界から抜け出すのは、「国家」の成立である。「国家」は、その勝敗の
結果を維持するための装置であり、集団的な価値や利益の共有を維持し
ようという動機を内包している。国家が生まれてはじめて人間の平等と
共同性が達成され得るのであり、国家の目的は「人民一同の利益を図

---

[308] 有賀長雄編『万国戦時公法：陸戦條規（全）』（東京：陸軍大学校、1894 年）、
3–4 頁。

[309] 有賀長雄著『社会進化論（社会学（巻 1））』（東京：東洋舘書店、1883 年）、
101 頁。

[310] 有賀長雄編述『国家学（増補再版）』（東京：牧野書房、1889 年 4 月、初版は
1889 年 1 月刊行）、17、30 頁。

[311] 同前注、23 頁。

る」ことにある、と彼は考える[312]。このような「国家」は、対内的には
その国民に対して「厳正の義務」を負うているが故に、対外的にもその
本分を尽くさなければならず、他国のため自主の意志を曲げて譲ること
はできない。国家の意思を貫徹させることより「重大なることなければ
なり、之を徹行するは我れに取りて正義なり[313]」。もし国家が其国民に
対する本分を尽くさず、他国に対してその意思を曲げたとするなら、そ
れは「正義に戻[314]」り、「国家の目的に違ふものにして不善なり[315]」と
いう。

> 国家主一の目的は国民の懿徳良能を発達せしめ之に依り以て其の独
> 立を保持するに在り、（中略）（国と国との意見が衝突した場合に
> は）孰れも他の一方に対し自主の意志を曲げて一歩を譲ることを得
> す、之を譲るは独立の義に戻り、国家の目的を破り、国民に対して
> 其の本分を尽くさゝるに均し[316]。

しかも、個人間の果てしない闘争を克服し、集団的な価値や利益の共
有を維持することをその目的とする国家は、個人と道徳基準を異にして
いる。国際社会において、国家が自国の利益追求を最優先に考慮し、エ
ゴイスティックな行動をとるのは、非難すべきであるどころか、むしろ
道徳的な行為である。

> 国家の目的は国民の発達なり、国民の発達の為に必要なる条件を国
> 家の利益と云ふ、即ち国際道徳とは個人道徳と異なり、先つ自家の
> 利益を専一とすること動かすへからさる一点なり[317]。

---

[312] 有賀長雄編述『国家学（増補再版）』（東京：牧野書房、1889 年 4 月、初版は
1889 年 1 月刊行）。以上の有賀の国家観は、松田宏一郎「儒学と社会ダーウィニ
ズム——日本のケースを中心に——」朴忠錫、渡辺浩編『「文明」「開化」「平
和」：日本と韓国（日韓共同研究叢書 16）』（東京：慶応義塾大学出版会、2006
年）、334 頁を参照した。但し、問題関心を異にするため、着目点がかなり違っ
ている。

[313] 有賀長雄述『国際公法講義録：將校教育資料』（東京：海軍教育本部、1900
年）、200 頁。

[314] 有賀長雄編『万国戦時公法：陸戦條規（全）』（東京：陸軍大学校、1894 年）、
34 頁。

[315] 有賀長雄「国際道徳論」『外交時報』第 39 号、70 頁。

[316] 有賀長雄編『万国戦時公法：陸戦條規（全）』（東京：陸軍大学校、1894 年）、
1–2 頁。

[317] 有賀長雄「国際道徳論」『外交時報』第 39 号、69–70 頁。

　そのような道徳的な目標を達成するために用いられる手段たる戦争も、「究極正義の分争たるに外ならす[318]」、「惨酷なれとも畢竟国家の目的を達する最後の手段なれは悪事に非す、善事なり[319]」と有賀は考える。

> 戦争と云うことは国際上に於て決して不理とは見ない。双方共其国民の発達を図る為にすることであって国家の目的を達する最後の手段である。戦争をするのは悪るいことであるけれども併し乍ら目的は国家の目的を達するに是より外ないと云うのだから、今日の戦争と云うものは立憲国家と云う所へ着眼して徃かなければならぬので総てのことが其処へ徃くのであります[320]。

　すなわち、独立国家はその自主の意志を以て列国と交際し、それによってその国民の発達を図ることこそが国家の「厳正の義務」であり、正義の命ずるところである。「我か意志は即ち我か本分の命する所にして之を徹行するは正義なり[321]」。その義務を完成させるために自らの意志に反対する外国の意志を屈服させるのは、国家の権利である。戦争はその権利を実行する手段として、「独立国の其の本分を完うすへき義務より生するもの」である。国家の義務が「重大なる」が故に、戦争の権利も「甚た広闊なり」という[322]。これは、絶対的な国家主権概念に立脚し、国益追求手段としての戦争の正当性と必要性を積極的に掲げる態度であるといえよう。

　有賀と同様に、戦争自体の正当性と必要性を熱っぽく語り、*jus ad bellum* における国家の行動自由を最大限まで認容する者として、遠藤源六が挙げられる。

> 其の原因の如何に依りて戦争の正否を区別し正当なるものに非されは戦争権を生せすと謂ふこと能はさるなり何となれは各国は其の利害に鑑み権利利益を保護増進する為め必要なる手段を正当と認め他

---

[318] 有賀長雄編『万国戦時公法：陸戦條規（全）』（東京：陸軍大学校、1894 年）、34 頁。

[319] 有賀長雄「国際道徳論」『外交時報』第 39 号、1901 年、70 頁。

[320] 有賀長雄述『国際公法講義録：將校教育資料』（東京：海軍教育本部、1900 年）、196 頁。

[321] 有賀長雄編『万国戦時公法：陸戦條規（全）』（東京：陸軍大学校、1894 年）、34 頁。

[322] 有賀長雄編『万国戦時公法：陸戦條規（全）』（東京：陸軍大学校、1894 年）、8 頁。

　　国に対し其の主張を枉くること能はさる場合には戦争を為すことを
　　得へきは独立平等なる当然の結果なり従て如何なる場合に戦争すへ
　　きやは各国自ら判断すへき事柄にして他国の干渉を許ささるなり[323]。

　　各独立国は其の独立の保全、権利の擁護、国是の実行其の他原因の
　　如何に拘らす又攻撃を加ふると其の受けたる攻撃に対し防衛すると
　　を問はす自ら適当と信するときは戦争を為し得へく[324]。

　すなわち、遠藤からみれば、戦争権は、独立国家たる以上、当然持っ
ている権利であり、「要するに戦争か国際社会に必要なりや否やは之を
論することを要せさるものなり蓋し戦争は国家の性質上当然起るへき現
象なれはなり[325]」。国家は自らの国益を「保護増進」するために、「適
当と信する」戦争を起こすのも「常に正当なり[326]」と認められ、主権の
発動としての戦争は、国家政策上の考慮によって自由に行い得るもので
ある[327]。なぜなら、他国の意思に屈服せずに自国の独立自存を守ること
が一大事であり、一度他国に屈服するなら「国権の回復」が困難であ
り、ひいては国家が滅亡の道に陥ってしまえば最も不幸なことであるが
故に、どうしても避けなければならないからである。したがって、「一
か八か存亡を賭して争はねばならぬ」場合に戦争を起こすのは、必要の
みならず、「当然の結果」でもある。

　　顧ふに一個人の間に於ては、権利の侵害を受けても、多くの場合に
　　於ては、他日之を回復するの道がある。......然るに国家に至っては
　　大いに之と趣を異にして、一度外国に屈従すれば、国威の宣揚・国

---

[323] 遠藤源六著『国際法要論：戦時（増補第 2 版）』（東京：清水書店、1910 年、初
　　版は 1908 年刊行）、602–603 頁。

[324] 同前注。

[325] 同前注、599 頁。

[326] 同前注、600–601 頁。

[327] 同様の見解は、玉置嘉門や神藤才一にも見られる。「戦争の理由とする所は多々
　　あるへしと雖も未た一定の規則あるに非らす国家は各自の自由の見解を以て戦争
　　の理由となし兵力を動かすを得へし」、玉置嘉門編纂『学説対照国際公法論綱』
　　（東京：清水書店、1901 年）、169 頁；「万国公法の原則に據れは正義戦と云ひ
　　不正義戦と名状するの言語なし是れ畢竟言語の妄用に外ならす」、「国家は主権
　　なり故に其戦争の原因に於ては独り裁判者なり列国か其戦闘を為す所以の主旨を
　　思考するに当り其特に商量す可き所は唯々其確然の利益は外交の方略を以て其違
　　言を調停し依然として平和の権利を継続するを以て最好と為すに非さる無きや否
　　やを究知するに在り」、神藤才一講述『国際公法講義（巻之二）』（東京：明治
　　法律学校、1898 年）、61、62 頁。

　　　権の回復は決して容易の事ではない。況んや其の国が滅亡するに至
　　　っては、假令国民は存続するも、再興の望などは勿論、所謂亡国の
　　　民で国の祀も絶え、万事休するのである。故に脊に腹は代られぬと
　　　云ふ諺言は、国家に対し緊切に適用することが出来るので、事情に
　　　依っては、一か八か存亡を賭して争はねばならぬ場合を生ずるの
　　　で、之が戦争を為すの已むを得ざる所以である[328]。

　しかも、このように正当化された戦争は、平時国際法上の権利義務関
係に制限されないが故に、当然相手国の違法行為を発動の前提要件とし
ない。

　　　戦争は国際法違反に対する制裁であると云ふ説がある。併し之は誤
　　　りである。何となれば戦争は国際紛争の最後の解決手段であるのに、
　　　国際紛争は必ずしも国際法違反の場合に限り生ずるものでないから
　　　である。国家の重要なる権利利益を防衛し又は増進する為めには、
　　　国際法違反の行為の有無に拘らず戦争が起るのである[329]。

　有賀や遠藤より一層徹底した形で戦争を語ったのは、中村進午である。
彼によれば、戦争の正当化論理は、平時国際法上の権利義務どころ
か[330]、「国民の発達」や「国家の独立自存」に根拠づけられる必要すら
なく、「余輩は戦争か何の目的を以て為さるゝかを問ふの要なしと信
す[331]」という。そして、戦争の発動にあたって、自国と他国の意思衝突
も要しない。「意思の衝突なくして直ちに戦争を始むることあるへく、
縦令意思の衝突ある場合と雖も、之を戦争の定義中に加ふるは冗贅の
み」と。したがって、当然のことながら、「自助は戦争の要素に非す。
……戦争には原因の正否を問はす。……戦争は権利の争のみに因るもの
に非す」。むしろ権利のための争いのみを正当な戦争と見なすのは、
「甚しき偏見なり」という[332]。彼は以上の観点を持ち出す理由を、法理
論と法実践の両面から説明している。理論的に言えば、自助または自己
防衛を正しい戦争の要素と規定するのは、単なる受動的な立場からの観

---

[328] 遠藤源六著『軍国講話：戦争と国際法』（東京：読書会、1914年）、3–4頁。

[329] 遠藤源六著『軍国講話：戦争と国際法』（東京：読書会、1914年）、5頁。

[330] 中村は、戦争と報仇を対比し、「報仇は権利の毀害のみに対して為すものなれと
　　も戦争は権利問題に付て為すものなると利益問題其他の問題に付て為すものたる
　　とを問わさるなり」と説いた。「無宣言の戦争と報仇との差異」『法学新報』第
　　12巻10号、1902年、83頁。

[331] 中村進午述『戦時国際公法（完）』（東京：中央大学、1912年）、5頁。

[332] 中村進午著『国際公法論』（東京：東華堂、1897年）、840–842頁。

察に過ぎず、「凡そ戦争はその原因及行為の正不正を論せす主動的位置を取る者と受動的地位を取る者との両面的観察に由り断定を下ささるへからさるもの」であり、したがって、「論者の之に下す所の受動的の観察は既に其論拠に於て誤謬を有す」という[333]。そして、防衛戦争のみを国際法上の戦争と見なすなら、「攻撃をなす国より見れは戦争に非すして独り防衛国の側より見てのみ戦争とな[334]」り、「其結果として争闘国の一方には其目的の存在するか為めに戦争なりと為すを得へきも他方には此目的の存在せさるを以て戦争と称するを得さるに至り一方には戦時国際法を適用し他方には之を適用すへからすと云ふの誤謬に陥るへし[335]」と彼は考える。すなわち、もし国際法が戦争の原因や目的について規定を設け、戦争の正不正を区別するなら、一つの単位的な概念としての戦争自体は、「正」と見なされるとともに「不正」とも見なされる[336]。また、相互主義を原則とする戦争法規は、適用可能な場合と適用不可能な場合が同時に発生することとなる。それは、論理的には「誤謬に陥る」というしかない。しかも、「人の形而上に於ける心理作用と形而下に於ける行為とは必しも常に相一致せさるものなり[337]」、外在的行為としての攻撃・防禦と、心理的動機としての攻撃・防禦は、別次元の問題である。外形上防禦戦争を行う側は、実際、悪意を以て先に挑発する方かもしれないので、必ずしも正当な側であるとは限らない。しかも、防禦戦争のみを許すのは、理論上より見て不当であるのみならず、「併て又実際に於て不能なり」。なぜなら、「時に或は双方の国家に於て攻

---

[333] 中村進午「戦争の是非及本質に関する数説」『国際法雑誌』第 3 巻 4 号、1905年、1 頁。

[334] 中村進午著『国際公法論』（東京：東華堂、1897 年）、840–841 頁。

[335] 中村進午述『戦時国際公法（完）』（東京：中央大学、1912 年）、5 頁。

[336] この点に関して、立はより明確な形で理由を述べた。「且假令国際法上権利侵害の実ありて之か救正を得る為め戦争を起すこと国際法上正当なりと云ふを得へき場合あるも是れ交戦国の一方より見て戦争を起すの原因か正当なるものにして二以上の国家間の状態たる戦争其ものの正当、不正当を決するを得さるなり。」つまり、国際法上、権利侵害への救済を戦争の要素とする規定があったとしても、正不正の判断は究極のところ、交戦国何れか一方の立場に立つときにのみ言えるものに過ぎず、国際法上、一つの単位的な概念としての戦争自体には、正不正を言うことができない。立作太郎著『戦時国際法（全）』（東京：中央大学、1913年）、14 頁。

[337] 中村進午「戦争の是非及本質に関する数説」『国際法雑誌』第 3 巻 4 号、1905年、1 頁。

撃防禦相半はすることありて両者対等の地位に立つことあれはなり。加之若し甲国か乙国に援助を與へて丙国と干戈を交ふることあれは自助以外のものなるか故に戦争と称するを得さることゝなる」からである[338]。さらに、中村は、国際社会の分権性を徹底的に強調し、超国家的な判断権者の欠如によって、仮に国際法が以上のような規定を設けたとしても、「戦争なるや否やに付議論を生し更に一の紛紜を増すに至る」のみであるという。また、戦争の「最終手段性」という要件も無意味であるとする。なぜなら、「平和手段を廻らしたると否とは後に至りて之を証するに難」く、「平和手段を廻らさすしてなしたる戦争を戦争と称するも事実上一点の不可なる所を見されはなり」からである[339]。そして、開戦宣言も無用であり、国家間の実力闘争の事実さえ存在すれば、それを戦争と見なし戦争法規を適用すべきである、と説く。

> 要するに近世の国際公法に於ては戦争には宣戦を要せす、布告を要せす、又第三国に対し通知をなすことを要せす。只苟くも戦争の実あるときは即ち之を戦争となし、戦時国際公法を適用すへしとの説一般に行はるゝなり[340]。

こうして、「国民の発達」や「国家の独立自存」に基づいて戦争支持論を積極的に唱える有賀と遠藤に比べれば、論理一貫性や実践不可能性に着目し、消極的な面から戦争認容論を説く中村は、むしろ前二者より一層激しい形で、*jus ad bellum* における制限を解除しようとしたと思われる。しかし、この三者は果して国家による戦争発動の自由を無制限に認め、恣意的な理由で起された戦争さえ認容すべきであると主張しているのだろうか。

3.1.2. 法的枠外派における「正しい戦争」観念

前述のように、法的枠外派は、戦時法と平時法を隔絶された二つの体系として捉え、戦争の発動原因は平時国際法上の権利義務に拘束されないとする。それは、戦争の発動に対するかなり許容的な態度と言えよう。しかし、個々の論者の主張を詳しく見れば、「許容的」とは言え、けっして「無制限」ではない。むしろ様々な角度から制限が課されている。

---

[338] 中村進午著『国際公法論』（東京：東華堂、1897 年）、840–842 頁。
[339] 同前注、840–842 頁。
[340] 同前注、858 頁。

　まず、国家主権の絶対性に立脚し、「国民の発達を図り国家の利益を図る」ための戦争を積極的に正当化しようとする有賀は、2.1.4 で分析したように、戦争の根本的原因の次元において、自己制限を為している。すなわち、戦争を支持する理由が同時に、戦争を制限する理由となっているのである。戦争発動の原因が平時国際法に拘束されないとする点において「法的枠外派」と呼び得るものの、それをあらゆる法的規制から解放するわけではない。戦争は、単に国際法によって「発見」された「事実」ではなく、法的規制を受けるべき「一つの法律行為」と見なさなければならない。ウェストレークやローレンスの唱えた「戦争は法の規律の外に在り」などの立場に、彼は与していない。

> 戦争なるものは強制手段の極端なるものと見なければならぬ、国際法からさう云ふ風になって参りますが、それは果して事実であるや否や、又それ以外に戦争と云ふことが今日あるや否や、そこで戦争の目的と云ふことを論ずる必要が出てくる、今日は戦争と云ふことは一つの法律行為あると云ふ考へを持て居らなければならぬ[341]。

　その法的規制は、まず、法的観点から戦争の目的を論じる必要が生じ、その目的の当否が法的評価を受けなければならないことにある。「今日に於きましては目的の当否に関せず唯強きに乗じて戦争することは出来ない[342]」。昔のような侵略戦争や復讐戦争、または強国が弱国を恣意に蹂躙する戦争などの「無名の戦争」は、今日の国際法上においてもはや許されない。もっとも、それが許されないのは、国際法上の権利に依拠していないからではなく、あくまで戦争の根本的原因に反するからである。前述のように、「無名の戦争」は列国をして敵意を生じさせ、自ら不利な状況に陥り、結局「国民の発達を図り国家の利益を図る」という戦争の根本的な目的も達成されにくいからである。国家は、その「存在の目的」を最高価値として擁護すると同時に、その目標を実現するために自己制限を為さなければならないという必要性も内在的に持っている。これは、国際法上の制限というよりも、むしろ「国家存在の目的」に関する有賀の国家学理論の帰結と解されよう。にもかかわら

341　有賀長雄述『国際公法講義録：將校教育資料』（東京：海軍教育本部、1900年）、192–193 頁。

342　同前注。

ず、それによって生じた制限意識は、一種の法的制限として、戦争規制のあり方にも重要な影響を及ぼしているのである[343]。

　しかも、そのような内在的な自己制限は、戦争発動の原因に対して一定程度の規制機能を果たし得るだけでなく、*jus in bello* の次元における武力行使の方式やその限度に対しても制限を加えている。実際、有賀は「文明戦争」の概念を持ち出し、*jus in bello* の五大原則を掲げた。それには、「敵たる国家の強力を破りて其の意思を屈服せしむる為に必要の方便は如何はかりの危害を被らするものたりとも悉く皆公正なり然れとも此の範囲を越ゆるものは不正なり」、そして「戦争の目的は敵たる国家の意思を屈服せしむるに在り故に戦争の結果に因り又は其他の途に依り之を屈服せしめ得たるときは直に終止せさるへからす」などが含まれる[344]。これは、主として武力行使の方式やその限度に関する戦争法規上の

---

[343] 但し、「国家存在の目的」に関する戦争制限は、その論理構造から見れば、国家の「自己制限説」に類似する。「自己制限説」の論理的帰結に関して、立はこう指摘する。「国際法の窮局の淵源に関して国家自己制限説を維持するものあり国際法か法規として効力を有するは国家か自ら其意思に対して制限を認めたるか為めなりと為す此思想を推すときは国家は国際法規の拘束を免かれんと欲せは何時に於ても之を免かるるを得さるへからすして真の法規の拘束を存せさるに至る蓋法規は国家か之に拘束せらるる意思ある間のみ国家に対して拘束力を有すといふは拘束力全然存せすといふと同じけれはなり之か適用を受くる人格者の意思を拘束せさる法規は存し得さるを以て国家自己制限説は遂に国家に適用あるへき法規の存在を否認することに帰著せさるを得さるへし。」立作太郎「国際法の淵源と法信説」『法学新報』第 24 巻 11 号、1914 年、34 頁。つまり、そのような制限は、ある程度規制機能を果たせるものの、究極的には国際法規の拘束力を否定するに等しい。有賀の「国家存在の目的」に関する戦争制限も、同様な問題性を抱き、実際、非常に弱い意味でしか機能し得ないのである。その問題は、後ほど紹介する日露戦争の法実践において顕著に現れた。

[344] 有賀の掲げた文明戦争の五大原則は、以上の二点のほか、次の通りとなる。「（1）戦争に於て敵として視るへきものは国民の為に其の意思を定めて之を行ふ国家なり国民其のものに非す……（3）敵たる国家の強力を破りて其の意思を屈服せしむる為に必要とする範囲外に於て彼我国民は敵対の関係を離れ一般人類を以て交際すへし、（4）二国若は数国の間に戦争起る場合に於て之に與らさる諸国は其の一方の戦争に利益するの行為を避くる義務あり然れとも此の義務に背かさる範囲内に於ては両交戦国と平和の交通を継続することを妨げられさるの権利あり之を局外中立の原則とす。」有賀長雄『戦時国際公法（上巻）』（東京：早稲田大学出版部、1904 年）、18–25 頁。なお、「戦時国際法上の日本帝国」『国家学

制限条件ではあるが、それらの制限条件が守られるべき根拠は、戦争の目的が国民の発達を達成することにあるが故に、その限りにおいて必要な行動を講じるのは正義であり、その度を超えれば反って不正義となるということである。そして、そのような内在的な正義の要請によって、交戦手段としては「卑劣破廉恥の方便」を用いてはならないことも要求されている。

> 交戦は独立意思の衝突より起るなり、故に交戦の方便を選ふに於ても双方の意思は独立なり、能く之を覊束する者あることなし、唯た慣例に於て互に卑劣破廉恥の方便を使用することを慎むべきのみ、其の之を慎む所以のものは他なし我れ我か独立の意思を徹行するの我に取りて正義なるを知り、之か為に交戦しながら公道に戻り正義に背く手段を行ふは自ら欺き己を瀆すものと謂ふ可ければなり[345]。

つまり、戦争においては外部から国家の行為を制限する規範は存在しないものの、国家が内在的に守るべき原則がある。戦争の行為は「戦争の大旨」の厳正さに相応し、「破廉恥背徳の手段」を避けなければならないという[346]。

有賀の戦争観には、このような国家学理論からの内在的制限のほか、開戦の時機や方法に関する戦時国際法上の制限もある。「国民の発達を図り国家の利益を図る」戦争は、国際法上正当なものとして認められるが、けっして随時に発動し得るものではない。戦争はあくまで「立憲国家の主義目的より推して万止むを得さる事情あるとき始めて為すへきこと[347]」であり、かつその「万止むを得さる事情」は通常の場合に起こらない。

> 通例国家か国民の発達を計る為め外国に向て為す所は戦争に非すして平和交通なり。即ち我国に於て幾分か我か意志を曲けて外国国民に便利を与ふるときは外国も亦同しく其の意志を曲けて我か国民に

会雑誌』第 8 巻第 88 号、1894 年、418–422 頁；「今日以後の戦争」『外交時報』第 25 号、1900 年、73–79 頁にも同様の論述が見られる。

[345] 有賀長雄述『国際公法講義録：將校教育資料』（東京：海軍教育本部、1900 年）、201 頁。

[346] 有賀長雄編『万国戦時公法：陸戦條規（全）』（東京：陸軍大学校、1894 年）、33 頁。

[347] 有賀長雄著『戦時国際公法（上巻）』（東京：早稲田大学出版部、1904 年）、4 頁。

> 便利を与ふへし、然るときは全く交通せさる場合に比して双方の国
> 民の発達の為めに利益する所遥に多し[348]。

すなわち、通例の場合、幾分か自らの意志を曲げ、相手国と利益を交換することは、自国のためにも他国のためにもなる。しかしながら、「一国か其の内政上又は外交上に於て国民発達の目的上より為さゝる可からさる」事情があり、それをめぐり外国と紛争を起こし、「何れも譲歩を欲せす或は実際譲歩する能はさる」場合、第三国による調停または仲裁などの平和的紛争解決手段も成功しないことを前提に、戦争は「最後に用いる所の強制方便」として認められる[349]。実際、戦時国際法上の発動制限条件として、戦争の「最終手段性」と「万止むを得さる事情」は、有賀の論述の中で繰り返し強調されている。さらに、一国の開戦理由が果たして「万止むを得ざる」事情に当たるかどうかは、自国の判断のみで済ませてはならず、開戦宣言書の中で各国に向けてその事情を説明し、彼らを納得させなければならない。

> 今日の戦争に於ては開戦に際し交戦国より列国に向て宣明書を発し
> 以て干戈に訴ふるの萬止むを得さるに至りし所以を説明す、之を開
> 戦宣明書（krigesmanigest）と云ふ、而して此の説明に異議ある国に
> は其の異議を言ひ立つるの機会を与え、異議なきを見て始めて其の
> 中立の地位を取ることを確知する次第とす。されは世界各国の眼よ
> り見て萬止むを得さる事情ある場合に於て始めて戦争は起るものと
> 断言するを得く、而して此の萬止むを得さる事情より考へて必要
> とする所の事は戦争する国に於て之を行ふの権利あり、必要に非さ
> る事は之を行はさるを義務とす、是に於て始めて交戦国の権利と義
> 務とあり、以て戦時公法の経緯と為すなり[350]。

つまり、公権的な判断機関を欠く国際社会においては、戦争の正不正に関する諸国の共通意識が、恣意な戦争発動を制限する安全弁となっている。「国民の発達を図り国家の利益を図る」戦争は、「公正と見做し、各国も中立する[351]」のに対して、開戦宣言書にまともな理由を示さない「無名の戦争」は、国際法上許されないだけでなく、国際社会においても、各国の反対ないし干渉を招きかねず、結局、自国を不利な状況

---

[348] 有賀長雄「今日以後の戦争」『外交時報』第 25 号、1900 年、70–71 頁。

[349] 有賀長雄「今日以後の戦争」『外交時報』第 25 号、1900 年、71–72 頁。

[350] 有賀長雄『戦時国際公法（上巻）』（東京：早稲田大学出版部、1904 年）、1–2 頁。

[351] 有賀長雄「今日以後の戦争」『外交時報』第 25 号、1900 年、71–72 頁。

に陥らせ、「国民の発達を図り国家の利益を図る」という戦争の目的を達成しにくくする。開戦宣言における理由開示という要求は、戦時国際法上の規制方法であるが、その本質的な根拠はやはり有賀の国家学理論にあるだろう[352]。

もっとも、国家が公開した開戦宣言書に示された理由は果して信頼できるか、つまりこの安全弁はどこまで制約機能を果たし得るかについて、有賀自身も懐疑的な目で見ていた。

> 平時に一定の理由なくして外国に侵入するは難し然れども外交上に於て開戦の理由は何時にても自由に発見し得べきものなり、故に理由なきに安ずべからざるは今日の形勢を知る者の疑はざる所なり[353]。

しかし、開戦理由を示さなければならず、一国の恣意な判断によって自由に戦争を起こしてはならない、という規範意識は確かに存在する。それは「正しい戦争」観念の体現と言えよう。

遠藤は有賀と同じく、戦争の「最終手段性」という戦時国際法上の規制方法を強調している。しかも、国際社会の通例として、平和的紛争解決手段だけでなく、平時下の強制手段までも戦争に先行すべきである、と見なしている。

> 而して妥協に依って解決するには、先づ外交談判を試むるのであるが、若し外交談判が其の目的を達しないときは、第三者が其の間に介入し、平和的の解決方法を試みるか、又は戦争にあらざる一種の強制手段を用いて、其の主張の貫徹を図るのが例である[354]。

但し、彼は国家の開戦宣言の偽善性を看破し、「特に各国は戦争を為すに当りては実際上正当の根拠なき場合に於ても之を修飾するに適当なる口実を以てすること通例なり[355]」とし、そのような制限要件を為す必要はないとした。その点においては、彼は有賀より許容的である。また、遠藤は一般国際法の観点からは戦争の発動原因を規制しないが、それは特別国際法による戦争規制を妨げるものではないと説く。

> 独立国は総て其の原因如何を問はず戦争を為すの権を有す唯其の行使に至りては条約の結果制限を受くることなきに非ず例へば被保護

---

[352] 79 頁参照。

[353] 有賀長雄『国際公法』（東京：東京専門学校出版部、1901 年）、56 頁。

[354] 遠藤源六著『軍国講話：戦争と国際法』（東京：読書会、1914 年）、1–2 頁。

[355] 遠藤源六著『国際法要論：戦時（増補第 2 版）』（東京：清水書店、1910 年、初版は 1908 年刊行）、602–603 頁。

　　　国又は永久局外中立国の如し然れとも隷属国又は地的合同国の一邦
　　　は国際法上独立を有せさるか故に原則として戦争権を有することな
　　　し[356]。

　但し、このような特別国際法上の制限は、後述する中村の場合と異な
り、主に主体に着目するものである。つまり、主権のコロラリーとして
の戦争権は、独立国家が当然持っている権利ではあるが、条約などによ
って独立国の地位が制限される場合、主権自身が制限を受けたが故に、
戦争権も制限されることになる。これは、絶対主権原理と矛盾しないど
ころか、むしろ戦争権と主権の関係を一層強化する形で語ったものであ
り、厳密な意味での「制限条件」とは言えないだろう。それに対して、
講和条約の研究に力を注いだ中村は、戦争終結後の講和条約の効果につ
いて、「戦争を開始したる原因を以て再ひ開戦の理由となすべからさる
こと」とし、その理由として「然らざれば一たび開戦したる原因は勝敗
に因りて決定し媾和条約に依り確定したるに拘はらず再び同一の原因を
以て戦端を啓くことを許さば戦争は殆んと停止する所なかるべし[357]」と
説明している[358]。戦争の発動が講和条約の規定に拘束される限り、国際

---

[356] 遠藤源六著『国際法要論：戦時（増補第 2 版）』（東京：清水書店、1910 年、初
　　　版は 1908 年刊行）、600 頁。

[357] 中村進午「国際公法上媾和論」『国家学会雑誌』第 9 巻 102 号、1895 年、614
　　　頁。

[358] 同様の論点は、立にも見られる。立は、一般国際法上、戦争の原因に対して規制
　　　しないものの、それは特別国際法による制限を妨げないと述べた。「国際法か戦
　　　争の正当なる原因を限定し得さることは決して国際法規又は国際条約か或事実を
　　　以て戦争の原因と為すを得さることを定むるを妨けさるなり一般的の国際慣習法
　　　規に依り一旦媾和条約の明に定めたる事項を以て更に戦争の原因と為すを許さす
　　　と為すの規則か確立せりとする説あり而して海牙の条約に於て一国の政府に対し
　　　他の一国の政府か其国人に支拂はるへきものとして請求する契約上の債務を回収
　　　する為に兵力に訴へさることを約せり故に此条約に依り国人の外国政府に対する
　　　する契約上の債権の保護を原因として債務国に対し開戦するを得さるへきなり
　　　（注二但債務国か仲裁裁判の申出を拒絶するか之に対して回答を与へさるか之を
　　　受諾するも仲裁契約の作成を不能ならしむるか又は仲裁裁判の後其判決に遵はさ
　　　る場合には開戦を為し得（該海牙条約第一条第二項））」、立作太郎著『戦時国
　　　際法（全）』（東京：中央大学、1913 年）、15–16 頁。それ以外の特別国際法上
　　　の制限が認められるべきかどうか、遠藤は明言していない。なお、遠藤が『国際
　　　法要論』を公刊したのは第二次ハーグ平和会議が行われた後の 1908 年のことであ
　　　る。しかし、遠藤は戦争発動の制限条件を述べる際、1907 年に採択された債務回
　　　収のための兵力使用制限に関する条約に言及しなかった。

法上のあらゆる義務から解放されたとは言えず、その限りにおいて、戦争は無制限に発動し得るものではない[359]。中村はその点において、自らの理論を貫かなかったが、逆に言えば、中村すら戦争発動に対して無制限な態度を取ってはいないのである。

興味深いことに、中村は、外部から国家主権を制限する如何なる規範も存在しないものの、「内部の強制」こそが、国家の戦争に訴える行動を制限し得ると説いている。「内部の強制」とは、物質的必要に基く利害共通の自覚から生じた強制力である。国家間の平和的交通ないし国際法の拘束力は皆この「物質的必要に出つるものにして」、古代から現代に至って戦争が次第に減少してきたのも、そのためである。

> 古代に於ては戦争に依るに非されは外国に対して自国の物質的需要を充たすこと能はすと信したりしか近世に至りては同しく物質的需要を充たさんにも戦争に依らんよりは寧ろ平和の状態に於てするの却て捷径なることを信するに至りたるものなり[360]。

すなわち、利害損得に対する理性的計算の結果、戦争状態より平和状態のほうが国家の「物質的需要」をよりよく満足させ得るが故に、戦争はそのような「物質的需要」によって減少したわけである。実際、「今日国際法の趨勢は実利的一方に傾いて居る」とは、中村の持論である[361]。彼によれば、戦争の発動を最も有効に抑制し得るものは、国際法によって課された「外部の強制」よりも、国益の理性的計算に基づく「内部の強制」である。理論的前提を異にするが、中村の「内部強制説」は、有賀の「自己制限説」と類似するところがある[362]。

---

[359] この問題は、戦争の条約効力への影響に関わっている。ここでは詳述しない。

[360] 中村進午「国際法の精神」『法学志林』第 10 号、1900 年、44–46 頁。

[361] 前述の「国際法の精神」のほか、「国際法の実利的趨勢」『国家学会雑誌』第 14 巻通号 173 号、1901 年、1–20 頁；「国際的優勝法の傾向」『法学志林』第 21 号、1901 年、25–30 頁；「世界主義と愛国心と国際法」『法学新報』第 12 巻 1 号、1902 年、16–21 頁など参照。

[362] ただ中村は、平和が戦争に勝ることを示す一方、「予は利害の共通ある所には必す利害の衝突あることは免れさる所にして」と述べ、「利害の共通」すなわち平和的状態と、「利害の衝突」すなわち戦争は共存すべきであるとした。中村進午「国際法の精神」『法学志林』第 10 号、1900 年、48–49 頁。また、前掲注（343）で指摘したように、有賀の「自己制限説」は、厳密な意味での「制限」と呼び得るかは疑問であり、中村の「内部強制説」も同様の問題性を持っているのではないか。

　また、戦争結果の法的正当性と実質的正当性を区別する点においても、（a）類型の戦争制限意識が窺われる。遠藤は戦争原因不問論を行うにあたって、先に「顧ふに戦争の原因は其の実質上正当なるあり又不正当なることあるへし[363]」と述べる。その後、戦争の結果を法的「正義」として承認すべきであると説く一方、それが実質的正義に合致しない可能性を指摘する。

> 戦争は結果に依りても其の正当不正当を判別すること能はさるなり何となれは正者必勝、不正者必敗は最上権を有する者の公平なる判断に依る場合の外之を見ること能はさる現象なり戦争は各自の実力に依り雌雄を決するものなり換言すれは其の原因たる理由に付ては各自に正当なりと主張し互に譲ることを能はさるか故に起れるものにして論理の推敲を離れ兵力に依り其の主張を貫徹せむとするものなり従て戦勝は其の実力の優秀なることを示すも其の主張の正当なりしことを証明するものに非す又敗者か勝者の主張に服するは戦争の原因たる勝者の主張か正当なることを認むるものに非すして単に実力争闘に敗れたるか故に已むを得す之に譲るのみ実質上正否の問題は之か為に決するものに非さるなり[364]。

　中村も「純然たる理論より云はゝ或は然らん勝国必しも正ならす敗国必しも邪ならす[365]」と指摘する。戦争の結果によって確立された法的「正義」を、実質的正義から区別する意識は、その限りにおいて、前者を相対化する契機を孕んでおり、戦争の結果を無条件に容認することを意味しない。

　このように、三類型のうち、戦争発動に対して最も許容的な「法的枠外派」にしても、全体からいえば、戦争の制限よりも、戦争の正当性と必要性を擁護する意図が強く見受けられるものの、無制限な態度を取っていないのである。

　次に、「法的枠内派」の中の「裁定手段派」を見てみよう。

---

[363] 遠藤源六著『国際法要論：戦時（増補第 2 版）』（東京：清水書店、1910 年、初版は 1908 年刊行）、602–603 頁。
[364] 同前注、603–604 頁。
[365] 中村進午「償金に就て」『日本法政新誌』第 10 巻 9 号、1906 年、31 頁。

第二節　裁定手段派——（b）類型

3.2.1.　裁定手段派の根拠付け

　（b）類型の主張は多岐にわたるが、その共通する特徴は、戦争の発動が平時国際法上の権利義務関係に依拠すべきことを認めつつ、戦争自体をそれらの権利義務を認定・究明する手段、つまり裁定手段と見なしていることである。

　（b）類型の代表者は、広義の国際法学者からは、花井卓蔵、藤田隆三郎、秋山雅之介が挙げられる。専門国際法学者のうち、その立場に近い者は高橋作衛であろう。*jus ad bellum* に関する高橋の論述が少ないため、彼の真意を捉えるのはやや困難であるが、その断片的な論述から彼の戦争観を抽出することはまったく不可能というわけではない。彼は日露戦争の前に、世論を主導した対外硬派の囂々たる主張に対して、以下のような反論を行った。

> 世の所謂対外硬派と称する論者の中には満州問題の論拠を日本国民の増殖並に日本領土の狭少に執り、国運発展の必要に基きて之を解決せんと欲する者あり、然れども此論拠は極めて薄弱なりと云わざるべからず、……論者の言ふ所は暴を以て暴に代ふるに外ならざるものなり、斯かる薄弱なる論拠を執りて此問題を解決せんと欲するは、学理上に於ても亦常識の上より論ずるも極めて浅薄なりと云わざるべからず[366]。

> 満州問題の解決は日本自身の存立問題なり……日本領土にあらさる満州を露国の占領するに当り日本が之に干渉することを得るの理由は自衛権に基くにあらされは充分に之を説明する能はす[367]。

　つまり、戦争を発動するには、単に国家利益のためと言うだけでは、「薄弱なる論拠」に過ぎず、法理上の理由がなくてはならない。日露戦争に際して、日本側の開戦理由を「充分に説明」できる根拠は、国際法上の自衛権にある。言い換えれば、自衛権に依拠しなければ、日本側の正当性は充分に確立され得ない。これは、戦争の開始が平時国際法上の根拠を持たなければならない、という趣旨下の発言と解され得よう。

---

[366] 高橋作衛「日露開戦に関する高橋作衛の意見」蔵原惟昶編『七博士日露開戦論纂』（東京：旭商会、1903 年）、120–122 頁。

[367] 高橋作衛著『満州問題之解決；七博士意見書起草顛末；満洲問題研究録（国際法外交論纂第二編）』（東京：清水書店、1904 年）、28 頁。

　他方、（b）類型は、戦争を法的権利義務を裁定する手段と見なす以上、戦争の結果が出るまでは、それらの権利義務の中身についてあらかじめ判断を下すことができないとする。すなわち、開戦の際、交戦国のどちら側が正当な権利を持つかは不明確であり、戦争の原因を追究することはできない。例えば、日露戦争の開始に必要な「法理上の根柢的理由」として自衛権を挙げた高橋は、国際法一般理論を論じる際、自衛権に関してこう述べる。

> 国際法に於ては一国が正当又は有罪と声言することの果して当れりや否やを判定すること困難なる場合多く（仲裁は政治的争議を解決せす戦争後に至り始めて正不正と有罪無罪等を判別することを得べき場合あり）此くの如く正当の自衛と不正当の自衛とは、戦争によらざれば判然たらざる場合ある以上は国際法上の自衛は正当ならざるべからずと論断し其他の自衛は之を是認せすと云ふことは少しく不適切なり、何となれば、所謂正当なる自衛的行為と称するものも其結果戦争となりたる後敗戦により不正当となることもあるべく、正当と云ふ事は極めて未確定なるのみならず、……余の今日熟思せる結果にては国際法上の自衛権は国家の存立に必要なる場合に之れを維持するの権なりと単言し其原因の正当と不正当とは深く問ふ所にあらずとなす[368]。

　すなわち、戦争発動の正当化根拠として持ち出された自衛権は、平時国際法上の権利であるものの、それ自体の正不正は、戦争の結果を待たずに判断することができない。勝者の行使した自衛権は正当なものであり、敗者の主張した自衛権は不正なものとなる。そのため、平時国際法上の権利義務関係はつねに不安定な状態にあり、それによる規制も、あくまでも形式的な制限に過ぎない。こういう主張は、その実践的結果から見れば、戦争原因の追究にほぼ断念した（a）類型とさほど変わらない。しかも、戦争の結果によって確立された法的「正義」と実質的正義を区別する意識を有する（戦争の結果を相対化する）（a）類型の一部の論者より、制限意識が一層薄いと言えよう。また、終戦にならないと交戦国の開戦理由の正当性を判断できないと考えているからこそ、高橋は、2.1.2 で述べたように、戦時法規の適用上、交戦国双方の正当性をとりあえず仮定する必要があると主張したわけである。このような「正当

---

[368] 高橋作衛『平時国際法論（第二版）』（東京：日本法律学校、1904 年、初版は1903 年刊行）、528–530 頁。

性の仮定」と「正当性の不問」は、論理一貫的に捉えられ得るものである。

しかし、開戦に必要な「法理上の根拠」そのものが不安定な状況に置かれるならば、それが「根拠」たりうる意味を問わざるを得ないだろう。正不正すら分からないものを、果して「権利」と名づけ得るのか、少なくとも実定法主義の観点からは、そこには根本的な矛盾が潜んでいると言えよう。

この矛盾はどのように理解すればいいのだろうか。実際、（b）類型の理論は、終始同一の立場に立つものではなく、そこでは立場の転換が行われたと見ることができよう。

一方で、交戦国は、自らの開戦理由を平時国際法に根拠づけなければならない。実際において、高橋も指摘したように、双方とも国際法に基づいて自らの正当性を主張するのがむしろ常である。

> 国際法上より言へは……其戦争の原因の自衛に出つると権利の保護
> に出つるとの如きは深く問ふ所に非す蓋し此等権利保護等の託言は
> 必す当事者双方に於て同時に主張せらるへきものなれはなり[369]。

他方で、客観的な裁定手続を経なければ、何れの側が正当な権利を持つかは分からない。その客観的な裁定手続たりうるものは戦争しかなく、手続が終了する前に、権利の所在が判別できない。

つまり、（b）類型の論理には、当事者の立場と超越的な第三者の立場が混在している。当事者について言えば、戦争の開始は法的権利に基づかなければならない。超越的な第三者の立場からは、戦争自体が法的権利の認定・究明する手段である以上、権利の中身が戦争の結果に依存することになる。上記の根本的矛盾は、この二つの立場を分けて考えなければ、統一的に捉えられない。また、戦時国際法と平時国際法との関係も、この二つの立場から把握しなければならない。当事者の目から見れば、平時国際法は戦争発動に対して一定の制限機能を果たせるのに対して、第三者の目から見れば、戦争が既存の法関係を維持することも変更することもあり得るという意味において、戦争自体は平時国際法上の権利義務にとって一種の制限となり得る。いずれにせよ、戦時国際法と平時国際法との間に連続性が見られる。しかし、全体的にみれば、平時国

---

[369] 高橋作衛「国際法上の戦争」『法学新報』第 12 巻 2 号、1902 年、8 頁。

際法による戦争規制は、形式的な制限に止まっている。 (b) 類型の特徴
は、まさにこの分裂しつつ関連している二面性にあるのである。

　高橋は、日露戦争の際に自衛権という法理上の根拠を持ち出すにあた
って、国家の公法弁護士として、自国の正当性を法理上根拠づけようと
している。他方、自衛権そのものの正当性が問われないと主張するにあ
たって、高橋は国際法学者として発言している。したがって、「権利保
護等の託言」をしている高橋と、戦争という裁定手続を経ない限り「権
利」の正不正が判断できないと主張する高橋とは、同一人物の「二つの
顔」といえよう。

　実際、自国が戦争の当事者になる場合にのみ、「権利保護等の託言」
をしている高橋において、「二つの立場」のうち、「正当性の不問」の
比重が「正当性の追究」よりはるかに大きい。しかし、 (b) 類型に属す
る広義の国際法学者は、高橋と違って、より均衡の取れた形で「二つの
立場」を貫徹させている。例えば、花井卓蔵はこう述べる。

> 交戦の目的は権利の伸達に外ならす。而して所謂る権利の伸達には
> 権利の防衛、権利の拡充、権利の恢復等を包含す……交戦の目的は
> 必要及ひ不得己の正義に基くものなれは平和なる救済の方法全く杜
> 絶したる場合にあらされは濫りに之を行用すへからす。又其目的、
> 権利伸達の外に出て、呑噬蠶食の野心に原因するときは、適法なる
> 交戦の目的なきを以て、国際法は不義の兵として、非常国際法上の
> 権利を與へす[370]。

　ここだけを見るなら、「正戦論」の論調を彷彿させる。しかし、花井
はまたこう述べる。

> 兵は凶器なり濫に動すへからす、然れとも国家の威厳は保たさる可
> からす、権利と名分とは国家生存の一大要件たり、権利にして侵害
> せられ名分にして紊乱せらる兵亦止むを得さるなり、是れ国際法の
> 戦権を是認する所以なり、而して所謂権利の侵害と名分の紊乱とは
> 双方国間互に其解釈を異にし之を争ふこと殆んと常例なり、故に甲
> 国の論必すしも是ならす、乙国の説必すしも非ならす、第三国の審
> 判と雖も往々にして肯綮に中らさることあり、是故に両国は各々己
> か意見に従て決断する所あるへし、其解釈の当否は国際法の関与す
> る所にあらす[371]。

---

[370] 花井卓蔵『非常国際法論』（東京：有斐閣、1895 年）、57 頁。
[371] 花井卓蔵「戦時国際法要領」『法学新報』第 4 巻通号 41 号、1894 年、10–11 頁。

以上では、「二つの立場」が顕著に見受けられる。交戦者一方の立場に立つなら、正当性の説明が求められる。第三者の立場に立つなら、戦争は正当性不問の裁判となる。しかも、この二つの立場は無関係に並行するものではなく、相互に制約し合っている。一方で、交戦国双方とも自らの開戦理由に関して、国際法上の権利義務関係に基づいて、正当性の説明をした上でなければ、戦争は裁判にならない。

> 然れとも宣戦の名義は重せさるへからす、解釈の当否は其国の意見に放任すへしと雖も、宣戦の名義は権利を保全し名分を維持するに出てさるへからす[372]。

他方、交戦国双方が「宣戦の名義」を説明した後でも、「其解釈の当否は国際法の関与する所にあらす」、正不正の判断は戦争という力の闘争に委ねられている。これは一見して力の支配を認めたように見えるが、単に力の支配を肯定したものとは言い切れない。実際、花井は、国家の示した開戦理由における「辞柄」と「原因」を区別している。

> 古来交戦の真意を晦まし、強て原因を作成し若くは假装の原因を口実として干戈を弄したるの事例甚た乏しからす。然れとも是れ所謂辞柄にして原因と名くへきものにあらさるなり[373]。

すなわち、勝手な口実を作り出して「原因」と偽装する行為は認められない。そのような場合、戦争は裁判にならない。交戦者双方とも、口実に過ぎない「辞柄」ではなく、一応の法的根拠を持つ「原因」を示した場合にのみ、戦争は裁定手続として機能し得るのである。そのような場合、法によって正不正を判断することができないが故に、力による判断を認めざるを得ない。言い換えれば、国際法が判断できるのは、法的根拠を示さない開戦か、勝手な口実しか示さない開戦である。それらの戦争は国際法上において違法とされる。しかし、それ以外の戦争は、双方とも一応の法的根拠を持つが故に、「国際法の関与する所にあらす」、戦争そのものによってその正当性が確定されることになる。したがって、戦争開始の前に交戦国双方が自ら正当と考える理由を示すことは求められると同時に、戦争という裁定手続は、双方の示した理由に制限を為している。ここには、国際法そのものの限度を意識しながらも、国際法の機能し得る範囲を可及的に確保しようとする努力が見受けられる。現実をそのまま追認することも、現実を無視して実行不可能な理想

---

[372] 花井卓蔵「戦時国際法要領」『法学新報』第 4 巻通号 41 号、1894 年、11 頁。
[373] 花井卓蔵「交戦原因論」『法学新報』第 6 巻通号 62 号、1896 年、17 頁。

をそのまま掲げることも、ともに不可能であるなら、残る選択肢はこれしかないだろう。

前述の立場は、藤田隆三郎の論述においても明確に看取される。彼は『万国公法』の「戦時公法の総則」項目の冒頭でこう述べる。

> 両国間に一の葛藤を生し之を調和するには結局兵力に訴へさる可からさるの必要を生するか若くは一国か他国の暴行を受くるに方り之を救正せんには到底暴行を以てせさるへからさるの必要を生するときは茲に始めて交戦なるものを生す[374]。

すなわち、国際法上、紛争解決手段としての戦争と自力救済手段としての戦争は、いずれも認められる。後者の正当性は、裁判機関と執行機関が欠如している国際社会において、被害国が自らの力に頼って自らの権利を保護するしかないということにある。したがって、国際法の為すべきことは、「理論上より言へは其被治者たる各国間の関係は悉く之を網羅するものと見做さるゝものなるを以て従て其如何なる場合に於ては開戦することを得又如何なる場合に於ては開戦することを得さるやを規定せさる可からす[375]」という点にあるのである。

しかしながら、藤田はそれに続いて、そのような理論上の観点を徹底的に実行することの不可能性を指摘する。

> 万国公法上に於ては如何なる事柄か犯罪の所為となり又如何なる犯罪に如何なる制裁を加ふるやは公法の性質上より定む可からさることなれとも其大体のみに付きては之を略定すること難らす則ち他国か故なく一方の国を侵害するの事実あれは其不正の所為なることは万国の認むる所にして又其侵害者を防禦するに兵力に訴ふるの必要あるときは之に向て兵力を使用するは元より至当のことなりと雖も其争論細微に渉りては之れか曲直を定むることは容易の業に非さるへし[376]。

すなわち、大体の方向性として「正戦論」を遵奉すべきではあるが、細部にわたれば要件設定の作業は困難である。なぜそうなった（またはそうならざるを得なかった）のか。藤田は二つの理由を示した。一つ

---

[374] 藤田隆三郎『万国公法』（大阪：岡島寶文館、1891年）、49頁。
[375] 同前注、51頁。
[376] 同前注、52頁。

は、各国の奉じる「主義」も「世論」も相互に食い違うため、各国で意見が統一できないことである[377]。

> 其正理とする所は各国の主義によりて各差異ある者なれは到底一刀両断の主義を以て之か曲直の区域を分劃することは能ふへきの事柄にあらす既に曲直の区域にして判然せされは其開戦す可き相当の理由を定むるは果して何れの国にあるや否やを定むることを得さるや明けし[378]。

もう一つの理由は、理論上の観点は、現実の力関係に直面する際になかなか貫徹され得ないことにある。

> 実際上の現象は強、弱を凌き大、小を圧するの主義行はれて制裁の実行を望む可からさる場合少からさるなり故に如何に開戦の理由を定めたりとて強国にして無名の師を起したるときは弱国は其正当の理由なきを以て之を禁止せんと欲するも其効を奏すること能はさるへし[379]。

こうして、「正戦論」の理論上の意義を堅持しながらも、その実行困難性を認めた結果、戦争は自力救済手段でもあり裁定手段でもある、という結論に到達する。この二つの立場は、藤田の論述においてほぼ同様の比重を持ち、何れか一方を強調したあまり、他方を軽視したわけではない。戦争発動に対する法的規制は、理念と現実との間に徘徊する永遠の問題である。

同じく「二つの立場」の間に徘徊する論者として、秋山雅之介が挙げられる。彼の基本的主張は上記の論者とさほど変わらないが、その理由はやや異なっている。彼によれば、国際法が戦争発動の原因を問わない

---

[377] 同様の主張は、鳩山和夫にも見られる。「邦国間の交際に於て国際公法に違背し他国に害を加ふるか、若くは条約を以て定めたる所の義務を行はさるか、又は条約を以て為す可からずと定めたる所の事柄を行ふ者あるときは被害国は其権利を伸暢し救正を求むるに当り平和の手段に因り其目的を達すること能はざる時は兵力に訴ふるの外なきものとす。……而して如何なる場合に於て他国は我国に対し権利を犯し義務を欠きたるものと認むへきか。又之に対する救正の種類及び方法等を選ふは一に其政府の権内に属するものとす」、鳩山和夫講述『戦時国際公法』（東京：東京専門学校、1897 年）、2–3 頁。すなわち、戦争を開始するには正当な原因を必要とするが、その原因の正不正の認定権はあくまで個別国家に委ねられるが故に、戦争は裁判手段となる。同『万国公法』（東京：東京専門学校、1896 年）、123–124 頁にも同様の論述がある。

[378] 藤田隆三郎『万国公法』（大阪：岡島寶文館、1891 年）、53 頁。

[379] 同前注、53–54 頁。

のは、独立国の権利として、攻撃を行う国も受ける国も同等に戦争権を持つからである[380]。

> 他国の不法行為あるに当り之に対して戦争を開始するは交戦者一方の権利行使なると同時に他の一方に於ても兵力を以て其攻撃を防くは均しく独立国の権利なる[381]。

すなわち、国家が他国から被害を受けたと考えるとき、攻撃戦争を行うことは、独立国として当然持つべき権利である。他方、他国から攻撃された国は、自らを防衛するために武力を以て対抗することも同じく権利である。そうすると、「権利に対抗する権利」という、法的観点からして奇妙な状況が生じる。なぜそれが成り立つのか。

国際社会には権利侵害の有無やその性質と程度、およびそのような侵害に対して果して戦争に訴えるべきか否かを認定する機関が存在せず、しかも「其紛争に関係を有せざる第三国は濫に之に容喙すること能はさる[382]」が故に、各国は自らの認識を以て判断するしかない。しかし、各国の自己判断は公的認定を受けていないが故に、相手国を拘束する力を持っていない。それゆえ、攻撃国の自認する「権利」は、真正なる権利でも確実なる権利でもなく、あくまで一応の「権利」にすぎない。攻撃を受けた国も、それに対して防御する一応の「権利」を持っている。

つまり、秋山は交戦国双方の立場を相対化し、戦争を真正なる権利間の衝突ではなく、二つの一応の「権利」の間の衝突として捉えている。裏返して言えば、公的認定を受けた真の権利に依拠して攻撃を行う国に対して、攻撃を受けた国には防禦する「権利」が存在し得ないが、公的

---

[380] 実際、秋山は様々な角度から原因不問の理由を説明した。そのうち一部の観点は、第二章において紹介した。そのほか、彼は、国際法上は開戦原因を定める規則を設けておらず、そのような規則を設定したとしても、実際に「其原因の当否を判定して法則の執行を保障すへき機関なき」を以て、実行し難いこと、そして、国家の開戦宣言に示された理由は法的判断に有用な手掛かりとならないこと、を指摘している。「宣言中には互に対手国に於て自国の権利を蹂躙し開戦の已むへからさるに至りたることを声言するを常とすと雖も其裏面を窺ふときは却て権利の問題に非すして利害感情の衝突其他諸種の事情より戦争に至りたるもの少からさるに因り単に其宣言のみを見て以て原因の正否を知ること能はさる」、秋山雅之介著『国際公法：戦時』（東京：法政大学、1904 年再版、初版は 1903 年刊行）、20 頁。

[381] 同前注。

[382] 同前注。

認定が行われていない限り、両者とも一応の「権利」を有しているのである。注意すべきは、一応の「権利」といっても、やはり権利でなければならないことである。実は、上の論述に続いて、秋山は「国際公法に於ては単に其戦争を遂行するの方法及行為に付きてのみ交戦者の権利義務を論定すとの原則を誤解速了して国家は如何なる原因にても他国に対して開戦し得へきものと為すこと能はす[383]」と述べ、国家は濫りに戦争を起こしてはならない、と明確に指摘する。なぜなら、明らかに不正な戦争を起こした国家は、「啻に列国間の好誼に反するのみならす国際公法上の義務を無視するものにして」、列国から非難攻撃を招き、自国の威厳および信用を失い、さらに他の諸国の正当な干渉を招く可能性すらあるからである[384]。したがって、侵害が確実に発生した場合に「救済賠償を為さしむる」ため、または発生しそうな場合に自国を「防護せんとする」ためでなければ、戦争という手段を用いてはならないという[385]。

　しかも、確実な侵害が発生しまたは発生しそうなときにおいても、直ちに戦争を起こしてはならない、と秋山は説く。なぜなら、誤解による侵害もあるし、他の手段を以て賠償を得られる場合もあるからである。

> 假令斯る損害を受け若くは之を受けんとするの威迫ありて其威迫は変して加害の行為と為るへき確実なる事情あるに於ても国家は救済賠償を得んか為め直ちに兵力に訴へて戦争を開始するを許さす文明国間の徳義上並に国際公法上の義務として必す先つ成るへく事局を平和的に終了するの手段を執らさるへからす何となれは既に論したる如く複雑にして誤解の生し易き国際関係に於ては一見して他国の悪意又は加害の意思に出てたるか如き行為と雖も詳に観察するときは或は其国の過失に出て若くは其国一小部分又は私人的の行為に止り其国家の意思に非すして加害国は喜ひて其救済賠償の談判に応し得へく被害国も亦其救済賠償を平和的に求めて満足し得へきことあるのみならす假令加害国の故意に出てたる行為に付きても平和的に談判を尽すに於ては戦争の惨状を見るに至らすして紛争国間に於ける確執の氷解し若くは互に譲歩して無事に終局するの利益を収むること少からさるを以てなり[386]。

---

[383] 同前注、21 頁。

[384] 同前注。

[385] 同前注、22 頁。

[386] 同前注、22–23 頁。

このような平和的紛争解決手段の先行性、つまり戦争の「最終手段性」の要請は、戦時国際法上課される制限として、戦争の抑制に一定の役割を果し得る。そのほか、国際条約などによって戦争の発生原因を制限することも可能である、と秋山は考える。彼は、今日の国際法上、戦争は「国際紛議を決する最後の手段と看做されて居ります」と認めた上で、「所で此点に付てもう一歩諸国の傾向は歩を進めかけて居ります、夫れは国際紛議の中でも或種類の紛議は必ず戦争に訴へてはならぬと云ふものを拵へたいと云ふことになって居ります」と指摘している。具体的には、ハーグ平和会議におけるロシア提案を挙げ、郵便電信条約や鉄道条約など十二種の条約に関する紛争、および「政略上に関係ない問題、例えば損害賠償の如き金銭の多少に関する如きものは必ず仲裁裁判に持って行」くべきである、と唱える[387]。

このように、(b)類型に戦争制限意識が存在し、その特徴は、第三者の立場に立つ際の「正当性の不問」と、当事国の立場に立つ際の「正当性の追究」、という「二つの立場」の並存[388]であると言えよう。そこには、国際法の欠陥や国際社会の構造的制約を揺るがし難い現実として受け入れつつ、戦争の発動を可及的に制限しようとする意識が看取される。

但し、前述のように、高橋における「二つの立場」は、花井、藤田、秋山のとやや異なっている。高橋が、戦争開始には法的根拠を要すると主張するのは、自国の公法弁護士としての発言であり[389]、必ずしも一般

---

[387] 秋山雅之介「国際公法の基礎を論して戦争の地位に及ふ(講演)」『法学志林』第6巻通号57号、1904年、62頁。

[388] 以上挙げられた人物以外、(b)類型に属すべき者として、小林松堂が挙げられる。彼は戦争の性質についてこう述べた。「列国間の争議に付ては之を判定する裁判所の設けなく又之を強行するの主権者なきを以て争議若し平和に終局することを得すんは則ち兵力を以て其勝敗を決するの外なけん此兵力に訴ふるの関係之を戦争と云ふ然り而して国家間に於ける戦争は恰も個人に於ける正当防衛権と等しく自国の権利を蹂躙せられ又は利益を損傷せられたる場合に於て其権利の屈辱を伸へ利益の恢復を図るか為め終局手段として兵力を用ゆるものにして即ち国家自衛権の作用に外ならす故に戦争は之を交戦国各自より言へは自衛権の作用にして交戦国全般の上より言へは自衛権の衝突作用となり。」小林松堂「戦争と国際法との関係を論す」『法政新誌』第44号、1901年、37–38頁。

[389] 高橋に対する批判ではないが、国際法学者の公法弁護士としての顔については、同時代の学者が既に指摘している。「日露戦争当時に於ける本問題〔開戦宣言が

理論の次元から出発したものではない。彼の「二つの立場」においては、「正当性の不問」の比重が、「正当性の追究」よりはるかに大きい。それに対して、花井、藤田、秋山の「二つの立場」は、ある国家に忠誠を尽くす国民としての立場と中立的な国際法学者の立場ではなく、終始国際法学者として、当事国の立場と超越的な第三者の立場から同時に思考しているものである。つまり、「二つの立場」といっても、そこにおける「当事国の立場」を、自国に限定するか不特定な一国を指すかに分かれる。しかも、「正当性の不問」に傾く高橋と比べれば、花井、藤田、秋山の場合は、「二つの立場」の間でほぼ均衡が取れている。戦争制限意識の強さから言えば、花井、藤田、秋山は、後ほど紹介する（c）類型に近く、高橋は（a）類型に近い。

3.2.2. 法的枠外派との比較

前述のように、（b）類型に共通する特徴は、「二つの立場」の混在にある。そのうち、第三者の立場に立つ際、戦争を裁定手段とみなし、正当性の不問を唱えることは、（a）類型に似ているように見える。実際、（b）類型の言う裁定手段も、紛争解決手段の一種であり、戦争を国家紳士間の決闘として捉え、一応の妥当性を持つ法的主張の間の対立を裁断する任務を戦争に任せる。そうであれば、結局力の支配を肯定しかねない。その法的帰結を見る限り、両者には大差がない。しかも、全体的に言えば、（a）類型も（b）類型も、戦争の発動自体を抑制するよりも、

必要か否か〕に関する学者の論戦は学者としての議論と云はんよりは寧ろ公法弁護士の国家弁護論と評するを適切とせすんはあらす」、蜷川新「戦争論」『国際法雑誌』第5巻8号、1907年、32頁。なお日露戦争の際に、開戦宣言が必要か否かをめぐって、日露両国学者の間で激しい論争が繰り広げられた。露国のマルテンスは平素の理論において宣言不要論を唱えたが、日露戦争の際、日本の無宣言開戦に対して猛烈な批判を行った。それに対して、中村、千賀、高橋、有賀、寺尾はいずれもマルテンスの学説を引きながら、その「二つの顔」を摘発した。興味深いことに、「学者は公平の意見を述ふへきてあるか国民てあるからして矢張り国民と云ふ感情から支配されたものと見えて」（寺尾亨「時局に付て」『法学新報』第14巻6号、1904年、4頁）とマルテンス批判を展開した寺尾は、自らの平素の理論において宣言必要論を説いた（寺尾亨述『国際公法（戦時の部）』（東京：日本法律学校、1901年）、23–25頁）が、日露戦争の際、宣言不要論に一転した（「日露戦争開始の時期を問ふ」『法学志林』第6巻通号55号、1904年、60–70頁）。

むしろ決闘のマナーを公正化する「戦争における正義」にコミットしている。しかし、少なくとも以下の三点において、（b）類型は（a）類型と区別される。

第一に、戦争権の根拠付けから見れば、（b）類型の言う裁定手段は、（a）類型の理解する紛争解決手段とは似て非なるものである。（b）類型によれば、戦争開始の権利は絶対的な国家主権のコロラリーではなく、あくまで国際法によって制限されるべきものである。つまり、単純な利害や一時的感情のための戦争や、明らかに妥当根拠を持たない戦争は国際法上許されない。戦争の発動は、国家の主権的自由に依るものではなく、当事国が国際法上の権利義務関係に関して相互間の見解が食い違い、権利の所在が不明確となった場合に限定される。平時国際法上の根拠なしに戦争が発動され得ないが故に、当事国は戦争を起こそうとするとき、自国の主張を支える平時国際法上の一応の根拠を明確に示さなければならない。戦争の発動が法的枠組によって制限される以上、自国本位の好都合な議論の余地はあるにしても、国際法を恣意的に解釈・変更することが困難であるから、その限りにおいて「正しい戦争」の観念が看取される。こうして、同じく紛争解決手段として戦争を位置づけるにしても、「平時」と「戦時」の関係を連続的に捉え、戦争の発動を平時国際法上の権利義務関係に根拠づけようとする点において、（b）類型は、（a）類型と異なるのである。

第二に、（a）類型は、絶対的な国家主権概念に依拠し、「国民の発達を図る」ための戦争を積極的に肯定している。そのような理由づけは、交戦国双方にとって成立し得るが故に、「他人を攻撃するの論鋒を以て己れを弁護せんとす」ることができず、自国の正当性を根拠づけると同時に、相手国の正当性も認めざるを得ない。その際、国際法は開戦理由の正不正を判断する機能をほぼ全面的に失う。この「両方正当」の（a）類型と異なり、（b）類型は、当事者の立場に立つとき、「一方正当」しか許容されないとする。国益に対抗できる国益は存在するが、権利に対抗する権利なるものは存在し得ない。したがって、開戦の際、当事国は、自国のみの正当性を証明するために、両立不可能の法的権利をその根拠として示さなければならない。この場合、国際法は機能し得る。ただ、前述のように、法的権利といっても、一応の「権利」を示せば足りるが故に、国際法の規制機能はかなり制限されている。他方、（b）類型は第三者の立場に立つとき、正当性の不問を原則とするものの、明らか

に口実しか持たない戦争は違法とするが故に、その限りにおいて、国際法は機能し得る。つまり、第三者の立場に立つときでさえ、国際法は絶対的な相対主義を取らず、ある限度を持つ相対主義の立場を取るのである。

　第三に、積極的に戦争の正当性を確立しようとする（a）類型と違い、（b）類型はやむを得ず戦争を認める立場を取っている。（a）類型は、強者ないし優者の支配を倫理的に礼賛し、「力こそ正義」と考えるのに対して、（b）類型は、力関係に規定された現実を冷徹に認識しながらも、正義への理想的追求を放棄していない。「正義は力に過ぎない」というシニシズムの姿を見せないとは言えないが、力の論理を規範的に合理化する偽善者でもなく、力の論理に黙従する諦観者でもない。とくに花井、藤田、秋山のような均衡の取れた「二つの立場」には、ありのままの現実を受け止めながら、それを相対化する力が潜んでいるように思われる。

　このように、「二つの立場」を特徴とする（b）類型には、「正しい戦争」の観念を看取することは可能であるのみならず、ときには比較的強い戦争制限意識が見受けられると思われる。

第三節　執行手段派——（c）類型

3.3.1.　執行手段派の根拠づけ

　（c）類型に共通する特徴は、戦争が正しく発動され得る場合を、平時国際法上の正当な権利を主張する場合に限定し、戦争を違法行為への対応として、法を執行する手続と見なすことである。これは、三類型のうち、戦争制限意識が最も鮮明に体現された型である。

　前述のように、（a）類型は、戦争という手段を以て国益を追求する交戦国双方の行動をともに正当とする。（b）類型は、当事国の立場に立つ場合、戦争の発動が法的権利に根拠づけられることを要求するが、第三者の立場からは、基本的に戦争そのものを権利の所在を認定・究明する手段と見なし、交戦国の主張の正不正をあらかじめ裁定しないとする。権利の中身が戦争の結果によって決定されるが故に、戦争は権利の裁定手段であり執行手段でもあり、終戦にならないと双方の正当性が問われないことになる。（c）類型は、当事国に対して戦争発動の法的根拠を要求する点において、（b）類型と似ているように見えるが、実際似て非で

ある。なぜなら、（c）類型は、権利の認定と権利の執行を区別し、戦争を、既に究明され確立された法的権利を執行する手段と見なし、終始一方のみが正当であり得るとするからである。単純化のそしりを恐れずに言えば、（a）類型の追求するものは、国家間の力関係に相応する力の「正義」であり、（b）類型の追求するものは、力の勝負で決定された法的「正義」である。それに対して、（c）類型の目標は、法的基準で究明された実質的正義の力による実現であるといってよかろう。

　（c）類型の代表者として、専門国際法学者からは、寺尾亨と千賀鶴太郎が挙げられ、広義国際法学者からは大野若三郎、蜷川新などが挙げられる。

　第二章で述べたように、寺尾亨は、「手放しの戦争賛美論」を唱える「戦争哲学」に対して、否定的な態度を鮮明に表している[390]。彼は、生存競争、弱肉強食を讃える社会ダーウィニズム、戦争神意説、戦争美学観、愛国心促進説、徳義心刺激説などの「戦争哲学」上の主張を逐一反駁し、「要するに所謂戦争論は一種の奇論にして学理上真面目なるものに非す唯今日の国際社会には事実上戦争なるもの存在して未た之を排斥する方法無しと謂ふを以て至当の言なりとす[391]」と説く。

　その前提の下で、彼は、国際法上の正しい戦争たりうる条件を設定する。第一に、正しい戦争を発動するには、国際法上の権利侵害を前提としなければならない。

> 戦争は今日国際法の上より見るときは権利の主張、恢復若くは防衛の為めに之を為すものなり権利の主張とは一国の権利他国に無視せられたるとき他国をして之を承認せしめんとする場合に付て云ひ権利の恢復とは一国の権利他国の為めに侵害せられたるとき之か回復、救済を求むる場合に付て云ひ又権利の防衛とは一国の権利他国の為めに将に侵害せられんとするとき之か防衛を為す場合に付て云ふものにして其主張と云ひ恢復と云ひ防衛と云ふは唯た其時機を異にしたる総ての場合を包含せしめんか為め其呼称を附したるに過きすして何れか権利を根拠とせさるはなし故に戦争は国家の権利に基くものなりと云ふことを得へし[392]。

---

[390] 前掲注（234）参照。

[391] 寺尾亨「戦争と国際法」『法学協会雑誌』第25巻11号、1907年、1564頁。

[392] 寺尾亨「戦争は権利に基くや」『法学志林』第28号、1902年、55頁。

　　　戦争をなすには常に権利の侵害なるへからす此侵害に対して直ち
　　　に之を防ぐ場合もあり或は既に侵されたる権利の恢復を務むる場合
　　　もあり[393]。

　すなわち、「戦争は個人の正当防衛の権利を行ふと同じく国家の権利
を保護するものなり[394]」、「確実の権利」を主張、恢復、防衛するため
の戦争のみが国際法上許される。他国の侵害行為から自国を防衛するこ
とは正当な行動であり、侵害され、またはされようとする権利を保護
し、損害回復を強制できる公的機関が国際社会において確立されない限
り、国家は自力救済手段として戦争を用いることが許容される。したが
って、「戦争は権利関係であ[395]」り、国家権利の「正当防衛」こそ、戦
争の正当理由である。ここには「正しい戦争」観念が明確に見受けられ
る。ただ注意すべきは、権利侵害が既に発生したものに限らず、「将に
侵害せられんとする」場合も含むことである。つまり、予防戦争を法理
上正当なものと見なすのである。これは寺尾特有の見解ではなく、当時
一般的であり、寺尾もその例外ではなかった[396]。

　一方、「正式に宣戦をなしたること又は戦争中に能く戦時法を遵守せ
ること等にして外形的に戦争か正式に適へるや否やを云ふ」という意味
での「正戦」もあるが、それは正規戦争と不正規戦争という形式的区別
であり、実質的な正当性基準を以て戦争の正不正を判断することとは次
元を異にする、と寺尾は指摘している[397]。

　上記の実質的な正当戦争論に対しては、様々な反論が予想される。例
えば、国家が私利のために行った戦争も常に権利防衛を口実とする、国
際関係は錯綜しており、国家とその国民は常に自分側の正当性を信じ込
む、戦争を起こすのは何れも国家が危急存亡に瀕する場合であり、その
際原因の正不正を顧みるに違ない、などである。これらの反論に対し
て、寺尾は「実際上戦争の正不正を区別するは甚く困難なれとも戦争自
体に付て判別し難きにあらす[398]」と説く。なぜなら、権利侵害に対する

---

[393] 寺尾亨述『国際公法（戦時の部）』（東京：日本法律学校、1901 年）、16 頁。

[394] 寺尾亨述『国際公法（戦時の部）』（東京：日本法律学校、1901 年）、6 頁。

[395] 寺尾亨「国際法と戦争及平和」『日本法政新誌』第 11 巻 13 号、1907 年、20–21
頁。

[396] 第四章参照。

[397] 同前注、14 頁。

[398] 同前注、15 頁。

「正当防衛」としての戦争のみが正当であるとするなら、ある国家行為が「権利侵害に対する防禦」であるか否かを判断することは、それほど困難なことではないからである。

> 国家は共存の為めに交際し為めに国際間に義務を生せり其義務を守りしものは正当にして之を破りたるものは不正なり之を実地に適用すれは正義の為めに戦争を企てたる場合は正当にして其名正し何となれは戦争は防禦を主とす戦争の意義に於て然る以上は戦争は確実の権利を防禦する場合に於て正当なるへし換言すれは相互の義務を破りたる場合に之を防衛するは正当なり[399]。

もっとも、ある国家の行動が「権利侵害に対する防禦」であるか否かが、いったい誰によって、どのように判断されるのか。それについて、寺尾はそれ以上説明していない。ただ万国歴史を持ち出し、不正な戦争が必ず「最後の審判」を受けるだろうと説く。

> 〔不正な戦争を起こした国は〕、縦令一時其強力を頼み他を圧服するも万国史は其行為の不正なることを明記するか故に後年必す其不正行為に対して復仇を蒙らん豈に慎まさるへけんや[400]。

> 歴史上の事実として、強者の権利にして、世論を瞞着し相手方の反対を止め、一時不正を逞ふすることあり。また世論も往々その方針を誤ることあり。然れども、国家は永久なり。この不正が数十年は押し通し得るも、永久に之を瞞着することができない。加えて、万国歴史は其理非を定めるなり[401]。

万国歴史という判断基準は、確かに高遠な視点である。「最後の審判」の来る時期は遅いかもしれないが、それが必ず来ると信じさえすれば、戦争の発動に多少とも規制機能を果たし得るだろうと彼は考える。しかし、数十年後に戦争の「真の理由」が究明できることは、（a）類型の論者さえ認めている。問題は、戦争開始の時点において万国歴史の審判効果が現れるのはほとんど期待できないことである。それについて、（a）類型の遠藤はこう述べる。

> 国家間には其の主張の当否を裁定する機関なきか故に戦争の理由の正否を判知すること能はさるのみならす其の真の理由は数年又は数十年後に至り関係文書の発表又は当事者の告白に依りて始めて明白

---

[399] 同前注、15頁。

[400] 同前注、19–20頁。

[401] 寺尾亨講述『国際公法（謄写版）』（出版地不明：庚子攻法会、1902年）、12丁裏。

となるも其の当時に在りては局外者の窺ひ知ること能はさるものに
属す[402]。

実は、寺尾自身も「実際に於て此条件は効用をなさゝること多し」と
その限界を認めている。しかし他方、「然れとも理論上条件を要すとす
るは多少の実益あるのみならす少くとも戦争を為すの名分とせさるへか
らす」とし、正しい戦争の条件設定作業そのものの意義をむしろ強調し
ている[403]。すなわち、適用上の困難性にもかかわらず、実践上の「実
益」を多少持っているし、戦争の「名分」を定めること自体はそれなり
の意義を持つとするのである。

実践上の「実益」は何かといえば、第三国の視点を考慮に入れれば、
不正な戦争を起こす側が現実において不利益を蒙り得るが故に、このよ
うな利益上の計算が不正な戦争を起こそうとする国に対して一定の規制
作用を果たすことが期待される。これは前述のブルンチュリーの見解を
ほぼ踏襲したものである[404]。

> 戦争か正当なるときは国人の勇気を発揮せしむるのみならす国際間
> に生する利益あり即ち他国か同情を表して兵力を貸與することあり
> 以て容易に同盟を為し得へし既に同盟国なるときは不正の戦争にも
> 加担せさるへからさる場合あれとも其名正しからされは兵気決して
> 振ふものにあらす故に些細なる口実にても存せるときは直に其盟約
> は破れん又局外者より見るも無名の戦を為す国に対しては悪感情を

---

[402] 遠藤源六著『国際法要論：戦時（増補第 2 版）』（東京：清水書店、1910 年、初
版は 1908 年刊行）、601–602 頁。

[403] 寺尾亨述『国際公法（戦時の部）』（東京：日本法律学校、1901 年）、17 頁。

[404] 前掲注（234）で述べたように、寺尾は自らの講義録の中で、ブルンチュリーとモ
ルトケ将軍の論争内容を紹介した。彼の要約によれば、ブルンチュリーは「人は
権利を有すと〆ふ観念よりして其己れに正当なる権利あり此権利を維持防衛する
か為めに兵力に訴へ之か為めに国民全力を傾け生命財産をも犠牲に供し専心一意
勝利を欲す然も其兵力を用ゆるときに当りては名分を重せさる可らず其名正しか
らされば士気振わず且つ正気の戦は世論の助を得且つ他の列国の同情を引くを得
へし之れに反して不正の戦争は正反対の結果を来し列国をして敵意を生せしむべ
し故に世の暴力を用ゆるかために法律の関係なしと云ふ可らず即ち法律の関係た
る権利なる関係か世に大関係を有し然かも法律か亦必要なる所以なり」と説
いた。寺尾亨講述『国際公法（謄写版）』（出版地不明：庚子攻法会、1902
年）、7 丁表。

　　有し或は義侠に訴へ世論をして之を非認せしむへし若し其不正と認
　　めらるゝときは他日其国家の行為に付て或反動を蒙むるへく……[405]。

　そして、戦争を開始するにあたって、開戦宣言を公布する必要がない
との意見に対して、寺尾は、戦争理由の「多くは虚詐に出つるを免れ
す」と認める一方、やはり宣言書の公布が必要であり、かつそこに正当
な理由を付さなければならないと説く。なぜなら、「一は列国に対して
戦争をなすたる通知なること二には権利を重することを明かにするか故
に国際法上より云へは全くの空文にあらす」、「戦争は正当の理由なけ
れは士気振はす従て勝利覚束なく且つ第三国の同情を得されはなり」か
らである[406]。

　第三国の反応に対する敏感な意識は、前述の（a）類型の有賀も持って
いる。しかも、自分の見解こそ国際社会の共通認識であると考える点に
おいて、寺尾と有賀は共通している。しかし、国際社会の共通意識とは
何か、つまり諸国の目から見れば、如何なる戦争が正当で、如何なる戦
争が不正なのかに関して、寺尾と有賀はその認識を異にしている。有賀
によれば、「世界各国の眼より見て萬止むを得さる事情ある場合に於て
始めて戦争は起るものと断言するを得へく[407]」、いわゆる「萬止むを得
さる事情」とは、平和的手段を以て解決できない「国益の衝突」が生じ
る場合である。それに対して、寺尾は、「如何なる場合の戦争を以て正
当なりと目すへきや其正当たる場合は自国の権利を主張するか為め為す
所の戦争にして其他の戦争は不正当のものたること今日学者の定論とす
る所にして[408]」と説く。そして、共通意識の中身に関して相違があるの
みならず、彼等の認識の前提となるものも、必ずしも同様ではない。有
賀は、第三国とりわけ欧米強国からの干渉を危惧し、若しくは彼等の支
持を得るために、常に緊張感を以て他者の視線を意識しているのに対し
て、寺尾は、不正な戦争を起こそうとする国家の行動を制限するため
に、高邁な正義観を国際社会に向けて熱っぽく訴えていたように思われ
る。

---

[405]　寺尾亨述『国際公法（戦時の部）』（東京：日本法律学校、1901 年）、19 頁。

[406]　同前注、24–25 頁。

[407]　有賀長雄『戦時国際公法（上巻）』（東京：早稲田大学出版部、1904 年）、1–2
　　頁。

[408]　寺尾亨「戦争に就て」『法学志林』第 6 巻通号 55 号、1904 年、40–41 頁。

　そして、第三国のみならず、敵国の受け止め方を考慮に入れれば、戦争の結果を永続させるためにも、戦争は「法律関係の権利」に依拠しなければならない。その点に関して、寺尾はルソー（Jean-Jacques Rousseau（1712–1778））の『社会契約論』第一編第三章を引きながら、こう述べる。

> ルーソー氏曰く二ヶの国家の内にて其力強くして勝を制したるものは其暴力を正当の権利となし敵の屈服を純然たる義務と為すにあらされば其戦に付きて満足をなすに足らずと又曰く戦争の結果として生したる事柄か永続するは其固有の権利を発したる場合に限ると之を要するにルーソー氏の言は法律関係の権利は戦争をなす理由に付きても又其結果に付きても常に必要なりと云ふにあり[409]。

　これらの「実益」は、国家が理性的存在たる以上、国益の現実的計算をする際に考慮しなくてはならない要素であり、その限りにおいて、恣意的な戦争発動に何らかの制限効果を果たすことが期待できる。

　以上のような利害損得以外、正しい戦争たりうる条件、つまり戦争の「名分」を設定する作業自体も、一定の規制機能を果たせると考えられる。過去において「正当なる名分」と承認されたものは、今日もはや許されない場合がある。例えば、土地侵略を目的としあるいは宗教を名とする戦争、そして勢力均衡を維持する名義下の戦争、内政干渉の戦争、商業的競争を保護するための戦争などの「純然たる政略的の戦争」は、今日において正当と見なされない。現在は「正当即ち権利の侵害に対して起すものゝ外戦争を為すことを得すとするを以て至当なりとす[410]」る。とはいえ、戦争の「名分」は実際においてしばしば濫用される。それゆえ、国家の開戦理由は常に批判的な目で見なければならない。他方、「名分」を装った開戦理由から抽出し得るのは、少なくとも何らかの正当性なしに戦争を遂行できないという意識である。そのような意識が、合法性の形式の下で一般的な共通意識となれば、それなりの規制力を持つことが期待される、と寺尾は考えていたように思われる。

　興味深いことに、寺尾は、戦争の正当理由を国家権利の「正当防衛」に限定しながら、権利侵害を受ける「国家」は、自国に限らず他国も含むと説く。

---

[409]　寺尾亨講述『国際公法（謄写版）』（出版地不明：庚子攻法会、1902 年）、7 丁表–7 丁裏。
[410]　寺尾亨述『国際公法（戦時の部）』（東京：日本法律学校、1901 年）、17 頁。

　　此条件にして具はれる以上は他国か侵害せられたる場合たりとも自
　　ら戦争を起し得へし何となれは戦争は個人間の正当防衛と同し而し
　　て正当防衛に際し他人の為めに其権利を執行し得へきか如く国際間
　　には各国連帯なる点より戦争を起し得へく若し一国の専横に放任し
　　て濫りに他国の権利の侵害をなさしむるときは他日己れも亦其侵害
　　を蒙むるか如きことなしとせされはなり[411]。

　すなわち、国際社会において権利侵害が起る場合、侵害を受けた当事
者のみならず、他の国家も、侵害者の専横を抑圧するために進んで干渉
戦争を起こし得る。実際、寺尾はその講義録において「義侠心」、「公
平心」、「敵愾心」などの言葉を繰り返し用いて、国家間の連帯意識に
基づく高尚なる干渉を称賛している。彼は高邁な正義観念をその国際法
理論に貫こうとする。しかも、他国を助ける義務は、単なる漠然たる正
義感に根ざすものではなく、法理上の根拠も持つと寺尾は考える。

　　上に政府ありて一定の制裁力を有する国内刑法上に於てすら自己の
　　生命財産に不法の攻撃を加へられたる場合は勿論他人の身体財産を
　　害せられたる場合に於ても正当防衛権を認めらる況んや各国家の上
　　には政府なく之に制裁を加ふること能はさるを以て国際法上の正当
　　防衛権は最も広義に解し隣国に対する危害も自国の生存を害せられ
　　たるものと看做して之を防衛するの権利を認めさるへからす[412]。

　すなわち、個人の権利を保護する公権力を具備する国内社会において
も他人のための正当防衛が許容される以上、そのような公権力を備えて
おらず、法の維持のために自力救済に頼るほかない国際社会において
は、正当防衛の行使範囲が一層広範に捉えられるべきである、と寺尾は
考える。これは、国内社会と国際社会の構造的差異を認識した上で為さ
れた結論であり、論理上それなりの説得力がある。しかし、後述するよ
うに、その理論が現実の政策に適用されるとき、破綻が生ずる。

　正しい戦争たりうる第二の条件は、戦争は、「他の手段を用ふるも其
功なかりしとき或は他の手段を用ふることを得さりしとき或は他の手段
を採るときは其国を亡ほさるゝに至る危険あるとき等に於て初めて採る
へき手段なり[413]」、つまり「最終手段」でなければならない、というこ

411　同前注、16 頁。
412　寺尾亨「戦争に就て」『法学志林』第 6 巻通号 55 号、1904 年、40–41 頁。
413　寺尾亨述『国際公法（戦時の部）』（東京：日本法律学校、1901 年）、17–18
　　頁。

とである。この制限要件には、前述のように、多くの学者が言及した。しかし、ここで寺尾は再び正当防衛権の広義的解釈に言及する。

> 個人の正当防衛は必要不得已際に行はれ戦争は不得己国運に際し採用せらる然れとも戦争は個人の正当防衛と異なりて最終と云ふ意義を広義に解せさるへからす[414]。

なぜ国家の正当防衛権の「最終手段性」を「広義に解せさる可らず」なのか。寺尾は二つの理由を挙げる。一つは、「個人の上には裁判所ありて多くの場合に其権利の侵害を恢復し得るか故に可成狭義に解すへきも国家の上には裁判所なく自己の兵力に訴へ自己之を裁判すれはなり[415]」ということである。すなわち、国際社会には権利侵害を回復する裁判所が存在しないが故に、国家はすべての平和手段が尽くされるのを待たずに、自ら進んで兵力に訴え、戦争を以て裁判とすることができる。実際、寺尾は他の場において、「国際間の戦争は個人間に於ける訴訟の如く」、「一旦訴訟終局するときは其訴訟の目的たりし真正の権利は何れかの一方即ち勝者に確定するものなり[416]」と説く。これは、前述の（b）類型と同様に戦争の裁判機能を認めた主張であり、正しい戦争の観念を一貫して熱っぽく語る寺尾の理論における不協和音である。彼の理論を整合的に解釈しようとするなら、戦争を国家による法執行手段（＝自力救済手段）と位置付ける一方、権利義務の所在と戦争の結果との予定調和を前提する他ない。そうしてはじめて、戦争の裁判機能と執行機能が合一されることになろう。

　もう一つの理由は、「個人間に於ては不正行為に対して可成之を避くるも敢て不名誉にあらさるも国際間に於ては不名誉なるか故に容易に之を避くるを得す而して之に対して国際談判を開くか如きは一歩譲りたるものにして大に一国の勢力に関するを以て尚之より以上譲歩するの余地なかるへし[417]」である。すなわち、国家は個人と異なり、正当防衛を行うべき場合に譲歩してしまえば、国際社会において不名誉を蒙ることになる。それゆえ、正当防衛の必要性が生じる場合、最終段階に至らなくても、戦争が発動され得るのである。この主張は、前述の（a）類型にも共通する。例えば遠藤は、「顧ふに一個人の間に於ては、権利の侵害を

---

[414] 同前注、18頁。

[415] 同前注、18頁。

[416] 寺尾亨「戦争は権利に基くや」『法学志林』第28号、1902年、57頁。

[417] 寺尾亨述『国際公法（戦時の部）』（東京：日本法律学校、1901年）、18頁。

受けても、多くの場合に於ては、他日之を回復するの道がある。……然るに国家に至っては大いに之と趣を異にして、一度外国に屈従すれば、国威の宣揚・国権の回復は決して容易の事ではない[418]」と述べる。その文言を見る限り、遠藤の論理は寺尾と共通するように見える。しかし、寺尾は自らの理論根拠を国家主権の絶対性に置いていない。彼は、強烈な正義感と名誉心の持ち主であるが故に正しい戦争の発動要件の緩和を主張するに至ったのではないか。その限りにおいて、寺尾の論理は遠藤と一線を画する。もっとも、主観的動機はともあれ、「最終手段性」の広義的解釈は、後述する日露戦争の際に危険な帰結をもたらすことになった。

　正しい戦争たりうる第三の条件は、「戦争は其目的としたる権利の恢復を得るか又は恢復を得ることの確実なりしとき直ちに之れを中止せさるへからす之れ戦争は其目的を達するに必要なる行為に伴ふへき条件なり[419]」ということである。これは武力行使の限度に関する戦争法上の制限である。戦争の目的を達成するために必要な武力行使が認められるが、その度を超えれば反って不正となる。その点において、寺尾の論述は前述の有賀の「文明戦争」原則[420]と類似する。しかし、両者の考える「戦争の目的」は異なっている。有賀によれば、戦争の目的は「国民の発達を図る」ことにあるが、寺尾によれば、戦争の目的は「権利の正当防衛」にある。「権利の正当防衛」は国際法の基準によって枠付けられるのに対して、「国民の発達」は一定の限度を有しない。したがって、同じく武力行使の限度を説くものの，有賀に比べて、寺尾の主張における制限意識ははるかに高いと言えよう。

　また、武力行使限度をめぐる戦争法上の制限に関して、寺尾の主張は（b）類型とも対照をなしている。前述のように、（b）類型には、*jus in bello* の次元における差別適用を危惧するが故に、*jus ad bellum* の次元における正当性の不問を主張する者がいる。しかし、寺尾は、*jus ad bellum* の次元における正当性を追究すべきであると説く一方、それが *jus in bello* の次元における差別適用をもたらすべきであると唱えていない。*jus in bello* と *jus ad bellum* を連続的に捉える（b）類型と異なり、寺尾は、両者を相互に独立した範疇として捉え、交戦国間における戦争法の適用は

---

[418] 遠藤源六著『軍国講話：戦争と国際法』（東京：読書会、1914 年）、3–4 頁。
[419] 寺尾亨述『国際公法（戦時の部）』（東京：日本法律学校、1901 年）、18 頁。
[420] 前掲注（344）参照。

戦争原因の差別化によって影響されるものではない、と考える。そうすれば、戦争の発動そのものを制限することと、いったん開始した戦争に対して戦争法規の平等適用に基づいてその害悪を減少することの「二重制限」が成り立つのである。

さらに、*jus ad bellum* の法規制よりも、*jus in bello* の法規制のあり方にコミットする（a）（b）類型と異なり、寺尾は後者の重要性を認識する一方、それがけっして国際法の「最後の目的」ではないと明確に指摘している。

> 成程国際法の目的からして戦争と云ふものは決して正しいものでは無い、無い方が宜しいけれども、事実上存在して居る今日の此の世界の国際社会の有様では止むることは出来ない、一時止めることも余程困難であるからして少しく害悪を多くしまい、成べく多く害悪を減少して行かう、人道に違ふやうなことをしないやうに寧ろ其間に規則を立てて行かうと云ふ意味から此の戦時法なるものが出来たのである、畢竟戦争は権利関係であるから、法律関係から来るのであるから戦争に法律と云ふものがあっても決して相容れないものでないと云ふ説明をすることになって居るのである、併し是は国際法の最後の目的から云ふならば決して戦時法と云ふやうな此の戦争の規則を作るのが国際法の目的でない、併し止むを得ない今日の世界の状態であるから其の中に規則を入れるに過ぎないのである[421]。

すなわち、国際法が戦争に対して取るべき態度は、戦争の倫理的批判に止まるべきではない。また、国際法学者の任務は、仲裁をはじめとする国際紛争の平和的解決を図る諸制度の整備、および一旦戦争が発生した場合、中立国の義務や戦争人道化の諸制度の整備に限局されるべきではない。厳重なる現実的制限にもかかわらず、戦争発動に対する法的規制を断念するどころか、むしろその必要性と重要性を一層重視すべきである、と寺尾は繰り返し強調している[422]。ここには「正しい戦争」の観念が鮮明に表れている。

注意すべきは、寺尾は絶対平和主義者ではないことである。「元来国際法の目的は国内法の一国社会に於けるが如く一切の暴力其他不正行為

---

[421] 寺尾亨「国際法と戦争及平和」『日本法政新誌』第 11 巻 13 号、1907 年、20–21 頁。

[422] 寺尾亨「国際法の将来（講演）」『法学志林』第 34 号、1902 年、28–52 頁；寺尾亨「国際法と戦争及平和（下）」『日本法政新誌』第 11 巻 13 号、1907 年、11–26 頁など。

の鎮圧、匡正にある[423]」のであり、戦争の廃止は理想として確かに望ましい。しかしながら、国内社会においてさえ暴力が正義を蹂躙することがあり、国際社会において法が実力に代わって完全に支配することは、近い将来に期待できない、と彼は考える[424]。「法律は秩序の維持を以て目的と為すと雖も秩序は法律に依りて絶対的に維持せらるゝものに非す国際法は国家社会の秩序維持を目的と為すと雖も今日の国際社会に戦争の存在する亦已むを得さる所なり[425]」。したがって、「今日も尚ほ事実上戦争を廃止せさるなり否之を全く廃止すること殆んと不能たり果して然らんか或場合に於ては戦争を為すこと固より必要なり又必要たる以上は其正当たるを認め得へきものとす[426]」る。すなわち、戦争の廃止は、国際社会の公権力が完備し、社会の名において違法者に対して強制を加える権限と事実上の武力を有する制度の下においてのみ可能である。法の維持のために原則として自力救済に頼るしかない国際社会の現状の下で、戦争の存在は法理上正当化される。とはいえ、戦争は相手国の権利への重大な侵害を伴うが故に、本来違法行為たるべき性質を有する。ただ、より高き法的原則、すなわち法の維持と平和の実現という必要によってその違法性が阻却され得る。したがって、その発動要件も行使方法も国際法上の規定に従わなければならないと彼は考える[427]。

---

[423] 寺尾亨「国際法研究の必要」『国際法雑誌』第1巻1号、1902年、3頁。

[424] 寺尾亨「国際法の将来（講演）」『法学志林』第34号、1902年、28–52頁。但し、国際法の現状は改善さるべきものであり、改善され得るものであると寺尾は信じている。「然るに同一の目的に対して国内法は其目的を達しつゝあるに拘らず、国際法が未だ其目的を達し能はさる所以は、一は国際社会の組織一国社会の組織に比して鞏固ならざると、一は国際法の発達国内法に及ばざるとに因らずんばあらず。前二者の改良進歩如何に依り其目的を遂行すること必しも不可能にはあらざらん」、寺尾亨「平和と国際法」大日本平和協会編『平和論集』（東京：大日本平和協会、1911年）、4–5頁。同様の論旨は、「平和と国際法」『国際法雑誌』第6巻3号、1907年、1頁参照。

[425] 寺尾亨「戦争と国際法」『法学協会雑誌』第25巻11号、1907年、1565頁。

[426] 寺尾亨「戦争に就て」『法学志林』第6巻通号55号、1904年、40頁。

[427] 類似する見解は、飯田寛助、高原仲治にも見られる。「国家の上に位する権力なきを以て暴力も反て権利救済の手段として必要なるものなり暴力其者は決して国際法に違反することなし唯国際法に定めたる制限を遵守せざるときは始めて不正たるを免れす」、飯田寛助、高原仲治編、鳩山和夫閲『通俗戦時国際公法』（東京：東光館、1904年）、1–2頁。但し、飯田＝高原は、権利救済手段としての戦

では、寺尾における「正しい戦争」観念を支えるものは何か。それは、国際法の目的に関する彼の認識にかかっている。

> 凡そ法律の目的は人類社会の安寧秩序を維持する者なるが故に、国内法は一国社会の暴力を排除して其秩序を立つ可く、国際法は国際社会の暴力を排除して之れが秩序を立つべきものなり。秩序の維持暴力の排除即ち平和の意に外ならず。故に平和は法律の目的にして、国内法は一国社会の平和を維持し、国際法は国際社会の平和を維持するものなるや明なり[428]。

> 国際法の最後の目的は即ち平和である、……戦争は止むを得ず存在して居るからは其の間に成べく害悪を少くしようと云ふのであって、其の目的は平和にあると云ふのが国際法の主眼とすると云ふことを述ぶるに止めて置きます[429]。

国際社会の平和維持が国際法の目的であることは、今日では共通の理解である。しかし、当時においては必ずしもそうではなかった。前述の（a）類型は、個別国家の利益追求を最優先にしている。（b）類型は、個別国家の利益実現と、国際社会の秩序維持の両方を考慮に入れたが、主に戦争を通して新たな法律関係を設定し、一時的に不安定となった国家間関係を再安定化する機能を期待している。そこには、力の闘争による法の「維持」と「変更」という二種の契機がともに含まれる。それらと異なり、（c）類型は、国際連帯意識に基づく共同体の存在を想定し、国際社会の秩序維持を最終目標とする。戦争を制限することは固より法的秩序を維持するためであるが、戦争を遂行することも一度破壊された法秩序の回復および国際社会の平和維持のためである。すなわち、三類型はいずれも戦争という力の使用を認めているが、力が利己的目的のために行使されるか、一層上位の価値の実現のための手段として行使されるかによって、三類型の立場は分かれるのである。

寺尾と同じく、千賀鶴太郎も戦争を権利の執行手段として捉える。彼はこう述べる。

争は本来違法行為ではないが、国際法上の規定に反してはじめて違法行為となるとする。

[428] 寺尾亨「平和と国際法」大日本平和協会編『平和論集』（東京：大日本平和協会、1911 年）、4 頁。同様の論旨は、「平和と国際法」『国際法雑誌』第 6 巻 3 号、1907 年、1 頁参照。

[429] 寺尾亨「国際法と戦争及平和」『日本法政新誌』第 11 巻 13 号、1907 年、25–26 頁。

> 法理上正当なる理由ありて自力の執行として開戦するものに限り之
> を正当なる戦（Gerechte Kriege; guerre juste; lawful war）と看做すへ
> し即ち戦争は法理上に於ては自国の権利の保護若くは正当なる干渉
> の為めに非さるよりは之を開始すへからす故に純粋に政略上より之
> を開始する時は之を不正なる戦（Ungerechte Kriege; guerre unjust;
> unlawful war）と謂はさるを得す[430]。

　前述のように、千賀は、国際法体系を実体法と手続法に二分し、戦争
を実体法上の権利義務を執行する手続と位置付け、すなわち、権利をめ
ぐる裁判ではなく、究明された権利を実現する手続と見なしている[431]。

　しかし、2.2.3.3 で述べたように、法執行手段としての戦争は、いくつ
かの欠陥を持っている。まず、権利の所在はいったい誰によって、どの
ように認定されるか？　次に、戦争の結果が交戦国の力関係に依存する
が故に、「正者必勝」の保障がないのみならず、武力行使のあるべき限
度が守られない恐れもある。実際、法執行手段としての戦争の認定権と
執行権が個別国家に委ねられる以上、上記の諸難点は避けられない
だろう。

　認定権の問題に関して、万国歴史を持ち出した寺尾と異なり、千賀は
法理と政略とを区別することによって対応している。強国が弱国を凌ぐ
事実は外交政略に属し、法理上正当なものとは見なされない。戦争は法
的な正当根拠を持たなければならないという法理上の要請と、現実に不
正な戦争が存在するという事実とは、別次元の問題である。両者を区別
しなければならないという意識がある以上、法は事実を批判する力を持
ち得るのである。

> 法理上の戦とは全く法理上の争議より生したるものにして政略上の戦
> とは政略上の便宜より起りたるものを云ふ[432]

---

[430]　千賀鶴太郎著『国際公法要義（訂補再版）』（東京：巌松堂書店、1911 年、初版
は 1909 年刊行）、517 頁。

[431]　注意すべきことに、千賀にとって、「自国の権利の保護若くは正当なる干渉」
は、法理上正当な戦争たりうる根拠となる。この「正当なる干渉」は何かについ
て、千賀はそれ以上説明を為していない、ということである。なお、千賀と同様
の見解を抱く者として、大澤唯治郎を挙げられる。彼は「戦争には二種ありて執
行手段としての戦争と私欲上の戦争是なり私欲上の戦争は宜しく速かに撲滅せさ
る可からす執行手段ととしての戦争は国際公法の効力を万能ならしむる手段にし
て素より已むを得さるものなり」と述べた。「国際公法の執行力を論す（承
前）」『法政新誌』第 14 号、1898 年、67–68 頁。

> 凡そ強国は時ありて兵力を恃みて不正の挙動を為さゝるには非され
> とも斯る場合には必す何か口実と為す所あり唯兵力の強き故を以て
> 弱国を圧服すと明言する国はあらす且強国にして不正の挙動を為す
> は稀有の例外にして通常は公法の規定を遵守す是れ争ふ可らさる事
> 実なり但強国は非常の事起るに際し其機会に乗して不正の挙動を為
> すことあるのみ然れとも是れ全く外交政略に属するものにして法理
> には関係なし法学上より観れは斯る不正の挙動は唯之を違法と看做
> すに止まるのみ[433]。

　他方、国家の開戦理由は「大抵政略上のものに属」しながらも、「必す法理上の口実を設くるを常とす[434]」。それゆえ、開戦理由は信用し難い。かといって、戦争自体が正当理由なしに発動され得ると結論付けることもできない。戦争の理由と戦争そのものを混同してはならない[435]。現実において法に悖る現象があろうとも、法理上、戦争を法執行手続として性格づけるべきである、と彼は考える。ここには、彼における「正しい戦争」観念が明確に見受けられる。しかし、千賀は、国際法は政略と異なる基準を以て戦争の正不正を認定できると指摘するに止まった。

> 苟も法学上に於て正不正の文字を用ふる以上は必らす其立脚地を法
> 理上に置かさるへからす歴史的哲学或は道徳学或は実地政略等の見
> 地よりして戦争の正不正を定むるは法学の範囲外に走りたるものと
> 謂ふへし[436]。

　具体的な認定権者や認定方法に関しては、彼は寺尾と同じくそれ以上論述を展開していない。

　興味深いことに、上記の千賀の主張は、（b）類型の高橋と正反対をなす。第一章で紹介したように、英米派の先例重視の研究方法を継受した高橋は、徹底した実定法主義者である。彼は「現今の国際法規は歴史的に発達し来りたるものなれは歴史的に研究するに非されは其真相を穿つ能はさるものなり漫りに空理虚論を以て国際法を解釈せんと欲するか如きは結局徒労に属すへきのみ」を自らの研究方法論上の原則とし、国際法は「単純なる理論」を以て解釈すべきものではなく、歴史事実に依拠

---

[432] 千賀鶴太郎著『国際公法要義（訂補再版）』（東京：巌松堂書店、1911 年、初版は 1909 年刊行）、521 頁。

[433] 同前注、18–19 頁。

[434] 同前注、521 頁。

[435] 封鎖に関する千賀の論述も、同じ趣旨である。同前注、513 頁。

[436] 同前注、518–519 頁。

しなければ「机上の空論たるに終らん」と説く[437]。その観点の下で、彼は歴史上の戦争事実への観察に基づいて、「戦争は必すしも権利の保護を目的とせす且自衛に基つくと限らす何となれは古来幾千万の戦争中所謂無名の師なるもの過半を占め居るを以てなり[438]」という見解を持ち出している。これは現実追認主義のように見えるが、一種の方法論上の自覚がその背後に潜んでいるように思われる[439]。

それに対して、千賀は国際法学派を自然法学派、成法学派（*Positives Recht*）、折衷学派の三類型に分け、折衷学派に賛意を示している。彼によれば、自然法学派は哲学者の理想（多くの場合彼ら自身の独断）を法と混同している[440]。彼等の主張は法の理想（*Rechtsidee*）ではあるが、法（*Recht*）そのものではない。成法学派は、国際上の現象を追認するに腐心し、哲学的に論述することができないが故に、衰えていくしかない。それに対して、折衷学派は、「（1）国際公法の全部若くは各部分に就きて哲学的に批評を下すこと；（2）国際公法の実地に起りたる理由を哲学的に説明すること；（3）国際公法の将来の発達如何に就き哲学的に針路を指定すること[441]」を自らの任務とする。高橋の研究方法は成法学派に

---

[437] 高橋作衛「国際法の真相」『法政新誌』第 8 巻 1 号、1904 年、1–5 頁。

[438] 高橋作衛「国際法上の戦争」『法学新報』第 12 巻 2 号、1902 年、8 頁。

[439] 実際、英米派と大陸派の研究方法における差異をもたらす原因について、高橋はダナーの学説を引用しつつ、こう述べた。「是れ蓋し各自国法の組織の差異により此に大別を生せるものならし」と。つまり、英米国家と大陸国家の国際法学者は、各自の国内法上支配的な研究方法から影響を受けたが故に、国際法を研究するにあたって、「英米学派は学説を軽し大陸派は判決例等に重きを措かす」という状況が生じたのである。高橋作衛「国際法の淵源に関する英米派及ひ大陸派学説の矛盾」『法政新誌』第 64 号、1902 年、1–3 頁。ここには、高橋の研究方法論上の自覚が窺われる。

[440] 「自然法とは如何なるものなりやと云ふに唯是学者の法的理想にして決して成法に非す既に成法に非る以上は東洋諸国の公法と謂ふを得す或者は自然法を解釈して人類自然の状態に行はる法規なりと云ふと雖……所謂自然の状態なる者は毎学者の胸中に畫出したるものにして決して客観的に確定したるものに非す是れ予の自然法を学者の法的理想に過きすと云ふ所以なり」、千賀鶴太郎「清国は国際社会の中に在り」『日本法政新誌』第 10 巻 11 号、1906 年、10 頁。

[441] 千賀鶴太郎著『国際公法要義（訂補再版）』（東京：巌松堂書店、1911 年、初版は 1909 年刊行）、10 頁。

属し、法理的観点から批判すべきところが多々あるという[442]。したがって、折衷学派の学者と自認する千賀は、その戦争観を確立するにあたって、「国際公法の将来の発達如何に就き哲学的に針路を指定する」ことを念頭に置きつつ、戦争を法執行手段と性格付けたと思われる。現実において国家は必ずしも自らの行動の基礎を、法を執行する戦争だけが正戦であるという観念に置くとは限らないが、哲学的な視点の導入によって、法理上そのような観念を掲げるべきである、と千賀は考えるのである。

なお、（a）類型の有賀の研究方法は、高橋や千賀とも違っている。国際社会の現実と法理論の関係について、有賀はこう述べる。

> 国際法学者の勉むる所は錯雑せる国際事実の間に於て漸く慣例とならんとするの傾向あるものを挙げて、其の果して列国協同の目的、即ち有無交換に因り各国国民の発達を計る事に益ありや否を講究し、其の益あるものは之を擢て以て国際行為の模範と為さしめ、其の益なく、却りて紛争の原因となるものは之を斥け、之を再ひせしめさるに在るへきなり[443]。

> 国際公法の学は一日も事実と相離れす、終始事実と与に進退して、唯た其の列国交際の本旨に協へると否とを辯別するに精なるへきなり[444]。

前述のように、有賀は一貫して、国際法の目的（または「列国交際の本旨」）は「国民の発達」にあると主張している。彼は、国際事実を重視する一方、「自然に起りしもの必すしも皆公正ならす」とし、それを無原則に追認してはならないと考える。国際事実の取捨選択こそが、「国際公法に於ける学者の本分」であり、選択の基準は「国民の発達」という原則に照らし、その原則に「合へるものは取て之を伸ばし、合はさるものは排除す」という[445]。すなわち、事実観察からそのまま規範を抽出する高橋や、哲学的な視点の導入によって現実を一定の方向に収斂させる規範を作り上げる千賀と異なり、有賀は終始「国民の発達」という国際法の目的を根柢に据え、自然に発生した事実の間で取捨選択を行

---

[442] 前掲注（138）で紹介したように、千賀は一連の高橋批判論文を著し、高橋の国際法理論とほぼ全面的に対決している。

[443] 有賀長雄「国際公法と国際事実」『国際法雑誌』第 2 巻 5 号、1904 年、1–2 頁。

[444] 有賀長雄「国際公法と国際事実」『国際法雑誌』第 2 巻 5 号、1904 年、1–2 頁。

[445] 有賀長雄著『戦時国際公法（上巻）』（東京：早稲田大学出版部、1904 年）、26 頁。

い、自らの法理論を構築する。彼の抱いた戦争観もそのような目的に奉仕するものである。この三人は基本的傾向を異にするが、皆方法論上の自覚をもって独特の国際法理論ないし戦争観を持ち出しているのである。

　では、戦争が法執行手段として持つもう一つの欠陥、すなわち、戦争の結果が交戦国の力関係に依存するが故に、「正者必勝」の保障がないことに対して、千賀はどのように対応したのか。彼は、仮に正当な権利を執行する側の実力が弱く、戦争に敗れたとしても、それは、その場合において戦争という手段が効果的でないことを物語るのみであり、戦争そのものの性格に影響を及ぼすものではないと説く。言い換えれば、現実において公正なる執行の実現可能性が確保され得なくても、法執行手続としての戦争の性格は変わらない。規範意識の面において、戦争発動への法的規制が必要であり可能でもある。現実的制限を認めながらも、それを超越する視点を堅持すべきである、と彼は考える。

> 国際公法は裁判所なく執行機関なしと雖も違法者を罰するの方法は全く缺乏すと謂ふへからさること是なり其方法は即ち戦争なり戦争は固より正者必勝と云ふには非されは極めて不完全なる方法たるや論を俟たす然れとも尚是れ刑罰執行の一手段たるや明なり昔日訴訟法の不完全なりし時に或は決闘に依り或は神意を窺ひて正邪を決せしことあり此種の訴訟法は必すしも正者に勝を與へさるは戦争と異らす故に戦争も亦国際公法上刑罰執行の一種と看做して可なり[446]。

　法執行手段としての戦争の三点目の欠陥、つまり勝者（＝強者）の武力行使の限度問題に関して、力の濫用に懸念を示した寺尾[447]と異なり、千賀は正面から論じていない。他方、正者（＝正義とされる側）における武力行使の限度に関して、彼は、「戦争に就き法理上の正不正を説くは他の点に於て実際上当事国の利害に関係する所少なからす[448]」とし、*jus ad bellum* における差別化は交戦国の利害に影響を及ぼし得ると説く。具体的には、以下のような影響が予想される。

> （第一）宣戦の際に法理上の立脚地より正々堂々と我に邪曲なき事を説明せさるへからす若し其説明にして不完全なる時は第三国の同情を博すること難し

---

[446] 同前注、24 頁。
[447] 2.2.3.3 参照。
[448] 同前注、518–519 頁。

（第二）法理上正当なる理由なくして開戦する時は第三国は之か為めに干渉の権利を得へし随ひて假令其戦に勝つとも第三国の干渉の為めに或は全く労して功なきに至るやも計るへからす

（第三）法理上不正なる戦を起す時は国際社会に於ける信用を失ふへし随ひて将来外交上に於て万事不利益なる地位に陥るの虞あるへし[449]。

　これらはいずれも、国際社会における第三国の反応に着目したものである。以上の文言を見る限り、千賀の想定した、*jus ad bellum* の差別化が当事国の利害に及ぼし得る影響は、（a）類型の有賀および（b）類型の秋山の論述との間に大差がない。不正な戦争に対する第三国干渉に言及したものの、*jus ad bellum* の差別化は、交戦国の法的地位ないし交戦法規・中立法規の適用にどのような影響を与えるかについて、千賀は論じていない。それのみならず、前述のように、彼は実体法上において戦争の正不正を区別すべきであると説きながら、手続法上の観点からは、「戦争は斯く形法の上に於ては其理由の正否を問はすして成立す[450]」、「目的の正しからざる戦争は不正なる戦争なるも戦争たるの性質に於て缺ぐる所あらざる[451]」とし、戦争の原因如何に拘らず、いったん発生した戦争を国際法上の戦争として認め、戦争法の無差別適用を唱える。すなわち、理論上、千賀は寺尾と同じく、*jus ad bellum* と *jus in bello* の関係を断絶的に捉えているように思われる。しかし、その理論が現実に直面する際、とくに正者と勝者が同一側であり、かつ自国にあった場合、千賀の主張は、平素の理論との間に乖離を見せながら、意外な形で展開されていった。それについては後述する。

　寺尾と千賀のほか、戦争を国家間の裁判と見なすべきではないことを一層明確な形で指摘した者として、大野若三郎が挙げられる。彼はこう述べる。

若し夫れ戦争を以て暴力に依れる争訟なりとせんか乃ち彼の決闘審理の遺蹤を踏襲せんとする者にして其争訟としゝて権義の所在を究むるを為さす腕力の強弱に依りて直ちに裁決せんとするの不法なるは更にも云はす現下の国際社会は既に戦争自身を以て最後の審判者とせす之に依りて惹起せられたる状態の共力を以てその間に横はりた

---

[449] 同前注、518–519 頁。

[450] 同前注、517 頁。

[451] 千賀鶴太郎「高橋博士の干渉の説を批駁す」『京都法学会雑誌』第 9 巻 2 号、1914 年、68 頁。

る争議を解決せんとするの事実なれは戦争を暴力的争訟なりと云ふ
が如きは特り或は過去の説明たるへきも到底其今日の地位を説明す
るに足らさる也[452]。

苟も国際法か法律として承認せられ戦争か其一手続たる以上は戦争
の武装的自助なるを云ふか如きは不倫も亦甚しき者と云はさるへか
らす[453]。

そして、戦争に依らなければ国際争議は到底終局できないという意見
に対して、大野は以下のように反論した。

然れとも古来の実例は国際争議の戦争に依りて終局せられたるは却
って其止むを得さりし例外の場合にのみありて存するを指示するの
みならす此等の場合に於ても概ね角を矯めんとして牛を殺したる憾
あり争議を終局せんとして互に回復すへからさる損害を醸出したる
は遂に掩ふへからさるの事実なりとす加之戦争は争議の解決せら
るゝを得さりし場合にのみ為されたるにあらすして却って戦争を恃
て争議の解決を忌避したるの事実は論者の又思ひを致さゝるへから
さる所なりとす[454]。

すなわち、国際紛争を解決するには、戦争は必要不可欠なものではな
い。戦争が用いられるに至ったのは、国際社会において紛争を裁定する
公的機関が欠如する結果である。したがって、現在の国際法の努力すべ
き方向は、裁定機関の確立に向かうことであり、戦争をその代用手段と
して積極的に肯定することではない。まして、現に「各国か次々戦争を
嫌忌し各般の方法に依りて争議を終局せしめんとするに至れりしは看過
すへからさる現象なり」と大野は指摘する[455]。何故戦争は裁判手段と見
なされるべきではないのか。大野は、戦争の結果は必ずしも権利義務関
係を反映するとは限らないからであると説明した。

戦争は其強弱の勢にのみ依りて勝敗し必すしも正当なる者（権義
上）か勝者たるを得さる事為なりとす之を以て戦争は其自身権利と
並行し得へき性質の者にあらさるなり安んそ善く国際強行[456]の方法

---

[452] 大野若三郎著『国際法新論』（東京：有斐閣書房、1903 年）、425–426 頁。

[453] 同前注、426 頁。

[454] 同前注、429–430 頁。

[455] 同前注、430–431 頁。

[456] 大野は、「国際強行」と「法的執行手続き」を区別している。「所謂国際強行と
は之を彼法律上の執行手続と区別せざる可らず執行手続とは裁定を強行する法律

たるを得んや加之戦争は権利と平行せさるの結果其に依るへしとせ
は国際権義は為めに紛擾せらるゝに終らんのみ乃ち戦争は国際法の
支持者にあらすして之か破壊者たるに至らんとす此の如きは国際法
の法律なるを承認して尚ほ論者の顧みさる所なる乎要するに戦争の
権利と平行するを得さる一点は優に可戦論を紛砕するに足るへき者
なり[457]。

すなわち、戦争の結果が法的権利義務に対応しない可能性がある
ため、戦争を裁判手段と見なし、その結果に対し法的承認を与えれば、
国際法上の権利義務関係は常に不安定な状況に置かれ、国際法も法的性
質を失うことになる。これはケルゼンの観点に通ずる鋭い指摘である。
その点に関して、大野は、戦争の結果と権利義務の所在を予定調和的に
捉える寺尾と対照をなしている。もっとも、大野は正しい戦争たりうる
条件の設定作業を行っていない。おそらく戦争に依らなくても正義が究
明できることを強く信じているだけに、かえって具体的な基準設定の作
業を怠ったのではないかと思われる。

上記三人のほか、蜷川新も戦争を「権利強行」の手段とみなしてい
る。彼はこう述べる。

戦争には戦争の開始に先つて必つ先つ権利の問題生し而して後終に
国交破壊に至るを至当の順序と為す[458]。

是を以て余輩は戦争とは何んそやの問題に関し左の如く答ふるの適
当なるを信するものなり。曰く「戦争とは国際法上の権利強行の為
めに生する国交関係の破壊せられたる状態なり」と[459]。

国際法上の観念を以て之れを観察すれは戦争とは……国と国とか国
際法上に有する権利擁護の為めに武力を以て抗争する国交の破壊せ
られたる状態を指して云ふものなること亦疑を容れす[460]。

そして、蜷川は寺尾と同じく、戦争自体を目的視するいわゆる「戦争
哲学」に対して否定的な態度を示した。彼は、戦争の無条件承認説（手
放しの戦争賛美論）と無条件否認説（絶対平和論）を、ともに国際法の

上の手続なるも此に国際強行とは却て裁定に共力せんとする一個の補助的行為た
れは也」、同前注、409頁。

[457] 同前注、434頁。

[458] 蜷川新「戦争論」『国際法雑誌』第5巻8号、1907年、33頁。

[459] 同前注、28頁。

[460] 同前注、26–27頁。

射程外にあるものとし、「社会問題としての戦争」の題目の下でそれら
を紹介している[461]。

> 〔以上のような「戦争哲学」は、〕一面の観察としては是認すへき
> も両面の観察としては尚ほ未た尽ささるものありとなすものなり
> ……余輩は絶対に戦争を以て是となさす然れとも又絶対に戦争を以
> て非と唱ふるものにあらさるなり……要は時と場所と主義とに依て
> 其是非を関係的に判断す可きもの[462]。

つまり、戦争を自己目的化し硬直的に理解するのではなく、常に流動
的・具体的な状況と関連させながら、ある目的を達成するための手段と
して機能的に捉える。そして、手段はその奉仕すべき目的によって制限
されるが故に、手段としての戦争は無制限に行使され得ないことに
なる。条件付で戦争の是非を論じる態度は、まさに「正しい戦争」観念
の体現である。

ただ、戦争をどのような手段と見なすかによって、制限意識の中身と
程度はかなり異なってくる。戦争を法的権利の執行手段と見なす場合、
戦争の目的は、違法行為を行った者に対して一定の否定的効果を付与し
それによって法の維持を図ろうとするものである。法執行手段と位置付
けられた戦争は、国家政策手段としての戦争より、はるかに制限を受け
ている。蜷川は千賀と同じく、法理と政略を区別し、「戦争は国家の目
的を達する為めの政略上の一手段なり」という主張を戦略家の議論とし
て斥け、「国際法上の議論としては此循環的説明は傾聴の価なきを以て
仮令国際法学者中に此説を唱ふるものあるにせよ余輩は以上学者の定義
の中より之れを省けり[463]」と説く。つまり、戦争の目的を政治的な理由
に求めるのは、法学者の為すべきことではない。他方、「社会問題とし
ての戦争」の是非を判断する基準は、文明発達程度に関わる「時勢」や
「場所」、そして国家独立という「主義」である、と蜷川は説く。

> （第一）時の問題としては戦争は古来多くは社会の進運を導きたる
> を歴史上の事実となすと雖も然かも之れを部分的に観察すれば古へ
> に於ても戦争は必すしも常に進化補益の効力ありしものに非すして
> 而して又戦争は現在に於ても必すしも文化阻滞の事実なく未開並に
> 半開地方に於ける戦争は今日に於ても反って駸駸として社会の開明

---

[461] 蜷川新「戦争論（承前）」『国際法雑誌』第 5 巻 9 号、1907 年、20–34 頁。

[462] 同前注、32–33 頁。

[463] 蜷川新「戦争論」『国際法雑誌』第 5 巻 8 号、1907 年、25 頁。

を進むるの事実ありて又未来に於ても戦争は必すしも一般に有害な
るものにあらすして時としては戦争の時勢的必要ある可く又（第
二）場所の問題としては戦争は必すしも先進文明地方たる欧米に於
て絶対に嫌忌せらる可きものにあらす又漸く文化の域に進まんとし
つつある半開（例は東洋）地方に於て必すしも常に愛好せらる可き
ものにあらすして而して（第三）主義の問題としては世に国家独立
主義の絶対に排斥せられさる限り戦争は国家自衛の手段として避く
可らさるものに属すと雖も然かも国家独立主義なるの故を以て絶対
に戦争は之れを是認すること能はさるものに属し要するに戦争は国
家独立主義の絶対現実に排斥せられたる時と場所とに於てのみ絶対
に非認せらる可きものなりとす[464]。

　以上の論述を見る限り、権利強行または国家自衛の手段としての戦争
は、「国家独立主義の絶対に排斥せられさる限り」成り立つのである。
その点において、蜷川の主張はむしろ、絶対主権論を唱える（a）類型に
通ずるところがあると言えよう。そもそも彼の理論は、戦争一般を否定
する考え方から出発したものとは言い難く、むしろ「時と場所と主義」
によって「是」とされた戦争を積極的に肯定する側面を持っているので
はないか。そのような傾向のゆえに、日露戦争の際、蜷川は積極的な戦
争支持論者として登場するのである。

3.3.2. 執行手段派の意義と問題性

　前述のように、（c）類型の代表者たちは、戦争を権利侵害の回復手
段、つまり法執行手段と見なしている。国際社会における法秩序の維持
と実現の必要から、一定条件の下で戦争を認めるべきではあるが、戦争
が許されるのは、あくまで正当な権利を防御するためにやむを得ない場
合に限られる。しかも、戦争という法執行手段が正しく用いられるため
には、その発動要件も行使方法も法の規律に服従しなければならない。
法的根拠なしの戦争が許容されない。ここには、戦争に対する法的制限
意識、つまり「正しい戦争」観念が明確に見て取れる。他方、注意すべ
きは、寺尾のような戦争一般に対して強烈な否定的態度を持つ人物でさ
え、絶対平和主義者ではないことである。戦争を廃止してより適切な法
執行手段を国際社会において確立することは理想として望ましいが、人
類が戦争廃止の方向に国際社会を改組することに成功しない間は、戦争

---

[464] 蜷川新「戦争論（承前）」『国際法雑誌』第5巻9号、1907年、32–33頁。

という自力で法を執行する手段は、「必要な制度」として残らなければ
ならないと彼等は考える。すなわち、法の執行を保障すべき機関が完備
していない時代においては、法の執行は原則として各国の自力救済によ
って為されざるを得ない。戦争の存在は、法の維持のために自力救済に
頼るほかない国際社会の現状によって法理的に正当化されるのである。

　これは、冷徹な現実認識を伴いながら理想を掲げる態度であると言え
よう。しかし、（c）類型の代表者は「正しい戦争」の条件設定作業を着
実に遂行することはなかった。それのみならず、彼等はさまざまな思惑
から戦争発動の制限要件を緩和した。彼等の見解は、理論上必ずしも納
得できないものではないが、複雑な国際現実に直接適用されるとき、そ
こに潜んでいる危険性が露出しかねない。また、法執行手段としての戦
争が持つ欠陥について、彼等は認識しているものの、それらを克服する
方策を案出していない。もっとも、「戦争違法化」の原則が堅固に確立
された今日に至っても、武力行使が法執行手段として用いられることは
完全に避けることができず、戦争の弊害を悉く抑制し得る制度は未だに
確立されていない。究極のところ、国際社会の基本構造が変わらない限
り、それらの問題の根本的解決は期待できない。その意味で、当時の論
者に対して、解決策の案出を期待するのはそもそも不合理かもしれ
ない。

　要するに、法執行手段派は、三類型のうち戦争制限意識が最も高いタ
イプに違いない。しかし、そこにはさまざまな問題があり、国際社会の
現実問題にどれほど有効に対応できるか、疑問がないわけではない。実
際、日露戦争の際、彼等の主張は、（a）（b）類型と妙に一致し、さら
に後者より一層危険な部分を表出した場合もある。それについて、後ほ
ど詳述する。

第四章

―――――

国際法実践における戦争観

日露戦争を素材として

　第三章は、十九世紀末頃から二十世紀初頭にわたる日本国際法学者の戦争観を三類型に分けた上で、それぞれの類型における「正しい戦争」観念の有無とその程度を理論的次元において検証した。考察の結果、その時代には多様な戦争観が併存しており、戦争違法化の動きが未だ現れていないにもかかわらず、法理論上において「正しい戦争」観念が終始存在していることは明らかになった。他方、理論的観点は生の政治力学の磁界において変形しかねず、必ずしも自らを貫徹することができないのみならず、ときには貫徹すればするほど本来の趣旨から離れるが故に、観念の理論的様相と実践的様相との間にズレが生じることも十分あり得る。その意味で、本稿で扱う「正しい戦争」観念は、現実に直面する際、そこに含まれた制限意識が影を潜め、あるいは歪んだ形で現れる可能性もある。したがって、「正しい戦争」観念の全貌を解明するためには、理論的分析だけでは物足りず、さらに実践的素材に依拠しながら、その時代特有の国際情勢への現実認識と連動する視点の下で、理論の適用のあり方を考察しなければならない。以下、日露戦争を素材として、「正しい戦争」観念の実践的様相を考察していきたい。

第　節　日露戦争の正当化論理
4.1.1.　日露戦争と「自衛権」

　日露戦争に焦点を当てる理由は以下の通りである。まず、本稿の考察時期における大きな戦争は、日清戦争と日露戦争である。しかし、前述のように、日清戦争前後になってはじめて専門国際法学者が出現した。日清戦争に関しては、有賀と高橋を除けば、専門国際法学者ないし広義の国際法学者は、後年の論著で断片的に言及し、あるいは特殊な角度

（講和条約など）から研究するに止まった。それに対して、日露戦争に際しては、専門国際法学者も広義の国際法学者も、活発な言論活動を行い自らの国際法理論を実践に適用した。とくに、ロシア側の違法行為を非難したり、日本の戦争法遵守の国家実行を宣伝したりすることで、国内外の世論の方向を導くことに精力的であった。日清戦争時に比べれば、日露戦争時の国際法研究は、質的にも量的にも高い水準に達し、考察に値する研究素材もはるかに豊富である。そこで、発足期の日本国際法学における「正しい戦争」観念の実践的様相の解明のためには、日露戦争に焦点を当てるのが最も適切であろう。

まず、日露戦争の経過を簡単に回顧しよう。日清戦争後、日本とロシアとの間に朝鮮と満州の支配権をめぐり激烈な争いが繰り広げられた。複雑な国際情勢の中、政府内部で「日英同盟論」か「日露協商論」かという「二大外交」の方針論争が行われ、民間では対外硬運動が昂揚した。1900 年北清事変を機に、清国の満州地方に軍隊を派遣したロシアは、事件収束後も撤兵しなかった。国際世論の圧力を受けて、1902 年ロシアは清国との間に露清条約を締結し、満州撤兵を約束した。しかし、ロシアは 1903 年 4 月の第二期満州撤兵を履行せず、満州居座りの態度が明らかになった。それに触発されて、日本国内では対露強硬論が急速に高まり、そのうち「七博士」建白書運動がとりわけ大きな社会的反響を引き起こした[465]。それは、1903 年 6 月 10 日、東京帝国大学教授の高橋作衛、戸水寛人、寺尾亨、金井延、中村進午、富井政章、小野塚喜平次の七博士が桂首相に意見書を提出し、ロシアは満州を占領すれば次に朝鮮に臨み、遂に日本の生存を脅かすことは明らかであるとし、満州問題の根本的解決のために対露早期開戦を主張した、という事件であった。

---

[465] 実際、一口で「七博士」といってもその顔ぶれは前後異なっている。最初は、戸水寛人、寺尾亨、金井延、中村進午、富井政章、松崎蔵之助、小野塚喜平次であったが、富井、松崎、小野塚の三名は間もなく脱退し、高橋作衛、建部遯吾、岡田朝太郎の三氏が後に加わった。戸水寛人、寺尾亨、金井延と中村進午は終始その主張の貫徹に努めた。1903 年 6 月に桂首相への七博士建白書の署名者は、高橋作衛、戸水寛人、寺尾亨、金井延、中村進午、富井政章、小野塚喜平次であった。起草者は高橋作衛であり、その後、日露即時開戦論が直ちに天下世論の場に上るに至った。9 月に、戸水の提議により、高橋、戸水、寺尾、金井、中村、建部の諸博士、渡邊千春文学士、各自起草の意見を『日露開戦論纂』と題する一冊に編纂し、公刊した。蔵原惟昶編『七博士日露開戦論纂』（東京：旭商会、1903年）。

　民間運動のほかに、軍や外務省の若手官僚も早期開戦を主張し、対露作戦計画を立てた。こうした開戦論の昂揚に対して、伊藤、山県をはじめ政府首脳部は慎重な態度を取っていたが、軍備強化、戦費調達ならびに外国の干渉を招かないために列国の好意的態度を取り付けることなど、様々な作戦準備が着実に進められた。1904 年初頭、日本側の交渉提案に対してロシア側が無回答のまま、2 月 4 日、政府は臨時閣議・御前会議を開き、対露開戦を決意し、連合艦隊を出動させた。6 日、栗野慎一郎駐露公使はロシアに国交断絶を通告し、8 日に日本海軍は旅順口外のロシア艦隊を攻撃し、9 日、仁川沖でロシア軍艦二隻を撃破した。こうして日本側の先制攻撃によって戦闘が開始され、10 日には日露両国から宣戦詔勅が発せられた。戦争は一般の予期に反して日本に有利に進展した。とくに 1905 年 3 月 10 日の奉天大会戦、5 月 27、28 日の日本海海戦において、日本側が勝利を収めたため、戦争の大局はほぼ定まった。ロシアは連敗の中、国内の革命運動も進展し、内外の情勢が厳しくなったため、講和を余儀なくされた。他方、激しい消耗戦が続く中、日本政府も戦争継続の余裕がなく講和の妥結を急いだ。したがって、日本海海戦の後、アメリカのローズヴェルト（Theodore Roosevelt（1858–1919））大統領の斡旋の下で、ポーツマス講和会議が開かれ、1905 年 9 月 5 日に日露両国全権大使は講和条約に調印した。

　日露戦争は、経済的にも軍事的にも国民に多くの犠牲を強いたが、ロシアの横暴に対する防衛戦争・国民戦争として受け止められたが故に、講和条約締結まで国民はほぼ挙国一致で政府の行動を支持していた[466]。しかし、華々しい勝利が鼓吹されたため、国民は講和会議に過大な期待をかけた。それゆえ、自らが血を流して戦った戦争の講和条約に賠償条項がないことを知ると、それに不満を感じて戦争の継続を求める声が高まった。非講和運動の気運は急速に盛り上がり、ついに日比谷焼打ち事件の大騒擾へと拡大した。国民運動は反戦＝平和運動ではなく、戦勝に相応する十分な代償を求める方向へと導かれていった[467]。

---

[466] 戦前から戦後にかけて、平民社や内村鑑三等の非戦論もあったが、連戦連勝の夢に酔いしれた多くの国民によって受け入れられなかった。

[467] 日露戦争の経過については、佐々木隆著『明治人の力量（日本の歴史 21）』（東京：講談社、2002 年）、255–314 頁、信夫清三郎、中山治一編『日露戦争史の研究（改訂再版）』（東京：河出書房新社、1972 年）、161–216 頁、267–291 頁参照。

　では、日露戦争をめぐり、日本の国際法学者は如何なる反応を示したのか。前述のように、中村（（a）類型）、高橋（（b）類型）と寺尾（（c）類型）は「七博士」に名を連ね、早期開戦の必要性を熱っぽく語った。さらに中村は 1905 年日露講和条約反対上奏事件に連座し、一時下野せざるを得なかった。彼等のみならず、当時の国際法学者は皆戦争支持論者として登場した。日露開戦の正当化論理として、彼等は例えば、以下のように述べた。

　　有賀長雄：

　　抑々清国は東三省に関し、独立の一国として尽すべきの責任を尽さず、露国が之を日本に反対する戦争の準備に利用するに放任したり。故に日本は自衛上、止むことを得ず、兵を満洲に用いて露軍を逐ひ、其の後を占領したり[468]。

　　遠藤源六：

　　日露開戦の当初露国か韓国北境に多数の軍隊を集中し将に韓国を占領し依て以て我国を攻撃するの根拠地と為さむとせり……我国は韓国か未た露国の為に占領せられさる以前軍隊を上陸せしめ必要なる地点に軍事上の設備を為し以て露軍の侵入を防遏するを得たり是れ亦自衛権の発動と謂ふへし[469]。

　　高橋作衛：

　　満州問題の解決は日本自身の存立問題なり……日本領土にあらさる満州を露国の占領するに当り日本が之に干渉することを得るの理由は自衛権に基くにあらされは充分に之を説明する能はす[470]。

　　花井卓蔵：

　　日露開戦の当初我帝国は国際法の常軌に則り、平和の方法を以て救済すること能はさる権利を伸達すへく干戈に訴へ、国家自衛権の延長として兵を進めて第三国の野に戦へり、斯くて国際法の原則は大発展を為せり、大拡張を為せり[471]。

　　千賀鶴太郎：

---

[468] 有賀長雄『満洲委任統治論：有賀博士陣中著述』（東京：早稲田大学出版部、1905 年）、10–11 頁。

[469] 遠藤源六著『国際法要論』（東京：清水書店、1908 年）、324–325 頁。

[470] 高橋作衛著『満洲問題之解決；七博士意見書起草顛末；満洲問題研究録（国際法外交論纂第二編）』（東京：清水書店、1904 年）、28 頁。

[471] 花井卓蔵「日露戦争と国際法の発展」『国際法雑誌』第 4 巻 3 号、1905 年、2 頁。

夫れ日露戦役は彼れの侵略と我れの自衛とに起りたる者にして其非
固より彼れに在るは多辯を待たず[472]。

蜷川新：

吾国は其の国際法上に有する自衛の権利に基つき露国を討ち吾帝国
並に東洋の平和を確保せん事を極力主張するに至り久しく平和の維
持に之れ汲々たりし……[473]。

以上の論者は皆自衛権の論理を駆使し、日本側の開戦行動を正当化し
ようとした。そのほか、平素から、権利の防御を戦争の正当化根拠とす
る寺尾は、「自衛」の言葉をほとんど用いなかったが、日露戦争を権利
防衛戦争（自国のためであれ他国のためであれ）と性格づけた。

寺尾亨：

それは所謂世界の連帯、若くは人類共存の必要上よりして、国際団
体中に在る世界の一国が其の独立を無視せられて、其の領土を侵さ
るゝ如き場合は、他の国家自身が侵害に遭ふたると一様に看做し
て、己れの独立生存を害されたる場合と等しく之を防衛する権利を
有するからである、……故に露国の満州に於ける行動の如き、……
国家の権利としては当然反対することが出来るのである、……吾輩
は已を得ざる必要に迫りたるが為め戦争を為せと云ふのである[474]。

さらに、法理上、徹底した形で戦争原因不問論を唱えた中村さえ、日
露戦争については、ロシア側の違法性を激しく非難し、その満州略取の
行動を日本に対する脅威として捉えた。

中村進午：

露西亜と戦争をする理由があるかといふことを言ふ人があるけれ共
モウ是は疾くに分って居ることであって問題にならぬと思ふ、……
条約の違反をやったとか、東洋の平和を破ったとか、撤兵をグズグ
ズして居るとかいふことが既に充分に分って居る事実で世界各国が
露国の非を認めて居る所であります、日本が此処で屈したならば満
州も取られる朝鮮も露西亜の物になって仕舞ふといふやうなこを言
ふのは間違ひで、今日は既に満州も朝鮮も殆ど全く露西亜の物にな

---

[472] 千賀鶴太郎「日露平和克復の条件に就き挙国一致を望む」『外交時報』第 91 号、
1905 年、47–48 頁。

[473] 蜷川新著『黒木軍と戦時国際法』（東京：清水書店、1905 年）、2 頁。

[474] 「日露開戦に関する寺尾亨の意見」蔵原惟昶編『七博士日露開戦論纂』（東京：
旭商会、1903 年）、27–28 頁。

　　　　って仕舞って居るだらうと思ふ、それだから満州朝鮮は通り越して
　　　　今日は日本の危い時であると言って差支ない[475]。

　これらの言論は、一見して、「正しい戦争」観念の体現のように見え
る。もし戦争が一般に許容されるものであるとすれば、開戦の際に、自
衛権、権利防衛ないし相手国の違法性などの正当化論理を持ち出す必要
はない。したがって、その限りにおいて「正しい戦争」の観念が窺われ
ると言えよう。

　しかし、これらの言論には、自国の発動した戦争を正当化するレトリ
ックとしての側面があることも否定できない。それらの発言を額面通り
に受け止め、そのまま「正しい戦争」観念の論拠として用いることは危
険である。実際、上記の論者の戦争観を正確に把握するためには、現
実・認識・表現という三つの次元を区別しなければならない[476]。一国の
対外政策・対外態度を決定するのは、国際関係そのものよりも、むしろ
そのイメージである。その意味で、国際情勢への認識を、国際社会の現
実から区別する必要がある。しかも、国際情勢をもとに生じた認識は、
必ずしも忠実に表現されるとは限らない。ときには誇張され歪曲された
形で表現されることもある。したがって、歴史空間における言説の真意
を捉えるためには、表現の源である認識まで掘り下げなければならな
い。本稿が目指すのは、あくまでもそれら多様な表現の背後にある認
識の抽出である。その意味で、これらの言論を個々の論者の平素の理論
と結びつけて批判的解釈を行う必要があろう。

　彼等の戦争観を考察するにあたって、まず注意すべきは、ほぼ皆が自
衛権の「表現」を用いたが、彼等が唱えた自衛権概念の中身は、必ずし
も同一のものではないことである。そもそも戦争違法化の原則が確立さ
れていないその時代において、国際法上の戦争の位置付けは今日の国連
憲章体制における認識と根本的に異質である。当時説かれた「自衛権」
も、今日の自衛権概念とは異なる次元に存在し、かつ多様な意味におい
て用いられた。英語でいえば、*self-defense* を指す場合もあり、*self-
preservation* ないし *self-protection* を意味する場合もある。当時の訳語とし
ても、自衛権、自存権、正当防衛権、国家維持権、自己保存権など、統

---

[475] 「日露開戦に関する中村進午の意見」蔵原惟郭編『七博士日露開戦論纂』（東
　　京：旭商会、1903 年）、66 頁。
[476] このような区分は、坂野教授の論文から示唆を受けた。坂野潤治著『明治・思想
　　の実像』（東京：創文社、1977 年）、12–13 頁参照。

一されていない。本稿においてはそれらの多様な使い方を「自衛権」を以て表記する。以下ではまず、三類型それぞれについて、「自衛権」とは如何なるものなのか、検討しておきたい。

4.1.2. 「自衛権」とは

4.1.2.1. 法的枠外派

（a）類型のうち、まず有賀の「自衛権」を見てみよう。彼は「国家の根本権（*fundamental rights*）」の項目下で「自衛権」を論じている。根本権とは、「国家は他の列国に対し自国国民発達の必要条件を保全するの権を有す之を其の根本権と云ふ[477]」。その特質は、「各国之を固有するに在り。……他の合意を俟つことな[478]」いことにある。「国民発達の必要条件を損失するは独り外に対し列国共和の目的に反するのみならす、又其の内に対して国家たるの義務に背けはなり。即ち根本権の侵害は常に開戦の原因と成るべき事情を含蓄するものなり[479]」と彼は指摘する。こうした認識は、前述のシュタインの国家学理論を受け継いだ有賀の「国家存立の目的」に関する主張と一貫している。

根本権の下には、（一）「存立の安全」を守るための「自衛権（*Right of Self-preservation*）」、（二）「行為の自由」を守るための「自主権（*Right of Sovereignty*）」、（三）「地位の平等」を守るための「同等権（*Right of Equality*）」、（四）「交際の実行」を守るための「交際権（*Right of Commerce or Intercourse*）」がある[480]。「自衛権」は、国家根本権のうち、第一番の権利として位置付けられている。

では、「自衛権」とは如何なるものか。有賀はこう述べる。

> 凡そ存立ありて而して後に発達あり、国家か列国共和に加はるは国民の発達を謀る為めなり然るに若し之に加はるの結果として国家の存立を危くするか如きあらは其の目的に背くの甚しきものと云ふ可し故に存立の安全は列国交際するに当り互に之を保持するに異議なきものと假定するなり。是れ猶ほ正当防禦権の一個人に存するが如し[481]。

---

[477] 有賀長雄『国際公法』（東京：東京専門学校出版部、1901 年）、46 頁。

[478] 同前注、46–47 頁。

[479] 同前注、47 頁。

[480] 同前注、48–50 頁。

[481] 同前注、49 頁。

　すなわち、「自衛権」は国内社会における個人の正当防衛権の如き、国家の存立安全を保持する権利であり、かつ列国間で相互に承認し合うべきものである。具体的に言えば、「自衛権」が保護すべき要素は「曰領域、曰民衆、曰物件、曰秩序是れなり[482]」。そのうち「領域保全権」は、軍備国防、守戦同盟などを行う権利を含み、この種の「自衛権」は、他国の「自衛権」を以てその限界とする。

> 軍備国防は自衛権の許す所なりといへども他の国家に対して自ら制限あり、即ち他の国家も均しく自衛権を有するものなれは戦時に於て之を敵とする場合の外は内国の自衛権の為めに隣国の存立を危くすることを得ず[483]。

　つまり、「自衛権」には、他国からの侵害に備えて平時において国防を強化する権利を包含する。これは有賀特有の見解ではなく、当時の一般的な捉え方である[484]。他方、有賀の「自衛権」には以下のような特徴が見られる。第一に、自衛の名の下で予防戦争を認めることである。

> 然り而して侵襲の危険切迫するに当り施すべき防戦手段の一としては我より起て先きを制し彼れを討伐するを得べきこと勿論なり。自衛は単に受動的防禦に止まらず発動的防禦も其の方法の一たること明なり[485]。

　第二に、「自衛権」を行使し得る場所は、自国境内に限らず、国境外（公海など）さらに他国境内も含まれることである。

> 自衛権は現然たる危険の存する場合に於て之を防止する為めに独り自国の国境内のみならず又国境外に於て行使することを得べく或は更に進で外国の国境内に於て使用したる事実あり[486]。

---

[482] 同前注、51 頁。

[483] 同前注、55–56 頁。

[484] 例えば鳩山和夫はこう述べる。「一個人は自存の権利を有するを以て自ら其好む所の業務に従事し自由に此権を行ふことを得ると同じく邦国も亦自存の権を有するを以て苟くも他国の自存権を害せざる以上は砲台を築き軍艦を備へ兵士を募り又は技術及び農工商諸般の事業を奨励し若くは更に領地を占有し其国力を増進する等凡そ平穏にして自然の発達を補助する者は悉く之を行ふを得へし」、鳩山和夫述『万国公法』（東京：東京専門学校、1896 年）、19 頁。

[485] 有賀長雄『国際公法』（東京：東京専門学校出版部、1901 年）、57 頁。

[486] 同前注、58 頁。

　第三に、「自衛権」は、国家の現存する諸権利利益を保全するのみならず、さらにそれらを増進する権利も含むことである。それは「成全権（*Right of Perfection*）」と呼ばれる。

> 国家は其の領域、民衆、物件、秩序の現在するものをして減退なからしむるの権あるのみならず、尚ほ之を益々増進せしむる為め必要なる総ての手段を取る権利あり、之を成全権と云ふ[487]。

　「成全権」の必要性について、有賀はこう説明する。

> 然るに人類進歩の常則に依り現在の各原素を維持するのみにては存立の永続を期し難し。人生の日進月歩の間に立ちて頑として旧状維持のみを是れ勉むる邦国は早晩滅亡せん故に存立を保全せんか為めには常に以上四種の原素を改良増殖するの権利なかるへからず[488]。

　すなわち、「人類進歩の常則に依り」、列国は日夜鎬を削って熾烈な競争を展開している。国家間の実力関係が絶えず変動する国際社会において、自国の位置を維持するためには、自立自存の努力を続けねばならない。そういう観点から、現状維持のみを目標とするなら、国家間の生存競争の敗者になるに等しく、「早晩滅亡せん」と彼は考える。したがって、国家の存立安全を保持する「自衛権」には、現状維持のみならず、国家間の競争関係において常に勝者の地位を保ち続ける要請も当然含まれる。このような認識は、前述の有賀の学問的背景、とりわけスペンサーの社会進化説の延長線上にあるものと解されよう。

　有賀と同じく（a）類型に属する中村は、「自衛権」の言葉を用いなかった[489]。しかし、日露戦争にあたって、ロシアの違法行為を非難し、そ

---

[487] 同前注、67–69頁。

[488] 同前注、52頁。

[489] 第一次大戦前までの教科書や論文において、中村は「自衛権」の言葉を用いなかったが、1922年初版の『国際公法論綱』において、中村は「自衛権」に関してこう述べる。「国家は独立なるが故に外国より干渉を受くべき義務なきこと論を俟たず。……国家は又外国より侵害或は攻撃を受くるに当り之に対して正当防衛の権利を有することも亦当然なり。只一個の疑問として研究すべき価値あるものは国家に自衛権ありや否や是なり。自衛権とは国家が自国の利益又は権利を著しく侵害せらるるの恐ある場合に自ら進んで加害国以外の国家の権利を害する権利と云ふ意味なり。……我輩も亦自衛権を認めず。若し之を認むれば為に国際の秩序安寧を害するの恐あり。何となれば国家が果して著しく自国の権利を侵害せらるるの恐ありや危急存亡に瀕するや否やを判別すべき決定機関なるもの国際公法に於て存在せざればなり。故に自衛権は権利にあらず。従て之を行使したる国家は

れが日本という国家の生存維持に対する脅威であると指摘した。彼の法理論において、「自衛権」に相当するものは「国家維持権」であろう。「国家維持権」の発動原因のうち、中村は「人為の危難」と「天然の危難」とを区別している。「天然の危難」が起ったとき、国家は無実の第三国に対しても「国家維持権」を行使し得るのに対して、「人為の危難」に際しては、国家は違法行為国に対してのみ「正当防衛権」を行使し得る。中村はヘフターの学説を引きながら、「人為の危難」を「他国か事実上危難を加へたること及ひ将に加へんとすること顕著なる場合を指すもの[490]」と定義している。「正当防衛権」を国家維持権一般から区別する点において、中村は、広漠な「自衛権」概念を唱える有賀に比べて、より強い制限意識が見られる。しかも、「正当防衛権」に関して、中村は緊急性要件を設定する。

> 国家に正当防衛の権あるは猶ほ個人に此権あるか如し。即ち国家の
> 正当防衛権は無限のものに非らす。他国より事実上襲撃を受け危険
> の逼迫避くへからさる場合に於て初めて此権利を生するものなり[491]。

但し、中村はそれに続いて、「惟ふに危難の逼迫せると否とは学理上の議論にあらすして寧ろ事実論に属するものと云ふへし[492]」と述べている。法理上の要請がある一方、如何なる場合に緊急性要件が満たされるかについて、その事実的判断権はあくまで各国家に委ねられる。そして、「正当防衛権」の実例として、彼は 1756 年プロシアによるザクセン侵攻を挙げる。彼によれば、ザクセンがプロシアに危害を加えようとした時、プロシアが「自ら進んて戦争を開きたる」ことは、「正当防衛な

違法の行為を為したるの責任を負はざるべからず。」中村進午著『国際公法論綱（改訂五版）』（東京：厳松堂書店、1925 年、初版は 1922 年刊行）、50 頁。その意味での「自衛権」は、違法行為国に対して行使する権利ではなく、緊急事態において自国の安全利益を守るためにやむを得ず無実の第三国に対して為し得る行動であり、しかも、その行使によってもたらされた損害について、行使国は責任を負うべきであるという。そのような「自衛権」の趣旨は、1897 年刊行の『国際公法論』において「国家維持権」項目下の「天然の危難」への対応措置と類似する。中村進午著『国際公法論』（東京：東華堂、1897 年）、316–317、320–321頁。

[490] 中村進午著『国際公法論』（東京：東華堂、1897 年）、318 頁。
[491] 同前注、318 頁。
[492] 同前注、318–319 頁。

りと論究して不可なることなし[493]」。すなわち、正当防衛のため、機先を制して他国境内に入り攻撃戦争を行うことも合法と見なされる。その点において、中村は有賀と一致している。

遠藤は有賀と同じく、日露戦争の正当化論理として「自衛権」を持ち出している。彼の言う「自衛権」には、狭義の「自衛権」と干渉（後述する）との二種が含まれる。前者については、「国家は自衛の為に必要なるときは各種の手段を用いて其独立と安全とを保護することを得るか故に其危害か切迫して他の方法を取るの遑なき時は自ら実力を以て之を排除することを得へく[494]」とされ、緊急性の要件も言及されている。

ただ前述のように、個人と国家の間に隔たりがあることは遠藤の持論である。「自衛権」の場合においても、遠藤は、緊急性要件の過度な緩和の危険性に留意するものの、国際社会と国内社会の構造的差異によって、国家の「自衛権」は、必ずしも「個人の自衛権と同様実際攻撃を受くるか又は其危険か目前に迫れること明かなる場合に」限定しないと考える。つまり、国家「自衛権」の場合、緊急性の要件が緩和されるべきであると彼は説く。

> 一個人の自衛権は極めて狭義に解釈せられ急迫せる危険ある場合に限ると雖も国家の自衛権に付ては必すしも之と同一の解釈を認むること能はす何となれは個人の場合には各種の行為に付き是非曲直を判定し其権利利益を保護する権力あるか故に其権力か保護すること能はさる急迫の危険に非されは自ら之を防衛するの必要なきに反し国家間には此の如き権力なきのみならす一度其危害に陥るときは再ひ之を回復すること能はさる場合多きを以て假令其危険か目前に迫れるに非さるときと雖も之を避くるに他の方法なしと認めらるゝ正当の事由あるときは自衛の為め必要の手段を施すことを得へシ故に学者に依りては個人の自衛権と同様実際攻撃を受くるか又は其危険か目前に迫れること明かなる場合に限り国家に自衛権ありと云ふ者ありと雖とも狭きに失するものと謂はさるを得す尤も其解釈を不適当に拡張するに於ては他国の権利利益を侵害し国際紛議を醸するに至るへきを以て慎重に裁量を加へ之か処決を為すへきは勿論其程度も必要なる範囲を超ゆることを得さるものとす[495]。

---

[493] 同前注、318 頁。
[494] 遠藤源六著『国際法要論』（東京：清水書店、1908 年）、318 頁。
[495] 同前注、316–317 頁。

　もっとも、どのような形でどの程度まで緊急性要件を緩和すべきかについて、遠藤はそれ以上論じていない。他方、国家と個人の相違を考慮して、緊急性要件の緩和を主張する点において、遠藤は、「正当防衛権」の広義的解釈を説く寺尾と類似する。しかし、遠藤の「自衛権」は、寺尾の「正当防衛権」と根本的に異なっている。後者は権利侵害を「正当防衛権」の行使前提とするのに対して、前者は権利侵害どころか、相手国の違法性も前提とせず、無実の第三国に対しても行使し得るとする。ただ、その場合、第三国の独立権を侵害することとなるが故に、「例外として……許容せらるゝに過きす」と彼は説く。すなわち、「自衛権は国家か本則的に有する権利に非すして……恰も一個人か通常犯罪となるへき行為を為すも急迫不正の侵害に対し自衛の為止むことを得さるに出てたるときは之を処罰せられさると同一理由にして厳格に云へは権利と云ふよりも寧ろ責任なき行為と云ふを適当とす[496]」。

　なぜ遠藤は、「自衛権」は「権利」ではなく「責任なき行為」にすぎないと主張するに至ったのか。前述のように、（a）類型にとって、戦争発動の際はそもそも相手国の違法行為を前提要件としない。したがって、「自衛権」行使の直接的結果として戦争が起ったとしても、相手国が違法行為国または無実の第三国かを問わないのはむしろ当然である。その意味において、「自衛権」を「権利」と見なさないのは、遠藤の戦争観の帰結と言えよう。しかし、「自衛権」の行使は必ずしも戦争を引き起こすとは限らない。たとえ戦争の発動は相手国の違法行為を前提としなくても、戦争に至らない「自衛権」行使も同じであるとは断言できない。したがって、「自衛権」が「権利」ではないというのは、その背後に他の理由があるはずである。それについては後述する。

　また、「自衛権」を行使し得る場所については、遠藤はホールの学説を引き、「直接危害を加へむとする者に対する場合」と「危害を加へむとする者に利用せらるへき第三国又は其の兵力に対する場合」に行使し得ると説く[497]。すなわち、違法行為国のみならず、第三国とりわけ敵国に利用される恐れのある中立国の境内においても、「自衛権」を行使し得る。その点において、遠藤は有賀と同じ見解を持つ。

---

[496] 同前注、315–316 頁。
[497] 同前注、322–325 頁。

こうして、（a）類型における「自衛権」（中村の用語で言えば「国家維持権」）は、論者によってその意味内容を相当異にするが、やはり以下のような共通点が見られる。

第一に、「自衛権」の行使は相手国の違法性を前提としないが故に、その対象は違法行為国のみならず、無実の第三国にも及び得る。ただ、有賀や遠藤に比べて、中村は、「人為の危難」と「天然の危難」とを区別し、前者に起因する「正当防衛権」の行使対象は違法行為国に限定している。

第二に、「自衛権」の行使時機として、実際攻撃を受けたときに限定せず、「其危険か目前に迫れること明らかなる場合」にも限定しない。つまり予防戦争を許容している。中村は「正当防衛権」の行使時機を「他国より事実上襲撃を受け危険の逼迫避くへからさる場合」に限定する一方、彼の挙げた実例から見れば、前二者と同様に、先制攻撃を合法と見なしている。

第三に、「自衛権」行使の必要が生じるのは権利侵害の場合に限定されず、自国の生存さえ脅かされれば認められる。特に有賀の「成全権」は、国力伸張のための「自衛権」すら合法と認め、きわめて広範な意味においてその概念を用いる傾向が見られる。

第四に、「自衛権」を行使し得る場所は、自国に限定せず、国境以外ないし他国境内に及ぶ。

すなわち、（a）類型の「自衛権」は、前述の彼等の戦争観に共通する論理構造を有し、非常に許容的なものであると言えよう。

では、（b）類型における「自衛権」は如何なるものか。

4.1.2.2. 裁定手段派

（b）類型の特色は、「自衛権」を独立権から区別することである。

当時の国際法理論上、「自衛権」を国家独立権のコロラリーとして捉えることが多い。前述の有賀もそうであるし、遠藤も、「国家は一個人と等しく他国の権利利益を不法に侵害せさる限りは 切の自由なる手段を用ひて其生存を維持し発達を計るの権利と義務とを有す是れ国家か自主独立なる当然の結果なり[498]」と述べる。そして、「自衛権」と「独立

---

[498] 同前注、318頁。

権」との関係をさらに明確な形で表現したのは、山石正文である。彼は「之を要するは国家自衛権は独立権当然の結果にして独立と自衛とは相待ちて離るへからす国家に独立権あるは自衛権ある所以なり。故に独立権の及ふ所は即ち自衛権の存する所にして其範囲は他国の独立権即ち自衛権を害せさるにありと[499]」と述べている。

　すなわち、独立国である以上、自国の存立安全を保護する権利を持たなければならないと彼等は考える。その意味において、「自衛権」は独立権の当然の帰結であろう。

　しかし、高橋は上記の論者と異なり、ホールの学説に依拠しながら、行使する場所に着目して「自衛権」と独立権とを区別している。彼によれば、独立権は他国からの侵害を防止するために自国の版図内で行使する権利であるのに対して、「自衛権」は基本的には自国の版図外で行使する権利である。すなわち、「自衛権」はもっぱら公海や他国領域内での武力行使を正当化するために用いられる概念である。

> 一国が他国の領域内に於て或は公海の上なる他国船の内に於て強力を使用する時若しくは他国の行動の自由を其の（他国の）領域内に於て制限せんとする時若しくは他国臣民の行動の自由を我が領域及び我が国旗の下にある船舶以外に於て制限せんとする時は独立を以て根拠とする能わず、之れを正当とする根拠は他の原理に於て求めざる可からず[500]。

　そのいわゆる「他の原理」は、「自衛権」にほかならない。そして、国際法上認められる「自衛権」は、以下のような場合を含む。

> 第一、自衛の為めに自ら強力寧ろ暴力を版図外に用ゆる場合、......
> 第二、干渉、......第三、外国人の外国に於てなしたる行為にして自国の存立に害あるときは之を自国の刑事裁判管轄下に置く場合[501]。

　第二と第三の場合は本稿の主旨から離れるため割愛するが、第一の「暴力を版図外に用ゆる場合」は、まさに「自衛権」を行使し得る場所に対する限定である。そのうえ、高橋はさらに二つの場合を区別している。

---

[499] 山石正文「国家自衛権の性質及範囲」『法学新報』第 7 巻通号 80 号、1897 年、13 頁。
[500] 高橋作衛『平時国際法論（第二版）』（東京：日本法律学校、1904 年）、525 頁。
[501] 同前注、530–531 頁。

（一）、「国家の生存に直接の危害を加へたるものに対し自ら強力を版図外に加ふる場合[502]」。

　この場合において自衛権が正しく行使される前提要件として、高橋はホールの学説を引用した上で、カロリン号事件とヴァージニア号事件を実例として挙げ、「緊急性」の要件を加える。興味深いことに、高橋は、この場合の自衛権行使は他国領域内で展開され、必ず他国の独立権の侵害を伴うが故に、「国際法に独立権行使の限界を立てたるものなり」と指摘する一方、「此の如く独立権行使の限界を立つることは独立其れ自身を害するものと謂ふ可からず、何となれば他国を攻撃し若くは脅迫することを禁ぜられたる為め国家は他国に対して従属の地位に立つと謂ふ可からす、又た国際社会の組織は散漫なるが故に其の条規〔＝自衛権に関する規定〕に服するは国際社会に従属するものなりと謂ふ能はざればなり」とする[503]。

　高橋の議論の趣旨は恐らく以下の通りであろう。「自衛権」は、緊急事態に瀕した国家が自らの存立安全を保持するために他国の独立権を一時的に侵害できる権利である。それは合法な侵害であるものの、あくまでも例外的でやむを得ぬ場合にのみ行われ得るものであり、悪意を以て他国を攻撃または脅迫することと同一視してはならない。したがって、「自衛権」の行使は、他国の独立権を一時的に侵害したとしても、他国の独立そのものを侵害するものではない。その意味で、「自衛権」は、国家の独立を守らなければならないという国際法上の根本原則とは両立し得る。

　これは論理上、それなりの説得力があるだろう。しかし、高橋解釈の後半部分——「国際社会の組織は散漫なるが故に」、「自衛権」を認めたとしても、それによって国家が国際社会に従属することを意味しないというのは、国家独立権の最高性を認め、国際法規範の拘束力を根底から否定する含意を有し、少なくともそのような帰結を導き出す可能性を秘めているように思われる。

　さらに、高橋は、ウェストレークの「国際自衛権の活動は先方に罪過ある場合に限るべき」という説に反論し、「自衛権」の行使にあたって、相手国の違法性を前提としないことを明確に指摘する。

---

[502] 同前注、532頁以下。
[503] 同前注、533頁。

> 然れども余の考ふる所にては国際法上の自衛権には斯る制限を付するの必要なし、抑も先方に罪過ありとか、当方に正当の理由ありとかは己人間にては国法なる好標準ありて決することを得、其裁判判決によりて正当、無罪過等を明にすることを得れとも国際法に於ては一国が正当又は有罪と声言することの果して当れりや否やを判定すること困難なる場合多く（仲裁は政治的争議を解決せす戦争後に至り始めて正不正と有罪無罪等を判別することを得べき場合あり）此くの如く正当の自衛と不正当の自衛とは、戦争によらざれば判然たらざる場合ある以上は国際法上の自衛は正当ならざるべからずと論断し其他の自衛は之を是認せすと云ふことは少しく不適切なり、何となれば、所謂正当なる自衛的行為と称するものも其結果戦争となりたる後敗戦により不正当となることもあるべく、正当と云ふ事は極めて未確定なるのみならず、若し自衛の範囲を正当なる原因にのみ限るときは国家の滅亡すべき最緊急の場合に若し自ら之に抵抗すべき理由を見出さゞるときは瞑目して亡滅を甘すべきこととなるべし、余の今日熟思せる結果にては国際法上の自衛権は国家の存立に必要なる場合に之れを維持するの権なりと単言し其原因の正当と不正当とは深く問ふ所にあらずとなす[504]。

前述のように、（b）類型は戦争を裁定手段と見なし、戦争の結果が出る前には、権利自体の正不正を判断できないとする。他方、「自衛権」に依拠してはじめて、国境外で他国の独立権を侵害したように見える行為は、他国の独立そのものを侵害する行為ではなく、緊急時の一時的な自救行為として例外的に許容されることになる。言い換えれば、当事国は、他国の独立権を侵害する外形を持つ行為を遂行する際、「自衛権」などの正当化論理を駆使しなければならない一方、それが果たして一時的な自救行為か、あるいは他国を攻撃または脅迫する行為なのかは、戦争の結果に依らなければ判断できない。ここには、「正義は力に過ぎない」というシニシズムが垣間見えるものの、力の支配を無条件に肯定する態度とはやはり区別されるべきであると思われる。

　（二）、「国家に直接の危害を及ぼす迄に至らざるも猶ほ重大の危害あること明亮なるに方り自ら手を下して之を防遏する場合[505]」。

　この場合、自衛権が正しく行使される前提要件として、高橋は再びホールの学説を引き、戦時において中立国の領土が敵国に利用される虞の

---

[504] 同前注、528–530頁。
[505] 同前注、538頁以下。

あることは明らかになった時には、それを防止するためにその中立国に対して自衛権を行使できる、と唱える[506]。その実例として、彼はデンマーク艦隊事件を挙げる。他方、同事例に対するウェストレークの「中立国罪過推定説」（つまり、中立国への領土侵犯を正当化するためには、その中立国に義務履行怠慢などの罪過の存在を推定し得ることを前提条件としなければならない）を付注で引用しただけで、コメントを加えない[507]。

この場合、直接の危害が発生しなくても、「重大の危害あること明亮なるに方り」、先制攻撃を行い得ると彼は説く。つまり、予防戦争が許容される。もっとも、高橋はそれに続いて、「以上の場合に於ては被害の地位に立ちし国自ら強力を行使するものなるを以て極めて制限を加ふべきものとす」と説くが、どのような制限が必要かについて、彼はそれ以上論じていない。

高橋と同じく「自衛権」を独立権から区別した（b）類型の論者として、秋山が挙げられる。彼の着目点は高橋と異なっている。秋山は、現在学説上において、実際、三類の「自衛権」が含まれるとし[508]、国際法

---

[506] 同様の観点は、倉地鐡吉にも見られる。「中立国の地形又は其の所有物件にして若し敵国の為めに利用せらるゝときは自国に非常なる危険を與ふる場合に当り若し其敵国か之を利用するの意志明瞭にして疑ひへからす而して又其の中立国は国力の微弱なるか……〔といった場合に〕国家は自衛の為め其の領土を占領し又は其の物件を差押へ其他中立国自身に対し一見敵対行為とも云ふへき行為をなすことを得へし〔但し、此種の行為は中立国の権利侵害となり、平和的行為と見なされない恐れがあるので〕此種の行為をなすの国は充分其の自衛の為めなることを表白し其の目的を達する為め斯かる行為の止むへからさることを証し且其の侵害を受くる国の損害を賠償するを要するものとす」、倉地鐡吉「国際間の自衛権を論す」『法政新誌』第 37 号、1900 年、17–18 頁。

[507] 高橋作衛『平時国際法論（第二版）』（東京：日本法律学校、1904 年）、538–542 頁。

[508] 前述の倉地鐡吉も同様の旨を述べる。「茲に余輩か自衛権と称するは国家か将さに重大なる危険に遭遇せんとする場合に於て其生存を維持するか為め他の国家の権利を侵害して其の危険を避くるの行為をなすの権利を謂ふものなり抑も国家は其の生存を維持するか為め諸般の行為をなすものなり陸海軍の兵備を整へ国土防衛の設備をなし他国と攻撃又は防禦の同盟を結ひ国家の組織を害する所の人物を処罰し駆逐するか如き皆尽く国家の生存を維持するか為めに必要なる行為にして其の目的の国家の自衛にあるは言を俟たさるなり然れとも余輩か茲に自衛権と称するものは此等の行為を包含したる概闊なる意義を有するものにあらすして単に

学者は、「便宜上任意に之〔＝自衛権〕か分類を企て之に其任意の名称及説明を為したるに過きすして」と指摘している[509]。

> 余は国家の独立に伴ひ其主権の当然なる作用として他国の権利を侵害せさる範囲内に於て自国の安全を保持し之か幸福を増進し又、其生存の安全及幸福の増進を他国より侵害せられさる為め自ら便益とする防禦手段を講するの権利を独立権と唱へたると同時に例へは個人に在りては我刑法第三十七条に規定する正当防衛の行為の如き国家か自国の安全及幸福を維持せんとするに付他国の権利と自国の権利との間に衝突を来す場合に於て已むを得す普通他国の権利とする所を侵害して自己の安全及幸福を図るの権利のみを自衛権と称したる[510]。

つまり、秋山は、他国の権利を侵害しないという前提の下で自国の安全幸福を追求する権利と、他国からの侵害に備えて自ら防御手段を講じる権利とを「独立権」と呼び、「普通他国の権利とする所を侵害して自己の安全及幸福を図るの権利のみを自衛権と称」する。権利を行使する場所に着目した高橋と異なり、秋山は、他国への権利侵害があるか否かに着目し、「自衛権」を独立権から区別している。しかも、秋山は、「自衛権」は通常他国境内では遂行できないとし、その点で高橋と正反対である。

> 一国の自存上自ら必要なりと認めたる場合に隣国の境内を侵入するの権ありとせは隣国は外国の自ら必要と認むる毎に其領内を侵犯することを許す責任若くは義務ありと云はさることを得す斯く均しく平和の時に於て国境を犯されさるの権利と国境を犯すことを許すの義務の両立すへき理由なきを以て自存権の国境以外に及ふと云ふは不通の議論なりと謂はさるを得す[511]。

すなわち、「自衛」のために他国の領土を侵犯する「権利」があるとすれば、他国はそれを忍従する義務があると言わねばならない。なぜな

切迫したる重大の危険を避くるか為め国家か行ふことを得へき非常の権利をのみ謂ふものなり」、倉地鐵吉「国際間の自衛権を論す」『法政新誌』第 37 号、1900 年、14 頁。

[509] 秋山の用語法において、「自衛権」と「自存権」との区別にはやや曖昧なところがあるが、ここではさておき。

[510] 秋山雅之介「刑法第二条と国家自衛権との関係」『法学志林』第 11 巻 11 号、1909 年、67 頁。

[511] 秋山雅之介述、須田栄治編『国際公法（完）』（東京：東京専門学校、1893 年）、23–24 頁。

ら、一方には権利があり、他方にはそれに相応する義務がないというの
は、法理上矛盾しているからである。しかし、国際法上、領土侵犯を忍
従すべき義務は存在し得ないが故に、他国の領土を侵犯できる「権利」
の存在も「不通の議論なりと謂はさるを得す」。但し、秋山は一つの例
外状況を認めている。つまり、もし「当時の事情及隣国の怠慢によって
咎め得へからさる512」理由があれば、自国を保護するために他国の境内
に入りその独立権を侵害することが例外的に認められる、と彼は説く。
裏返して言えば、他国に過失がなければ、その国の領土を侵犯してはな
らない。その点において、彼の主張はウェストレークに共通し、高橋と
対照をなしている。

　もっとも、「自衛権」行使のために他国境内に入ることは原則として
禁止されるものの、秋山における「自衛権」は、そもそも他国の権利侵
害を伴うものである。しかも、領土侵犯の場合を除けば、相手国の違法
行為を前提とせず、「他国の権利と自国の権利との間に衝突を来す場
合」であれば、「自衛権」を行い得る。「自衛権」の発動は権利の衝突
を前提とし、単に国益を増進するための「自衛権」行使は許されないと
いう点において、秋山の観点は（a）類型の有賀より制限意識が高い。

　しかし、権利衝突の場合に「自衛権」が発動され得るとは、一体どう
いう意味か。国家間の権利衝突は常に存在している。もし権利衝突一般
を皆「自衛権」の射程内に入れるならば、その概念自体の意味が失われ
る。逆に言えば、わざわざ「自衛権」を持ち出し、他国への権利侵害を
正当化するのであれば、権利衝突のうち、ある特定の場合を想定してお
かなければならない。それは如何なる場合か。

　実は、緊急性の要件について、秋山は正面から論じなかったが、国際
法上の「自衛権」は「刑法第三十七条に規定する正当防衛の行為の
如き513」であると彼は言う。それを見る限り、彼が「自衛権」を唱える
際に想定したのは、あくまで危急事態における権利衝突の場合であるよ
うに思われる。つまり、秋山における「自衛権」もおそらく危急事態を
前提とするのである。

512　同前注、23–24 頁。
513　秋山雅之介「刑法第二条と国家自衛権との関係」『法学志林』第 11 巻 11 号、
　　1909 年、67 頁。

　そうだとすれば、秋山の言う「自衛権」は、行使の場所の面において高橋の「自衛権」と正反対だが、危急事態に際して相手国の違法性を前提とせずにその権利を侵害できるという点において、両者は共通している。その意味での「自衛権」は、今日の用語で言えば、「正当防衛」よりも「緊急行為」に類似する。実際、彼等が「自衛権」の項目下で挙げた事例——カロリン号事件、ヴァージニア号事件、デンマーク艦隊事件など——は、いずれも緊急行為の事例である[514]。それは、同時代の学者にもすでに指摘された。例えば、松原一雄は、ハイルボルン（Paul Heilborn（1861–1932））とリストの学説に依拠しつつ、「所謂自衛権の発生する場合は独逸刑法に於て緊急状態（*Notstand*）緊急行為（*Notstandshandlung*）に該当する……予は所謂自衛権は国際緊急行為なりとなす自衛権と云ふは誤れり自衛行為と云ふは可なり[515]」と指摘している。その理由については、松原はこう説明する。

> 権利に対抗するの権利なし法は同時に両利益を保護せず之れ原則なり然れども事例外なき能はず両法益の対立は例外として之あり之実に緊急止むを得ざるの状態なり緊急状態なり法は非常例外の場合には非常例外の手段を不問に付す（積極的に保護せさるまでも）法は此非常例外の場合に際しては何れをも特別に保護せず又特別に処罰せず事の成行に放任するものなり此理論が国際法の関係に適用せらるゝときは世人の所謂自衛権（吾人の所謂自衛行為）となる自衛行為は緊急行為にして法の保護せざる行為なれば権利にあらず然れども法の処罰せざるものなれば不法行為にもあらず吾人が自衛権非権利説を唱ふる所以なり[516]。

---

[514] 田岡良一は、戦争違法化以前の国際法教科書において、「自衛権」の項目下で挙げられた事例は何れも「緊急避難」の事例である、と指摘している。それらの事例に関する詳細な分析は、田岡の優れた論著を参照。田岡良一著『国際法上の自衛権（補訂版）』（東京：勁草書房、1981 年）、30–104 頁。ただ、注意すべきは、三類型の論者の言う「自衛権」の中身はかなり異なるが、寺尾と中村を除けば、同じく上記の事例に言及していることである。

[515] 松原一雄「国際法上の自衛権に付て」『国家学会雑誌』第 17 巻第 200 号、1903 年、7–8 頁。

[516] 同前注、8–9 頁。他方、松原は自らの編纂した国際法先例集において、高橋、秋山らと同様に、カロリン号事件、ヴァージニア号事件などを「自衛権」の先例として紹介した。松原一雄述『国際法先例』（東京：日本大学、1904 年）、15–20 頁。

　つまり、権利を侵害し得る権利は存在し得ないが故に、他国の独立権に対抗できる自衛「権」はあり得ない。国際法上の「自衛権」は、国家が生死存亡の瀬戸際に瀕するという「非常例外の場合」において、「非常例外の手段」として許容されるのみである[517]。したがって、厳密に言えば、それは「権利」ではなく、単に「法の処罰せざる」行為に過ぎず、言い換えれば、違法性阻却事由または「責任なき行為」である。そのような意味での「自衛権」（つまり、「緊急行為」）は、相手国の違法行為への対抗としての「正当防衛権」と区別しなければならない[518]。

　では、なぜ（b）類型の言う「自衛権」は、その実質的要件設定から見れば、「正当防衛」よりも、「緊急行為」に類似するのか。しかも、そうであるにもかかわらず、自衛「権」と名付けるのか。おそらく、それは（b）類型の根幹的主張に関わっている。

　前述のように、（b）類型によれば、戦争の正不正に関して国際法が判断できるのは、法的根拠を示さない開戦か、勝手な口実しか示さない開

---

[517] 同様の論旨は、倉地鐵吉にも見られる。「自衛権とは国家か其の生存を維持するか為め已むを得さるものとして行ふ所の非常の権利なり自衛権の作用としてなす所の行為は其の結果他国の有する権利を侵害するものなりと雖も唯其の国家の生存を維持するか為め避く可からさるか故に之を許容するに過きす」、倉地鐵吉「国際間の自衛権を論す」『法政新誌』第37号、1900年、15頁。

[518] 視点はやや異なるが、松原は、「自衛権」が「正当防衛権」たりえない理由について、こう述べる。「論者或は曰はん自衛権中には所謂正当防衛に相当する場合あり而して正当防衛は実に学者が権利なりとする所なれば汝の説は正確ならずと曰く然り曰く然らず正当防衛は他人不法行為に対する防衛として権利行為なり国家独立権の作用なり何ぞ自衛権に口を藉るを要せんや殊に知らずや相手方が不法の侵害なりや又は正当の権利行為かを判定するは国際間にありて何人なりや国家の上に権力者なし裁判官なし従て正当防衛なりや緊急行為なりやは何人が之を判定すべきや各国家は各自自国の行為を以て正当なりとし権利なりとす権利の対立生ず緊急状態生ずるなり自衛行為は緊急行為なりとの論も生するなり論者の反駁は価値なし」、松原一雄「国際法上の自衛権に付て」『国家学会雑誌』第17巻第200号、1903年、9–10頁。なお、国際法からの視点ではないが、小疇傳も緊急行為と正当防衛との区別を指摘している。「緊急状態か彼の正当防衛及ひ自衛と異なる点は、正当防衛は不法行為者自体に対する防衛にして、自衛は原状恢復を目的とするものたるに反し、緊急状態は自己又は他人の権利を保護する為めに第三者の権利を侵害するものとす。」小疇傳「危難防衛又は緊急状態」『法政新誌』第62号、1902年、1–2頁。小疇の論文は国内法上の正当防衛と緊急避難を検討するものであるが、その法理は国際法に共通している。

戦である。それ以外の戦争は、双方とも一応の法的根拠を持つが故に、「国際法の関与する所にあらす」、戦争そのものによってその正当性が確定されることになる。いわゆる「権利の衝突」はあくまで二つの一応の「権利」間の対抗関係に過ぎない。すなわち、法的根拠を示さない開戦や勝手な口実しか示さない開戦を除けば、第三者の立場からは、交戦国のいずれか側の違法性をも予断できない。したがって、違法行為国への対応措置としての「正当防衛」という意味での「自衛権」は成立し難い。そのかわり、相手国の違法性を問わない「緊急行為」としての「自衛権」は無難に成り立つ。他方、個別国家の立場から見れば、仮に「緊急行為」であろうとも、「権利」として主張しなければならない。ここには、国家における権利主張の必要性と、国家間の「権利」衝突の必然性とが共存している。その意味で、（b）類型における「自衛権」は、「権利」と呼ばれるものの、権利たりえないのである。

　前述のように、（a）類型の遠藤も、「自衛権」は、「厳格に云へは権利と云ふよりも寧ろ責任なき行為と云ふを適当とす[519]」と説く[520]。その趣旨は、松原に共通するところがあり、かつ第三者の立場に立つ際の（b）類型の論理に類似しているように見える。しかし、根本的に言えば、（b）類型と遠藤との間には、表面上の類似性しかない。国家主権の絶対性を想定した遠藤は、「権利の衝突」を「自衛権」行使の前提要件とせずに、「国益の衝突」さえあれば、「自衛権」を行使し得るとする。しかも、相手国の違法性を予断できないというよりも、むしろ予断する必要がないと彼は考える。これは、後ほど紹介する日露戦争に関する遠藤の主張から明確に見受けられる。さらに、（b）類型によれば、限定的でありながら、国際法が判断機能を果たせる場合もある。それゆえ、彼等の言う「自衛権」は、大多数の場合において「緊急行為」であるが、「正当防衛」として行使される場合もないわけではない。以上の意味において、（b）類型の主張は遠藤と似て非なるものである。

　もっとも、（a）類型であれ（b）類型であれ、基本的に相手国の違法性を「自衛権」行使の前提要件としないが故に、その結果、自国が脅威さえ感じ取れれば、無実の第三国に対しても「自衛権」を行使し得るこ

---

[519] 遠藤源六著『国際法要論』（東京：清水書店、1908 年）、315–316 頁。

[520] 前掲注（489）で述べたように、中村も後年の著述において、その趣旨を以て「故に自衛権は権利にあらず」と明確に指摘している。中村進午著『国際公法論綱（改訂五版）』（東京：厳松堂書店、1925 年、初版は 1922 年刊行）、50 頁。

とになる。その主張に潜む危険性は、後ほど紹介する日露戦争時に直ち
に現れた。

なお、自衛権を行使し得る場所に関しては、同じく（b）類型に属する
花井は、第三国の領土で戦った日露戦争を「自衛権の延長」として捉え
る。裏返して言えば、本来の「自衛権」概念は、他国境内で行い得るも
のではなかったが、日露戦争の実践を通してはじめて拡張されたことに
なる。その点において、花井は高橋とも秋山とも異なっている[521]。

では、戦争制限意識が最も高い類型——（c）類型の執行手段派におい
て、「自衛権」は如何なるものなのか。

4.1.2.3. 執行手段派

前述のように、執行手段派は、国際法上の権利義務の正不正の判定方
法や判定権者について、良い対策を案出していないものの、それは解決
可能な問題であると考える。つまり、彼等にとって、相手国の違法性は
判断可能である。したがって、「自衛権」を理由とする戦争も、国際法
上認められる他の戦争と同じく、権利侵害に対する反応として、法を執
行する手段である。つまり、（c）類型における「自衛権」は、その本質
から言えば、「緊急行為」よりも「正当防衛」に近い。

寺尾は、前述のように、そもそも戦争一般の正当化根拠を権利の防御
に置く。「戦争は防禦を主とす戦争の意義に於て然る以上は戦争は確実
の権利を防禦する場合に於て正当なるへし換言すれば相互の義務を破り
たる場合に之を防衛するは正当なり[522]」、「戦争をなすには常に権利の
侵害なかるへからす此侵害に対して直ちに之を防く場合もあり或は既に
侵されたる権利の恢復を務むる場合もあり[523]」と彼は説く[524]。「自衛

---

[521] 花井卓蔵「日露戦争と国際法の発展」『国際法雑誌』第 4 巻 3 号、1905 年、2 頁。

[522] 同前泣、15 頁。

[523] 寺尾亨述『国際公法（戦時の部）』（東京：日本法律学校、1901 年）、16 頁。

[524] さらに、戦争を「自衛権」執行の手段と見なす者もいる。例えば山石正文はこう
述べる。「戦争は国家自衛権の尤も直接の結果にして他国の為め不正不義の行為
を受け其権利を侵害せられ他に之を救済するの道なきに於ては止むを得すして干
戈に訴ふへし戦争は自衛権執行の最もなるものたり。而も国家は平時に於て自国
保護の為めには如何なる防禦の手段も之を用ふるを得。」山石正文「国家自衛権
の性質及範囲」『法学新報』第 7 巻通号 80 号、1897 年、11 頁。

権」の用語こそ用いなかったが、その戦争の定義の中に防衛戦争の意味が本来含まれている。しかし、国家権利の防御は、戦争一般の正当化根拠ではあるが、そこには必ずしも緊急性の要件を内包していない。前述のように、寺尾は、常に国際社会と国内社会の構造的差異を意識し、かつ強烈な正義感と名誉心を持つだけに、国家による「正当防衛」の行使要件を緩和すべきであると唱える。彼において、緊急性どころか、平和的紛争解決手段を尽くさなくても、「兵を用いるの已むを得ざることを確信す[525]」れば、戦争の発動が許容される。実際、彼は戦争を正しく発動し得る場合を三種に分けた。

> 戦争は今日国際法の上より見るときは権利の主張、恢復若くは防衛の為めに之を為すものなり権利の主張とは一国の権利他国に無視せられたるとき他国をして之を承認せしめんとする場合に付て云ひ権利の恢復とは一国の権利他国の為めに侵害せられたるとき之か回復、救済を求むる場合に付て云ひ又権利の防衛とは一国の権利他国の為めに将に侵害せられんとするとき之か防衛を為す場合に付て云ふものにして[526]。

そのうち、「一国の権利他国の為めに将に侵害せられんとするとき之か防衛を為す場合」は、予防戦争許容論の含意を有している[527]。その発動要件について、寺尾はそれ以上説明していない。自国の権利が侵害されようという「確信」さえあれば、権利防衛の名の下で自ら進んで戦争を起こし得る、という意図が窺われるのである。

さらに、寺尾によれば、権利防御のための戦争は、自衛戦争のみならず、他衛戦争も含んでいる。国際連帯意識に基づいて、自国に限らず、他国の権利が侵害され、または侵害されようとするとき、積極的に干渉戦争を起こし得ることは、寺尾の持論である。

> 兎に角戦争には正当なりとの条件なかる可らず此条件にして具はれる以上は他国か侵害せられたる場合にても自ら戦争を起し得べし何となれば戦争は個人間の正当防衛と同し而して正当防衛の際には他人の為めに其権利を執行し得べし同理によりて国際間に於ては各国

---

[525] 「日露開戦に関する寺尾亨の意見」蔵原惟昶編『七博士日露開戦論纂』（東京：旭商会、1903年）、20頁。

[526] 寺尾亨「戦争は権利に基くや」『法学志林』第28号、1902年、55頁。

[527] 寺尾は、「防衛」「防御」「防禦」を区別せずに用いた。しかし、戦争一般の正当化根拠を「権利の防御」に置く以上、ここでの「主張、恢復、防衛」のうちの「防衛」は、狭義の「防御」ではないかと思われる。

連帯なる点より戦争を起し得べし何となれば一国の専横を放任して
猥りに他国の権利の侵害をなさしむるときは他日己れも其侵害を蒙
むるか如きことなしとせさればなり[528]。

この点において、寺尾の見解は（a）類型と対照的である。例えば、遠
藤は、「自衛権」には狭義の「自衛」と干渉の二種が含まれるとし、干
渉についてこう述べている。

干渉を為す必要あるは干渉せされは自国の独立自主を維持すること
能はす又は重要にして回復し難き権利利益を蹂躙せらるる場合に限
らさるへからす……国際公安を維持し国家相互の利益を増進する為
には強国の専横は之を抑へ弱国の紛擾は之を鎮制するに足る方法を
必要とするや疑なし而して此の如き方法は之を干渉以外に求むるこ
と能はさるに非す否干渉に依るよりも却て列国協商に依りて始めて
其の目的を達し得へきものなるへし[529]。

すなわち、国際社会の公共秩序を維持するための方法は必要である
が、干渉よりも「列国協商」のほうが望ましい。この干渉に対する遠藤
の慎重な態度は、おそらく日清戦争後の三国干渉の経験から発したもの
であろう[530]。

---

[528] 寺尾亨講述『国際公法（謄写版）』（出版地不明：庚子攻法会、1902 年）、57 頁
裏－58 頁裏。

[529] 遠藤源六著『国際法要論』（東京：清水書店、1908 年）、336–337 頁。

[530] 遠藤は、「自衛権」に基づく干渉を認めるが、それ以外の干渉、とりわけ勢力均
衡の名目下の干渉に強い反感を示した。彼は、日清講和条約に対する露独佛三国
干渉を例としてこう述べる。「権力平均を目的とする干渉も不法なり：此の如き
理由を以て干渉することを許すは独り強国の利益にして弱国の迷惑なり何となれ
は世界統一を為さむとするか如き国の設備に対しては他国か干渉するも其の効を
奏すること難く若し他国の干渉に依りて其の企謀を止め又は其の軍備を縮少する
か如き国ならは假令之を増加するも隣国を恐怖せしむるの実力ありと謂ふへから
す假に斯る実力ありとするも各国は自ら必要とする程度まて其の兵備を拡張する
は自主独立を維持する為め当然のことなるを以て之に干渉を受くる理由なし隣国
若し之を危険と信せは之に対する相当の設備を為せは可なり他国の独立権の発動
に干渉するの理由なきなり特に正当の方法に依りて領土を増加する如きは假令其
の結果として第三国は商業上又は軍事上不便不利の地位に立つことあるも何等の
干渉をも許すへき事柄に非す然るに学者に依りては国際団体の利益か干渉に依り
て進捗せられ得へき場合には或る国家は共同利益の為に自国の利益を犠牲に供せ
さるへからすと論する者あり此の説も亦其の解釈如何に依り甚しき不法に陥るこ
とあり従来行はれたるものの中此の種の干渉尠からさる」、遠藤源六著『国際法
要論』（東京：清水書店、1908 年）、340–341 頁。

　また、寺尾の主張は、有賀とも対照をなしている。有賀は、日清戦争における日本側の開戦理由として持ち出された朝鮮扶助論に対して、以下のように反論する。

> 日本の意志の正否に就き或る一部の論者は弱きを助くる義侠を以て
> 之を辯解せんとしたれとも是れ道理に合はさるに似たり。凡そ責任
> を以て国家の舵を把る者は他国の為に自国の存立を危きに晒すまて
> も自国の利益を犠牲にすへからす、其の一挙一動は直接又は間接に
> 自国の利益を伸張するものなるを要す[531]。

　前述のように、有賀は終始一貫して「国家存立の目的」を自らの国際法理論の根柢に据えている。彼の理論によれば、国家と個人は道徳基準を異にしており、国際社会において、国家が自国の利益追求を最優先に考慮し、エゴイスティックな行動をとるのは非難されるどころか、むしろ道徳的な行為である。したがって、他国のために自国の利益を犠牲にするような行動を取るべきだとする主張は、国家の道徳基準に悖り、「道理に合はさるに似たり」というしかないのである。

　寺尾と同じく（c）類型に属する千賀は、戦争の正当化根拠を「自国の権利の保護若くは正当なる干渉[532]」に置く。如何なる場合において「正当なる干渉」が存在し得るかについて彼は論じていないが、漠然たる国益ではなく「権利」の保護を強調する点において、彼は寺尾と同様である。

　他方、彼は寺尾と異なり、「国家固有の権利」の項目下で「自国維持の権（自衛の権）」を論じている。彼によれば、「自衛権」の正当化根拠は以下となっている。

> 凡そ国家は国際社会に於て権利の主体と為る以上は必す先つ自から
> 存立するの権利を有せさるへからす假りに此権利なきものとすれは
> 他国より侵略せらるとも之に反抗するの権利なしと謂はさるへから
> す而して他国よりの侵略に反抗するの権利なしと云ふは即ち他国に
> 向ひて一切権利を保護するを得すと云ふに均し換言すれは全く権利
> の主体たるの実を失ふへし故に自衛の権は国家固有の権利の中に就
> きて最も重大なるものとす若し此権利なきときは国際公法の主体な

---

[531] 有賀長雄著『日清戦役国際法論（全）』（東京：陸軍大学校、1904年再版発行、初版は1896年刊行）、26–27頁。

[532] 千賀鶴太郎著『国際公法要義（訂補再版）』（東京：巖松堂書店、1911年、初版は1909年刊行）、517頁。

　　るものも有名無実と為るへく随ひて国際社会も国際公法其者も実際
　　に成立することを得さるへし[533]。

　このような「自衛権」は国家固有権のうち「最も重大なるもの」であ
り、それに対する侵犯は当然戦争発動の正当化根拠となり得る。しか
し、戦争一般が保護すべき権利に比べて、「自衛権」はあくまで自国の
存立を保持する権利に限定され、他国を保護するための干渉権を含んで
いない。その点において、彼は寺尾と異なっている。

　そして、千賀は、その「自衛権」の具体的な内容として、「国家其物
の滅亡を防止することのみならす国家の構成に必要なる諸元素の存立を
維持することをも含蓄す」とし、それには土地、人民、政府機関などの
有形物のほか、政体ないし主権等の無形物も含まれる、と説く[534]。この
字面を見る限り、「成全権」を除けば、千賀の「自衛権」は、有賀の
「自衛権」概念に類似し、きわめて広漠な概念のように見える。しかし
千賀は、「自衛権」の行使をもたらす原因を「自然の出来事」と「人為
の出来事」とに分けている。「自然の出来事」とは、疫病、飢饉、
海嘯、土地の陥落などの天災を指す。その際、国家が生存維持のために
他国の権利を一時侵害することは許容される。この種の「自衛権」は、
国内法上の「緊急法の適用」の如く、緊急事態においてやむを得ず無実
の隣国に対して行使し得る。それは、実質的には「緊急行為」にほかな
らない。「緊急行為」だからこそ、他国の「自衛権」に対抗することが
できない。「此場合には双方の自衛の権が互に衝突するを免れす」、隣
国は自らの生存を確保するために、自国からの「緊急行為」に基づく救
援要請を拒むことができるという[535]。すなわち、「自然の出来事」の場
合、隣国に違法性がないが故に、自国の「自衛権」は許容された行為に
過ぎず、積極的な「権利」たりえない。緻密な学理的分析に長ずる千賀
は、この種の「自衛権」の性質を正確に位置付けている。前述のよう
に、中村も「自衛権」の行使原因を「天然の危難」と「人為の危難」と
に二分し、前者の場合について、無実の第三国に対しても「国家維持
権」を行使し得るとする。その点において、千賀と中村は共通して
いる。しかし、論述の重点を「天然の危難」に置く中村と異なり、千賀

---

[533]　同前注、131 頁。
[534]　同前注、132 頁。
[535]　同前注、133–134 頁。

は主に「人為の出来事」をめぐり「自衛権」の論述を展開している。彼によれば、「人為の出来事」はさらに三種の場合に分けられる。

> 第一種、或る国の臣民が外国に行きて本国に対して陰謀を企つる場合、第二種、外国人が内国又は外国に在りて内国に対して陰謀を企つる場合、第三種、外国政府又は其機関が内国に対して陰謀を企つる場合是なり[536]。

　第一種と第二種は、本稿の主旨から離れるため割愛するが、第三種は、「外国政府又は其機関」の違法行為を前提とし、まさに千賀が日露戦争の正当化論理として用いられたものである。その場合、国家は如何なる「自衛権」を行使し得るかについて、千賀はこう述べる。

> 〔その場合において、〕陰謀者が外国政府若くは其機関なるが故に容易に其陰謀を暴露することを得す且つ偶々之を暴露すとも通常は所謂公然の秘密と看做すへきものにして之を禁遏すへき手段あらす……然し斯る陰謀は未た全く熟せすして外形に顕はれさる以上は如何とも為すことを得す唯城寨を増築し海陸軍を拡張して不虞に備ふるの外はあらす外交上に於ては或は斯る場合に他の強国と守戦同盟の約を結ひ其陰謀の実行を妨くることあり……次に陰謀が既に外形に顕はれたるときは如何と云に此時は直ちに談判を開きて之を詰責す危急の場合に在りては宣戦を待たすして直ちに戦闘して可なり[537]。

　すなわち、外国政府の陰謀が「未た全く熟せすして外形に顕はれさる」場合、自国の軍備国防を強化し、他国と守戦同盟を結ぶことなどによって備えるしかできない。これは有賀が「領域保全権」の項目下で論じたものに共通している。他方、「陰謀が既に外形に顕はれたるとき」は、外交交渉によって陰謀の進展を阻止するほか、「危急の場合に在りて」宣戦もせずに直ちに戦争に訴えることができるとする。実際、千賀は上記の論者と同様に予防戦争を認めている。

> 爰に一問題あり即ち其陰謀が全く熟して今にも外形に顕れんとする時之を遮止せんか為に彼に先んして事を起し得へきか如何の問題是なり軍略上より見る時は斯る場合に我より先んして彼を制するを要するや明白なり故に法理上に於ても自衛の権を行ふか為めに彼に先んして可なり是れ唯理論上のみならす歴史上に於ても実例あり[538]。

---

[536] 同前注、134頁。
[537] 同前注、137–138頁。
[538] 同前注、138頁。

こうして、予防戦争を認める「自衛権」論は、当時の緊迫した国際情勢において一般的認識となる傾向が見られる。国際関係における熾烈な権力闘争の不可避性を強く意識したためか、多くの国際法学者は、予防戦争の正当性と合理性を当然視し、さらに積極的にそれを高唱している。当時の国際法理論は、けっして理念世界に閉じ込められたものではなく、生々しい現実によって規定された一面があるのである。

「自衛権」を論じる千賀の教科書は、1909 年公刊である。彼は日露戦争のことを念頭に置きつつ、以上のような論述を展開したと思われる。例えば「公然の秘密」に関して、彼は「例へは露国は世人の謂ふ如く諸方面に向ひて国境を広めんと計るとせん[539]」を挙げている。また、「宣戦を待たすして直ちに戦闘して可なり」、「例へは隣国が我国境に接近したる処に突然強大なる兵力を集めたりとせん其兵力は尚我国境を侵さすとも陰謀は既に外形に顕はれたるものなり事誼に依れは直に撃ちて之を退くとも可なり[540]」などの論述は、日露戦争時における日本側の無宣言開戦と先制攻撃を弁護する論理と解されよう。

その点はともかく、「自然の出来事」の場合を除けば、千賀の「自衛権」は寺尾と同じく、自国の権利侵害と相手国の違法行為をその行使前提とし、今日の「正当防衛」概念に類似している。（a）（b）類型の多くの論者に比べて、寺尾と千賀はより制限的な姿勢を見せている。

他方、（c）類型の蜷川新は、「国家の生存を害す可き行為の他国に起りたる場合に於て、之れに迫りて之れをして自ら相当の処分を為さしむる場合[541]」において自衛権を行使し得るとし、相手国の違法性や緊急性の要件にまったく言及しない。その字面から見る限り、予防戦争を禁止する意図は読み取れない。しかも、彼は（b）類型の高橋と同じく、「自衛権」を行使し得る場所を公海、敵国または準敵国、さらに第三国などの自国外に限定している[542]。ここで注意すべきは、蜷川も高橋も、「自衛権」の行使の場所を公海などの公共領域に限定しないのみならず、「自衛権」が向けられる対象国（＝自国に危害をもたらした国家）の領土にも限定せず、さらに無実の第三国や中立国の領土も含むとする、ということである。国家独立の不可侵という国際法の根本原則からして、

---

[539] 同前注、137 頁。

[540] 同前注。

[541] 蜷川新「満州問題管見」『明義』第 4 巻 8 号、1903 年、3 頁。

[542] 同前注、2 頁。

無実の第三国や中立国はそのような侵犯を甘受する義務はない。そうである以上、そのような領土侵犯の行為を正当化するためには、法理上、厳格な発動要件や事後の責任を負う方法などを規定しなければならない。そうでなければ、自国を守るために、他国の権利を濫りに侵害することが許容されるに等しい。しかし、蜷川も高橋も、そのような作業を遂行せずに、無実の第三国や中立国の領土における「自衛権」行使を自国の当然の「権利」として認めようとした。後述するように、日露戦争時に、彼等はその理論を実践に適用し、中国と朝鮮における日本の軍事活動を正当化しようとしたのである。

　以上、三類型における「自衛権」の意味内容を考察した。これによって明らかになったように、「自衛権」に関しては、同じ類型に属する論者の間に、その核心的主張では一定の共通性が見られるものの、相違も少なくない。他方、異なる類型に属する者の間に、論理的前提が異なるにせよ、個々の主張に関しては類似性が見られる場合もある。もっとも、三類型に共通する特徴もある。それは、程度の差こそあれ、皆予防戦争を許容することである。そして、三類型の核心的主張を要約すれば、（a）類型（とりわけ有賀と遠藤）の「自衛権」は、きわめて広範な意味において用いられる傾向が見られる。（b）類型の「自衛権」はどちらかと言えば「緊急行為」に近い。それに対して、（c）類型（とりわけ寺尾と千賀）の「自衛権」は本質からいえば「正当防衛」に近い。すなわち三類型の「自衛権」理論は、彼等の戦争観と同様の論理構造を有していると思われる。

　もっとも、各論者の言う「自衛権」にはかなりの相違が見られるものの、その理論の現実的機能は同じく日露戦争時における日本側の行動を正当化することにある。後述するように、その際、彼等は様々な角度から自らの理論に合致するような「事実」を作り上げたり、あるいは法理論を好都合に使用したりした。それについて、次節で紹介する。

第二節　「自衛権」の名の下での日露戦争

　前述のように、（a）類型の中村、（b）類型の高橋と（c）類型の寺尾は、「七博士」に名を連ね、早期開戦の必要性と正当性を熱っぽく語った。「七博士」建白書において、彼等は、ロシアが満州を占領すれば次に朝鮮に臨み、遂に日本の生存を脅かすという「ドミノ理論」を唱え、日露戦争を日本という国家の存亡を賭ける戦いと性格付けた。彼等のみ

ならず、当時の国際法学者は皆主戦論者として登場し、「自衛権」など
の法理論を駆使して日露戦争を正当化しようとした。以下では、「自衛
権」理論を中心に据えながら、三類型における日露戦争観を見てみ
よう。

4.2.1. 法的枠外派

（a）類型の有賀と遠藤は、「自衛権」を以て日露戦争における日本側
の立場を正当化するにあたって、こう述べた。

> 有賀長雄：
>
> 日本は自衛上、止むことを得ず、兵を満洲に用いて露軍を逐ひ、其
> の後を占領したり[543]。
>
> 遠藤源六：
>
> 日露開戦の当初露国か韓国北境に多数の軍隊を集中し将に韓国を占
> 領し依て以て我国を攻撃するの根拠地と為さむとせり韓国と我国と
> は唇歯の関係を有し彼若し露国に占領せらるるときは我国の地位非
> 常に危険となること明なり而して韓国は露国の侵略を防遏し中立国
> たるの権利義務を維持するの実力なきを以て我国は韓国か未た露国
> の為に占領せられさる以前軍隊を上陸せしめ必要なる地点に軍事上
> の設備を為し以て露軍の侵入を防遏するを得たり是れ亦自衛権の発
> 動と謂ふへし[544]。

他方、彼等は、日露戦争の起因が「権利問題」ではなく、あくまで
「国益の衝突」、すなわち「国是政策の相容れさる」ことにあると説い
た。

> 有賀長雄：
>
> 日露事件は始めより権利問題に非ず、唯だ将来に対する利益の衝突
> なり[545]。
>
> 抑々清国は東三省に関し、独立の一国として尽すべきの責任を尽さ
> ず、露国が之を日本に反対する戦争の準備に利用するに放任したり
> ……国と国との上には政府なく、制裁なきが故に、被害者は自己の

---

[543] 有賀長雄『満洲委任統治論：有賀博士陣中著述』（東京：早稲田大学出版部、
1905年）、10–11頁。

[544] 遠藤源六著『国際法要論』（東京：清水書店、1908年）、324–325頁。

[545] 有賀長雄『満洲委任統治論：有賀博士陣中著述』（東京：早稲田大学出版部、
1905年）、4頁。

実力を以て将来に備へざるべからず、是れ外交上、動すべからざる
の関係にして、世界の異議なき所なり、是れ実力の関係なり[546]。

遠藤源六：

日露戦争は露国の満州撤兵問題に起因すること何人も疑はさる所な
り然れとも吾輩の信する所に依れは日露戦争は日露両国の国是政策
の相容れさる必然的結果にして決して一時の利害の衝突又は政治的
感情に因るものに非す[547]。

要之日露戦争の直接原因は露国か満州撤兵を清国に約し且列国に証
言したるに拘らす之を実行せさるのみなさす韓国に於ける帝国の政
治上並商業上優越なる関係を承認せさるに在りと雖も其の真の原因
は帝国の国是と露国の国是と根本的に両立すること能はさるものあ
りしに因る故に孰れか一方か其の国是を変更するに非されは満州撤
兵問題なしと雖も到底両国の衝突は免るること能はさるものに属す
是れ我輩か日露戦争は其の由て来ること頗る久しく其の根蒂甚た深
しと謂ふ所以なり[548]。

　これは一見自家撞着のように見える。日露戦争の起因が「権利問題」
ではないとすれば、「自衛権」に言及する意味がどこにあるのか。しか
も、第三章で分析したように、（a）類型は、戦争の発動を平時国際法上
の権利義務関係に根拠づけていない。そうだとすれば、「自衛権」を以
て日露戦争を正当化する必要はそもそもないのではないか。さらに、
（a）類型の論理から言えば、国家は各自の国益を追求することが「正
当」であり、各国間で利益の衝突が生じるなら、最終手段として戦争を
以て決着させることも「正当」である。一般論として、権利に対抗する
権利なるものは存在し得ないが、国益に対抗できる国益は存在する。
「自衛権」概念を用いて戦争を正当化しようとする場合、交戦国双方の
「正当性」は論理上成り立ち難いが、「国益の衝突」を以て戦争を正当
化しようとする場合、双方とも「正当」であり得る[549]。すなわち、この

---

[546] 同前注、10–11頁。

[547] 遠藤源六著『日露戦役国際法論（全）』（東京：明治大学出版部、1908年）、2
頁。

[548] 同前注、17頁。

[549] 現に日清戦争に関して、有賀は交戦国双方の正当性を明確に主張した。「問ふ此
の戦争〔＝日清戦争〕の原因は正当なりやと、答へて曰、然り、『自国の意志を
徹底せしめて他国の為に之を曲けさらんと欲して実力を以て自国の意志に反対す
る者を破るは独立国民か其の独立を完うする為に止むを得さる所なり、故に日清
戦争に於ては日本も支那も共に正当なりき』と。」すなわち、有賀によれば、日

二種の論理は必ずしも相容れず、その両者を同時に駆使するなら、矛盾が生じることになる。

　彼等がその問題に対して無頓着であったとは断言できない。一つの解釈として、彼等は、日露戦争を「国益の衝突」と性格づけた一方、世間一般に通用した「自衛権」の表現をそのまま使ったのかもしれない。しかし、国際法学者が専門研究書に用いた法概念に対して、そのような解釈を為すのは適当でないだろう。実際、日露戦争時において有賀と遠藤が「自衛権」を持ち出したのは、彼等の言う「自衛権」の中身に関わると思われる。前述のように、（a）類型の「自衛権」に共通する特徴は、相手国の違法性を前提とせず、無実の第三国にも及ぶこと、実際攻撃を受けた場合に限定せず、さらに「其危険か目前に迫れること明らかなる場合」にも限定しないこと、権利侵害の場合に限定せず、自国の生存さえ脅かされれば認められること、自国に限定せず、国境以外ないし他国境内で行い得ること、などである。これほど広漠な意味において捉えられた「自衛権」は、表面的には法的条件を設定しているが、実質的には法的制限を解除する機能を果たし得るのであり、国益追求を最高目標とする（a）類型の戦争観と矛盾しないどころか、如何なる戦争においても好都合な「正当化根拠」となり得る。有賀の「成全権」は言うまでもなく、「自衛権」が「権利」ではなく「責任なき行為」であるとする遠藤の主張も、「自衛権」の広漠な適用範囲を確保しようという意図が込められているのではないだろうか。

　前述の諸特徴のうち、予防戦争許容論は、日露戦争時における日本側の先制攻撃を正当化する好都合な論拠として用いられた。また、自国に限定せず、国境以外ないし他国境内で行い得る「自衛権」は、中立国（清国の満州、朝鮮）の領土内における武力行使を正当化する格好の論拠となった。その論理によれば、露国による満州・朝鮮占領が日本に対して脅威を為したが故に、それを防遏するために日本軍が機先を制して満州・朝鮮を占領するのは、「自衛権」の行使にほかならない。実は、

清戦争の原因は日本と清国の間に朝鮮独立をめぐる「意志の衝突」にある。「日本は朝鮮をして完全なる独立国たらしめんことを欲し、支那は之を其の保護国とせんことを欲したり」。そして、日本も清国も独立国であるが故に、いずれもその意志を曲げることができず、「遂に双方実力を以て対手の意志を屈服せしめんとするに至りたるものなり。」有賀長雄著『日清戦役国際法論（全）』（東京：陸軍大学校、1904年再版発行、初版は1896年刊行）、25–26頁。

戦争に対して非常に許容的な態度を取っている（a）類型でさえ、基本的には交戦国領土内における戦争のみを想定している。交戦国以外の独立国家、例えば無実の第三国や中立国の領土内における武力行使を正当化するためには、一般の戦争理論だけでは十分に説明できず、さらに「自衛権」を持ち出さなければならない。

　（a）類型の論者のうち、中村は有賀や遠藤と異なり、日露戦争の正当化論理として、「自衛権」（中村の用語で言えば「国家維持権」）に言及しなかった。前述のように、彼によれば、第三国での武力行使が許容されるのは、「天然の危難」が発生した場合に限られる。「人為の危難」に際しては、違法行為国の領土に入り先制攻撃を行い得るが、第三国の領土を侵入してはならない。その限りにおいて、中村は有賀や遠藤より制限的な態度を示した。

　しかし、戦後償金の問題に関して、中村は、有賀や遠藤より徹底した形で戦争原因不問論を貫徹させた。中村によれば、「純然たる理論より云はゝ」、戦争の敗者が勝者に償金を支払わなければならない理由は見当たらない。しかしながら、「純理の上より解し難くして寧ろ実際上の便宜より生したる結果なり[550]」と彼は指摘した。

> 勝国か敗国より償金を受くるの理由を尋ねれは極めて簡単なり勝国の費したる軍費は其起源敗国か戦争したるに基くか故に敗国須らく之を支弁すへしと云ふに過きす戦争開始の理由か勝国の是に出たるか敗国の非に出たるか将た其反対なるかは問ふことを要せさるなり国際法は邪国か正国を亡すことをすら認むるもの況んや勝国か敗国より償金を徴するに於てをや[551]。

　これは極端なまでの戦争原因不問論と言えるだろう。国際法が「邪国か正国を亡すこと」を認めることに対して違和感を感じないのみならず、それを「勝国か敗国より償金を徴する」べき法的根拠として用いるのは、国家間の力関係に相応する力の「正義」を追求しようとする（a）類型の戦争観の典型的体現にほかならない。

　他方、このように徹底的な戦争原因不問論を唱えた中村は、日露戦争の際、ロシア側の違法性を厳しく非難し、日本の生存がそれによって脅かされたことを高唱した。そのような言論には、国際法学者よりも交戦国国民として自国の行動を正当化しようとする意図が込められ、さらに

---

[550] 中村進午「償金に就て」『日本法政新誌』第 10 巻 9 号、1906 年、31–32 頁。
[551] 同前注、32 頁。

戦意高揚のプロパガンダとしての一面もあろう。中村のみならず、 (a)
類型の論者は、程度の差こそあれ、皆そのような側面を持っていると思
われる。有賀は、日露戦争における日本の行動の学問的正当化に腐心
し、国際法理論を運用して自国の正当性を証明するのが国際法学者の責
務であると説いた。

> 吾等国際法事務嘱託の勉むべき所は独り此の如き接近の目的〔＝我
> れも亦盛に敵の違反行為を摘発し、以て其の人道に戻り、公法を破
> るの甚しき決して日本軍の比に非ざるを公示するに在りとす〕のみ
> に非ずして、更に遠大不朽なる者あり即ち他なし、新奇なる事情の
> 下に国際法を適用するに当り戦時公法の新奇の原則を発見して以て
> 此の学の進歩発達に勉むること是れなり此の事たる独り学問の為の
> みならず、又一方に於て日露戦争に於ける我が国の意思行動の理想
> を証明して以て世界の歴史に於ける此の戦役の全体の位品を高くす
> るの結果あるべきものなれば決して忽諸に附すべからず[552]。

　もっとも、以上の論者が用いた正当化論理を、単に国家の公法弁護士
のレトリックとして理解するのも、やや適切ではないように思われる。
実際、それらの言論は、国際社会における戦争の位置付け、および戦争
と平和の関係をめぐる彼等の国際法観にも関わっているのではないか。
現に有賀はこう述べた。

> 世の戦争を論ずる者、多くは平和の日室内に安坐して机上の論を為
> すに過ぎず、今若し戦闘の最も激烈なる渦中に身を置きて戦争を考
> 究せば、或は実情を得るに庶幾からんと、余曾て海牙の平和会議に
> 参列して、有らゆる戦争廃止の議論は聴き尽したるも、未た曾て本
> 心より戦争の廃すへきを思はず、今又眼前に此の暗憺たる光景を観
> 危害肉骨に及び、自身に迫るに至りても、真に之を有害とするの念
> は毛頭も起らず、寧ろ戦争の必要を廃せんと欲せば先づ戦争するよ
> り外に其の途なきの信念を堅くしたる秦は虎猪の国戦争を以てする
> に非ざるよりは何を以てか之を亡ぼさんや、露は横暴の民戦争を以
> てするに非ざれば何を以て之を懲さんや、……戦争を以て之を制す
> るに非ざるよりは何を以て之を制せんや実に日露の戦争は平和の先
> 駆にして、日本国民は自国の利益を防護すると共に世界の公益を計
> るものなり[553]、

---

[552] 有賀長雄「日露戦争と国際法」『外交時報』第 81 号、1904 年、51–52 頁。
[553] 有賀長雄「実戦中の冥想」『外交時報』第 84 号、1904 年、82–83 頁。

今日の世界、戦争を外にしては国民の背徳を懲治する所以のものなく、天下文明に達するの道は武力を以て之を妨碍する者を挫くに在り、漢土古聖の文武両道を並唱する其の謂なきに非す、戈弋相同しからすと雖均しく是れ兵器なり、弋を止むるを以て武の字を組成す、蓋し国民を教導して永久の平和に達せしむるの径は戦争に在るの意か[554]。

遠藤はこう述べた。

世には永久的平和と云ふことを唱ふる者もあるが、我輩の考ふる所に依れば、斯くの如きは望むべくして決して実現を期することの出来ぬ夢想である。少なくとも吾人が社会の変遷を想像し得べき限りの将来に於ては、実現することのないものと思ふのである[555]。

また、第三章で述べたように、物質的必要に基づく利害共通の自覚により国家間の戦争が減る一方であると主張した中村は、こう述べた。

所謂利害共通なるものか果して国際法の根本なりとせは利害の衝突は其正反対の場合なるか故に此場合に於ては国際法の根本を侵害するものの如し然れとも予は利害の共通ある所には必す利害の衝突あることは免れさる所にして既に利害の共通と言へは其裏面に於て直ちに利害の衝突を意味するものなれはなり故に国際法上利害の共通と言へは平和の状態に於て現るるものにして利害の衝突と言へは戦争を意味うするものなり是れ国際法に於て平時に於ける法則と戦争に関する法則とを認むる所以にして国際法は即ち利害の共通と利害の衝突との両面を支配することを知ると同時に利害の衝突は決して国際法の存在に妨害を與ふるものに非さること明瞭なりとす[556]。

すなわち、永久平和はあり得ない。平和のあるところに戦争がある。戦争と平和は二元対立の関係にあるわけではない。戦争を通してはじめて平和が達成され得る。戦争を止めるには戦争を以てするほか道がない[557]。戦争は平和を破壊するよりも、むしろ平和を追求する手段であり、さらに「天下文明」、「世界の公益」の実現に至る推進力である。その

---

[554] 有賀長雄「旅順の新戦場」『外交時報』第 92 号、1905 年、59 頁。

[555] 遠藤源六著『軍国講話：戦争と国際法』（東京：読書会、1914 年）、3–4 頁。

[556] 中村進午「国際法の精神」『法学志林』第 10 号、1900 年、48–49 頁。

[557] 戦争を以てはじめて戦争を止めるとの論調は、二戦中の石原莞爾の「世界最終戦論」を彷彿させる。「戦争の終結と云ふ事は国家対立の解消、即ち世界統一を意味して居る。最終戦争は世界統一の序曲に他ならない」、石原莞爾著、石原莞爾全集刊行会編『戦争史大観；世界最終戦論；国防論；他（石原莞爾全集第一巻）』（船橋：石原莞爾全集刊行会、1976 年）、215 頁。

意味において、「実に日露の戦争は平和の先駆にして、日本国民は自国の利益を防護すると共に世界の公益を計るものなり」、と有賀は熱っぽく語った。

以上の論調には、大きな危険性が潜んでいることはいうまでもない。とはいえ、国際社会では熾烈な生存競争が一日も止まらずに展開されていると認識した場合、戦争の位置づけや戦争と平和の関係に対するそのような認識が登場するのも当然の面があるだろう。この問題については後ほど詳述する。

なお、ここで注意すべきは、第三章で分析した（a）類型における戦争制限意識がほとんど姿を消したことである。「国家存立の目的」に基づく「自己制限」（有賀）であれ、「利害共通の自覚」に基づく「内部の強制」（中村）であれ、日露戦争の際、その制限機能は完全に失われた。そもそもそれらの学説は国益追求の戦争を制限するためではなく、最大限の国益を実現するために、戦争発動の前にその利害損得をきちんと計算すべきであるという考え方から出発したものといってよい。国家利益のためにならない戦争の軽率な発動を阻止する点において、以上の制限はそれなりの意義を持つが、全体から見れば非常に弱い意味でしか機能し得ない。また、戦争の最終手段性を強調した有賀と遠藤は、日露戦争の際、その制限要件にまったく言及しなかった。さらに、開戦に際して列国に向けて「開戦宣明書」を公布する必要があると説いた有賀は、日露戦争に際して開戦宣言不要論に一転した。そして、ロシアの学者マルテンスの宣言必要説を激烈に批判し、日本側の無宣言開戦を弁護することに腐心した[558]。「日露戦争は未だ開戦宣告のあらざりし前先づ衝突の事実に依りて開始せられぬ、是れ固より多く其の先例を存することにして露国艦隊が稍々不意打を被りたるの感あるも、是れ其の自ら招きたる災にして亦奈何ともすべきなし[559]」と、彼は揶揄した。

4.2.2. 裁定手段派

（a）類型と異なり、（b）類型は、戦争の発動が平時国際法上の根拠を必要とすると考える。その意味において、彼等が「自衛権」概念をは

---

[558] 開戦宣言不要の理由について、有賀長雄編『日露陸戦国際法論』（東京：東京偕行社、1911年）、「宣告を為さざる開戦」と題する節を参照、35–46頁。

[559] 有賀長雄「日露開戦」『外交時報』第74号、1904年、36頁。

じめとする国際法上の権利義務関係に依拠して日露戦争を正当化しよう
としたのは、その戦争理論からは当然の帰結と言えるだろう。現に高橋
は日露開戦の前に、世論を主導した対外硬派の囂々たる主張を反論し、
「自衛権」概念を用いて日本軍が満州で展開された軍事行動を正当化し
ようとした。

> 世の所謂対外硬派と称する論者の中には満州問題の論拠を日本国民
> の増殖並に日本領土の狭少に執り、国運発展の必要に基きて之を解
> 決せんと欲する者あり、然れども此論拠は極めて薄弱なりと云わざ
> るべからず、若し日本国民の増殖並に日本の領土狭少なるが故に満
> 州の地を略して国運発展の基を開かんと欲するならば、何故に露国
> が其領土を拡張して国運を発展することを否認し得べきや、論者の
> 言ふ所は暴を以て暴に代ふるに外ならざるものなり、斯かる薄弱な
> る論拠を執りて此問題を解決せんと欲するは、学理上に於ても亦常
> 識の上より論ずるも極めて浅薄なりと云わざるべからず、日本が其
> 領土に非ざる満州に対する露国の行為に対して抗議し得る所以のも
> のは彼が漫りに其領土拡張の主義により地を極東に拡めて東洋の平
> 和と、世界の平和を破らんとするに在り、今日本が之に対して故障
> を述べながら自から満州を略して国運を発展せんとするは他人を攻
> 撃するの論鋒を以て己れを弁護せんとするに外ならず[560]。

つまり、高橋によれば、ロシアによる満州略取を非難しながら日本に
よる満州略取を高唱するのは自己矛盾である。彼によれば、ロシアの行
動を批判する論拠を、日本の国益伸張が阻害されたということに置くな
らば、後に日本が満州略取をする際に同一の抗議理由を他国に与えるこ
とになる。いわば「ブーメラン」効果を招いてしまう。国益に対抗でき
る国益は存在するが、権利に対抗する権利なるものは存在し得ない。ロ
シアを批判し日本の正当性を確立するためには、国益擁護論ではなく、
国際法上の権利義務関係に依拠しなければならない。そうでなければ、
有効な批判とはならない。それゆえ、「満州を露国の占領するに当り日
本が之に干渉することを得るの理由は自衛権に基くにあらされは充分に
之を説明する能はす[561]」と彼は説いた。自衛権に依拠しなければ、日本
側の正当性が充分に確立され得ないというのは、戦争の開始が平時国際

---

[560] 「日露開戦に関する高橋作衛の意見」蔵原惟郭編『七博士日露開戦論纂』（東京：旭商会、1903年）、pp. 120–121.

[561] 高橋作衛著『満洲問題之解決；七博士意見書起草顛末；満洲問題研究録（国際法外交論纂第二編）』（東京：清水書店、1904年）、28頁。

法上の根拠を持たなければならない、という趣旨であろう。そこから一種の法的制限意識が窺われる。とくに最後の一句から、日本軍の行動があくまでも「自衛権」行使の範囲内に止まるべきであるという帰結を導き出し得ないとは言えない。もしそうであれば、それは、当時の世論において相当異例な声であり、そこから比較的強い制限意識が見受けられるだろう。

　以上の考えの下で、高橋はウェストレークの学説を引用しながら[562]、ロシアによる満州略取を、単なる国力伸張の行動としてではなく、「他国を脅迫せず若くは攻撃の意思を推定すべき行為」として捉え、それによって直接の危害が未だ発生していないが、日本がすでに緊急事態に入ったと判断した。それへの対応措置として、国際法上適用し得る法理は、「自衛権」にほかならない。なぜなら、「自衛権」のうち、「直接の危害ならざるも緊急防禦手段として強力を他国に用ふる場合：強国の為めに制圧せらるべき和親国又は局外中立国に対しては自衛権に基き之に強力を用ふることを得[563]」るということがある。この場合の「自衛権」は、本質的には、危急事態に際して自国の生存維持のために相手国の違法性を前提とせずにその独立権を侵害できる「緊急行為」である。それゆえ、「自衛権」こそ、緊急事態に置かれた日本が第三国の領土に入りロシアからの脅迫に反撃する行動を正当化するために最も適切な論拠である、と彼は考えているからである。

> 今満州は日露に対しては第三国たる清国の領土なり、此地に露国の入り来り以て日本の存立に影響を加ふるときは日本は国際自衛権によりてのみ満州に入りて之を抑圧することを得るものとす[564]。

---

[562] 「ウェストレーキ曰く（其著国際公法 120 頁権力平均論の節）一国が富と人口との増加に伴ひ勢力を進張したりとて之によりて他国を脅迫せず若くは攻撃の意思を推定すべき行為に出でざるときは他国より之を制止することを得ず云々と、されば露国が単に平和的に其国富を増加し其勢力を増加するも日本は之を制止することを得ず、又日本の国富と人口との増加により平和的に勢力を増進するも他国は之を制止するを得ず、只自国の勢力増進の為めに他国の形勢を危くするときは之を制止するを得べきのみ、此大差は大なる注意を以て之を区別するを要す」、高橋作衛「日露開戦に関する高橋作衛の意見」蔵原惟昶編『七博士日露開戦論纂』（東京：旭商会、1903 年）、120–121 頁。

[563] 「日露開戦に関する高橋作衛の意見」蔵原惟昶編『七博士日露開戦論纂』（東京：旭商会、1903 年）、122–126 頁。

[564] 同前注、122–126 頁。

　高橋における「自衛権」の法理の立て方が適切かどうかは、議論の余地があるが、ここで展開しない。それよりも重要なのは、事実認定の問題である。ロシアによる満州略取が果たして日本を「脅迫せず若くは攻撃の意思を推定すべき行為」と断定し得るか、それによって日本が果たして緊急事態に入ったか、それらの事実問題を認定できる公的機関も客観的基準も存在していない。中央権力が欠如している国際社会において、法理の適用のみならず、事実認定そのものも、国家の自己判断に委ねられている。その点について、高橋自身も認めた[565]。

　　余は既に国際法理と先例とにより一国の存立に関する事件については強力を第三国に加ふるを得べきことを研究せり、此法理と先例とを満州問題に適用するに方りては露国の満州に於ける行為が果たして日本の存立を害すべきや否やを研究せざるべからず。然れども是れ一の事実問題に過ぎず、其事実の判断は人々によりて異なり[566]。

　そのような留保をつけた上で、高橋は日露関係をめぐる「事実」を分析し、ロシアによる満州略取がまさに日本に対する脅威にほかならないと論断した。

　　試に露国が満州を略取するにより生ずべき諸般の結果中主要なるものを取りて研究せんに吾人の屡称道せる如く満州の略取は朝鮮の圧伏となり陸に海に其勢力を拡張して極東諸海の制海権力を専有し遂に日本を海上より抑圧せんとすることは明火を睹るが如し、……是れ豈に海国政策を国是とすべき日本帝国の将来に大影響なしと云ふべけんや、……満州の問題は決して清国の保全問題のみに止まらずして進んで朝鮮の存亡問題となり日本の生存問題たるはこの点よりも容易に論断することを得[567]。

　以上のような分析の下で、高橋は、ロシアの行動が「日本存立上最必要の管鍵を其手より奪ひ去らんとするものに外ならす[568]」と認定し、日本側の開戦を「自衛権」の正当な行使と見なした。高橋による事実認定

---

[565] その点について、前述のように、中村も指摘した。「惟ふに危難の逼迫せると否とは学理上の議論にあらすして寧ろ事実論に属するものと云ふへし」、中村進午著『国際公法論』（東京：東華堂、1897年）、318–319頁。

[566] 「日露開戦に関する高橋作衛の意見」蔵原惟昶編『七博士日露開戦論纂』（東京：旭商会、1903年）、127–128頁。

[567] 同前注、127–128頁。

[568] 高橋作衛著『満洲問題之解決；七博士意見書起草顛末；満洲問題研究録（国際法外交論纂第二編）』（東京：清水書店、1904年）、1–2頁。

には、今日の視点からは、「被害妄想」の部分が存在すると言ってよいが、当時の学者の目から見れば、国際社会は、欧米列強が自己の勢力拡張を図り、帝国主義政策が横行する競争場にほかならない。その意味で、高橋の事実認定は一定の合理的な側面を内包していることも否定し難いだろう。より重要なのは、彼が、個々の国家または個々の学者によって行われた事実認定作業の「正しさ」を相対化する視点を持つことである。そこには一種の制限意識が見られる[569]。

　他方、高橋は、「自衛権」のみならず、「満州問題の解決は日本の権利なり又義務なり」という正当化論理も持ち出した。なぜ満州問題の解決が日本の権利であるかについて、高橋はこう説明した。日清戦争後の三国干渉によって、日本は、戦利品として割譲された遼東半島を清国に返還せざるを得なかった。その遼東半島がまもなくロシアによって租借の名目を以て実質的に占領されたが、日本は、それに対して「不割譲の権利を主張し」、かつ「東洋平和の為めに抛棄したる土地を他国に占領せしめさるの抗議を為す権利[570]」を持っている。なぜなら、遼東半島が畢竟日清戦争の戦勝品であり、日本はそれを確実に領有したことがあるが故に、特別な権利を享有すべきだからである。

> 理論上日本は遼東不割譲の権利を主張し得るの地位に居ることを信して疑はす……此明瞭なる既得の権利により露国が満州の土地を占領せんとするに対して抗議を提することは世界万国の見て諒とすへき所とす[571]。

　高橋の論理はかなり強引である。三国干渉に対して、高橋は明確に不満を示したものの、国際法上の観点からは、遼東半島を清国に返還する条約自体が無効と見なすべきである、と彼は主張していない。そうである以上、少なくとも一般国際法理論から見れば、すでに返還された割譲地に対して、かつての戦勝国が「権利」を保ち続け得ることは、通常考えられない。それを認めるならば、国際法上の権利義務関係は、国際条約などによって変更された後でも、変更前の状態と実質的に並存しており、常に不安定な状況に置かれる。高橋のこの主張は、実定国際法上の根拠もなく、論理的に見ても無理があるように思われる。それは、国際

---

[569] ただし、そのような相対化の視点を持つものの、高橋自身は国家の公法弁護士として関係事実を法理論に当てはめるように巧みに操作する一面がある。

[570] 同前注、23 頁。

[571] 同前注、23–24 頁。

法学者の発言として成り立ち難く、ナショナリストの主張に法理論の装いを被ろうとする意図がその背後に潜んでいるように思われる[572]。

　高橋の真の意図は、日露戦争が日本の勝利を以て終結したあと、一層明確な形で現れた。彼は、ロシアの租借地（＝遼東半島）をロシアの領土と同一視し得るとし、戦時中に日本がそこを一時占領した以上、戦後、日本の領土に帰するべきであると説いた。なぜなら、戦勝国が、一時占領した戦敗国の領土の割譲を受けるのは、「学理上も実際上も決して疑ないことである」からである。

> 遼東半島はご承知の通り露国の租借地である、……〔しかし、条約の文言に拘らず、実際の状況から見て〕、旅順とか大連とか云ふ土地は露国の土地と見て差支ないと云ふて居る、……露国と日本と戦争をして露国から日本が取ったのであるから之に対して清国の人がやかましく言ふて来ても、遼東半島は学説に據っても露国のものである、露国のものを日本が血を流して取った以上は之を戦功に依って日本のものにすると云ふことは学理上も実際上も決して疑ないことである[573]。

　しかし、なぜ租借地を領土と同一視し得るのか。それについて、高橋は「学理上」の根拠を示していない。そして、仮に遼東半島がロシアの領土であるとしても、高橋の主張は成り立ちにくい。なぜなら、当時の実定国際法は、征服と占領とを明確に区別し[574]、戦時中に一時占領された敵国の土地を必ず戦勝国に割譲するような規定を設けていない。高橋

---

[572] 高橋の立場は以下のような発言からも看取され得る。「明かに享有し得へき権利利益を目前に見なから徒らに躊躇して之を享有せさるは是れ狐疑逡巡の怯者なり、又た権利思想なき痴人なり、吾人は国家か列国間に在りて急噪軽挙漫りに無権利の主張を為すを望ますと雖とも而かも国民か流血塗膏、其兄弟を殺し、其子孫を喪ふの後に於て、空しく其権利利益を抛棄し我同胞数万の忠魂をして、徒死に帰せしむるなきを望まさる能はす」、高橋作衛「朝鮮の地位に関する英国学者の意見」『国際法雑誌』第 3 巻 1 号、1904 年、6 頁。

[573] 高橋作衛「日露戦争中の国際法問題（承前）」『法学志林』第 7 巻 11 号、1905 年、50–51 頁。

[574] 例えば、有賀長雄著『文明戦争法規』（東京：金港堂書籍株式会社、1904 年）、177 頁、千賀鶴太郎著『国際公法要義（訂補再版）』（東京：巖松堂書店、1911 年、初版は 1909 年刊行）、584 頁、立作太郎著『戦時国際法（全）』（東京：中央大学、1913 年）、265 頁など。

自身も平素の法理論において両者の区別を指摘している[575]。実定法主義の研究方法を貫徹させた高橋は、今度は自らの原則に背く発言をしている。しかも、その論調は、開戦前の高橋自身の主張とも矛盾している。当時、日本の満州略取を高唱した対外硬派に対して、高橋は、そのような観点が「他人を攻撃するの論鋒を以て己れを弁護せんとするに外ならず」と批判したが、その言葉は今度彼自身にも用い得る。さらに、高橋の主張は論理上の歪曲があるのみならず、清国の領土主権を公然と無視した発言である。「之に対して清国の人がやかましく言ふて来ても」、遼東半島をロシアの領土と見なすべきであると彼は言い張って、独立国家としての清国の権利にまったく目を向けなかった。究極のところ、高橋の言う「自衛権」は、緊急事態に際して第三国の独立権を一時的に侵害し得る権利に止まらず、実際、自国の都合によって他国の独立を永久に侵害できる「権利」と言ってよかろう。

一方、なぜ満州問題の解決は日本の義務なのかについて、高橋はこう述べる。

> 是れ又た極東近時の外交史により容易に回答することを得へし極東の三国は同文相通し輔車相頼る。是を以て日本は常に隣邦の友誼を重んし其保全を希望せり。……今日満州の将に清国版図を離れんとするに際し極力露国の非望に反抗し衰残の清国を扶助することは日本の義務なりと信す[576]。

この字面を見る限り、高橋の主張は寺尾の隣邦扶助論に酷似している。しかし、平素の法理論において、そういう義務に一度も言及しなかった高橋が、どこまで真摯な信念を以てそれを主張したのか、疑問である[577]。

高橋の日露戦争観は以上の通りである。彼と同じく（b）類型に属する花井は、日露戦争の法実践が国際法に大きな発展をもたらし、とりわけ

---

[575] 高橋作衛著『戦時国際法要論（全）（改訂第三版）』（東京：清水書店、1910年、初版は 1905 年刊行）、123 頁。

[576] 高橋作衛著『満洲問題之解決；七博士意見書起草顛末；満洲問題研究録（国際法外交論纂第二編）』（東京：清水書店、1904 年）、24–26 頁。

[577] 他方、平素の法理論において、隣邦扶助論を一貫して主張していた寺尾も、果して高尚な正義観のみに基づいてそのような主張をしたか、必ずしも断言することができない。それについて後述する。

第三国の領土内で行われた戦闘行為を「自衛権の延長」として高く評価した。

> 日露開戦の当初我帝国は国際法の常軌に則り、平和の方法を以て救済すること能はさる権利を伸達すへく干戈に訴へ、国家自衛権の延長として兵を進めて第三国の野に戦へり、斯くて国際法の原則は大発展を為せり、大拡張を為せり[578]。

「自衛権」の「延長」という表現から分かるように、花井は高橋と異なり、本来の「自衛権」が第三国の領土内で行使され得なかったが、日露戦争の法実践を通してはじめてその行使の場所の範囲が拡張されたと考えている。そして、そのような「発展」を、「自衛権の眼中、第三国なる映写物なく、自由自在に活躍せり、自衛権の延長は斯の如くにして承認せられたる[579]」と喜悦したのである。

他方、「自衛権の延長」を除き、彼は日露戦争の実践を通して、国際法上、確立すべきながら確立に至らなかったいくつかの原則を指摘し、国際法発展の不充分さに対して不満を示した。「之〔＝自衛権の延長〕を外にして、戦争法規の上に著しき新例を開き、重要なる原則を確立することを見るに至らさりしは我輩の遺憾とする所なり[580]」。具体的には、彼は三つの原則を挙げた。そのうち、第三の原則は、間諜の待遇に関するものであり、本稿の趣旨から離れるため割愛する。以下において、第一と第二の原則を検討する。

第一、戦敗国は戦勝国に償金を支払う法定義務があるという原則である。

> 勝者、敗者に損害の補償を求むるは一般法律の通理なれはなり、是故に豫め原則の下に法定義務として之を定め置くに於て異論あるへき筈なし……戦勝に伴ふ利益と光栄とを保護する所以として、此典則を認むるは実に至当の事と云はさるへからす[581]。

償金問題について、前述の中村も指摘した。ただ花井は、それを主張するにあたって、「勝者、敗者に損害の補償を求むるは一般法律の通理なれはなり」という法理論上の根拠に言及し、「国際法は邪国か正国を

---

[578] 花井卓蔵「日露戦争と国際法の発展」『国際法雑誌』第 4 巻 3 号、1905 年、2 頁。
[579] 同前注、2 頁。
[580] 同前注、2 頁。
[581] 同前注、4 頁。

亡すことをすら認むる」ことを論拠として堂々に用いた中村より、説得力が高いと言えよう。

第二、征服と占領との区別を廃止し、戦勝国は、占領地を直ちに征服地として自らの版図に帰せしむる権利を持つという原則である。

> 国際法は占領と征服とを区別し、両者の間に一大畛域を劃せり、敵地に侵入して其領土を占領するは軍事的権利の執行として交戦附帯の一行為と見做せり、……而して征服の効果は、……其土地をして戦勝国の版図に帰せしむるの力あるものと定めらる、……而して我輩は此区別を破壊して全然両者の牆壁を撤去し苟も戦に依て占領したる領土は常に必す征服地と断定し依て以て其主権並に所有権の全部を征服者に獲得すへき原則を定めんことを主張するものなり[582]。

これは、前述の高橋の主張に共通するところがある。ただ、その当時の実定国際法が占領と征服とを区別していることを認める点において、花井は高橋より学問的誠実さを持つように思われる。とはいえ、花井の主張にも、中村や高橋に劣らずに、国際法学者よりも戦勝国国民として、戦勝に相応する十分な代償を求めようという意図が込められていると言えよう。

では、（b）類型は、戦争と平和の関係についてどのような見解を持っているか。秋山の論述を通して見てみよう。彼は国際法の存立基盤を「常識」ないし「人間の性情」に据え、人間の本性には平和的性質と闘争的性質の両面が並存しているが故に、戦争が不可避であると指摘した。

> 国際公法に於ては「コンモン・センス」常識を本として居る、常識が其法則の基本である以上は現今人類の状態に依るときは、個人にも其個人集合体の国家にも相互関係上平和的及争闘的と云ふ二つの性質が備って居る、平和的であって争闘的、争闘的であって平和的であるのが人類である以上は到底人類社会より戦争はなくなると云ふことはない、人間の性情が変らぬ以上は戦争はなくなることはないと思はれるのであります、さうして今日国際公法上戦争の地位はどうであるかと云ふと……戦争は今日及今後に於ても国家の自衛上必要なる方法でありまして、国際公法より実際上容易に追出すこと

---

[582] 同前注、5頁。

が出来ませぬから、各国も已むを得ず戦争の準備たる兵備の拡張を
思ひ止るわけに至らぬのが現今世界一般の大勢であります[583]。

これは、（a）類型の「戦争－平和」認識に共通するところがあるだろ
う。一方、「戦争は今日及今後に於ても国家の自衛上必要なる方法」の
文言から、秋山の戦争観は、あくまで国際法上の権利義務関係と関連性
を持つことが明らかである。その点において、彼は（a）類型より制限意
識が高いと言えるだろう。しかし、人間社会ないし人類史における戦争
と平和の関係に関しては、両者は驚くべきと言えるほど意見が一致した
のである。

4.2.3. 執行手段派

最後に、（c）類型の日露戦争観を見てみよう。前述のように、（c）
類型は、戦争自体を権利侵害に対する反応、つまり法を執行する手段と
して捉えている。寺尾は「自衛権」の用語をほとんど用いなかったもの
の、その戦争の定義の中に防衛戦争の意味が本来含まれている。防衛戦
争である以上、その本質は、無実の第三国に対しても行使し得る「緊急
行為」よりも、違法行為国に対してのみ行使し得る「正当防衛」
に近い。他方、権利の防衛は、戦争一般の正当化根拠ではあるが、そこ
には必ずしも緊急性の要件を内包していない。それどころか、前述のよ
うに、寺尾は、国際社会と国内社会の構造的差異を考慮し、国家の「正
当防衛権」における緊急性要件を緩和すべきであると論じていた。さら
に、平和的紛争解決手段の先行という要件も緩和し、「最終手段性」の
広義的解釈を採った。結局、「兵を用いるの已むを得ざることを確信
[584]」すれば、戦争を発動し得ることになるのである。日露戦争時、彼は
こう述べた。

今日に於ける満州問題は実に我国の頭上にかゝり、将来に於ける国
運発展の上に重大なる関係を及ぼすのみならず、我国の危急存亡に
係る一大問題と信ずるのである、而して之を解決するには、今日に

---

[583] 秋山雅之介「国際公法の基礎を論して戦争の地位に及ふ（講演）」『法学志林』
第 6 巻通号 57 号、1904 年、64 頁。
[584] 「日露開戦に関する寺尾亨の意見」蔵原惟昶編『七博士日露開戦論纂』（東京：
旭商会、1903 年）、20 頁。

　　於ては最後の手段に訴へるより他に途なきものと確信するに依るの
　　である[585]。

　寺尾が以上の主張を行った時点（1903 年）は、果たして平和的手段が
尽されたときなのか、彼は論証しなかった。ただ戦争に訴えるしかない
という自らの「確信」のみを表明した。「最終手段性」の広義的解釈
は、結局、個々の論者の「確信」次第である。それのみならず、寺尾
は、「苟も〔ロシアが〕条約を締結し撤兵を公言せるにも拘はらす之を
履行せさるに於ては力は力を以て対抗するの外なきか故に戦争てう力に
依り之を排斥するの他求むへき途なし[586]」と述べ、条約不履行に対して
戦争を以て対抗するしかないと説いた。条約上の義務を破った国家に対
して直ちに戦争を発動し得るという論理は、当時の実定国際法上、一般
に認められたとは言えない。（a）（b）類型の論者でさえ、そのような
主張をした者は見当たらなかった。

　他方、前述のように、寺尾の戦争観の大きな特徴として、自衛戦争の
みならず、他衛戦争も合法と見なす。「世界の連帯的共存の必要上」、
隣国の受けた権利侵害を自国の受けた侵害と同一に見なし、侵害国に対
して「防衛的戦争を為すことを得へきものとす」とは、彼の持論である
[587]。日露戦争に際して、寺尾は、その理論を駆使し、清国の独立保護を
日露戦争の正当化論理の一つとした。

　　今や露国か満州の一部分を占領するは既に支那独立の一部分を侵害
　　したるものにして遂には支那全体の独立にも関係する大事件の惹起
　　せらるゝことあるや予想するに余りあり……我日本と支那とは同文
　　同人種の国にして従来極めて近き関係を有するか故に支那の独立を
　　我日本に於て保護せんとするは当然にして又自国の利益の為めにも
　　之を保護し以て其独立を維持せしめさるへからす[588]。

　「同文同人種」の文言を見れば、前述の高橋の発言を想起できよう。
ただ、日露戦争時においてのみその論理を持ち出した高橋と異なり、寺
尾は一貫してそれを唱えている。しかし、皮肉なことに、日露戦争に際
して、寺尾はそのような論理が「迂遠なる立論」であると自認した。

---

[585]　同前注、27–28 頁。
[586]　寺尾亨「戦争に就て」『法学志林』第 6 巻通号 55 号、1904 年、43 頁。
[587]　寺尾亨「戦争に就て」『法学志林』第 6 巻通号 55 号、1904 年、40–41 頁。同様の
　　趣旨は、寺尾亨述『国際公法（戦時の部）』（東京：日本法律学校、1901 年）、
　　16 頁などにも見られる。
[588]　寺尾亨「戦争に就て」『法学志林』第 6 巻通号 55 号、1904 年、40–41 頁。

　　　露国の満州に於ける行動の如き、縦令我国が直接に重大なる利害関
　　　係を有せずとするも、国家の権利〔＝隣国を助け、干渉戦争を起こ
　　　す権利〕としては当然反対することが出来るのである、然れども吾
　　　輩は今日に於て条理一片の議論をして、我国に権利があるからとし
　　　て、最終の手段にまで訴へて之に反対せよと云ふ如き迂遠なる立論
　　　を為すのではない、吾輩は已を得ざる必要に迫りたるが為め戦争を
　　　為せと云ふのである[589]。

　すなわち、戦争の発動は、結局「条理一片」の法的議論に根拠づけら
れなくていい。満州問題の解決が「我国の危急存亡に係る一大問題と信
ずる[590]」のであれば、戦争を起こすことができる。これはもはや国際法
学上の議論ではない。国家政策論上の見方といってよかろう。実際、寺
尾が掲げた日露戦争の三つの目的も、国際法上の権利義務関係の枠内に
止まらなかった。

　第一に、「自存の目的[591]」である。寺尾は高橋、中村とともに「七博
士」建白書において「ドミノ理論」を唱えた。すなわち、ロシアが満州
を占領すれば次に朝鮮に臨み、遂に日本の生存を脅かすことは明らかで
あり、それに備えて、日本の権利が「将に侵害せられんとするとき」、
機先を制して対露早期開戦が必要である。いわば自衛の名の下での予防
戦争論である。

　第二に、「東洋の平和」を保つことである。寺尾は、日露戦争の目的
が「東洋の平和を保ち、一般の平和を保つと云ふこと……苟も社会の為
めに人が働くと同じことで、東洋の平和と云ふことは日本が任じなけれ
ばならぬのである[592]」と説き、東アジア地域における日本の責務を唱え
た。彼の清国扶助論はまさに東洋平和論のコロラリーである。

　第三に、「国家の発達の必要」である。彼は「日本が発達をしなけれ
ばならぬと云ふ点から言ひまするならば、それは或所に於て矢張り日本
の発達する場所を求めなければならぬと云ふことが出て来る[593]」と指摘
した。「日本の発達する場所」とは、満洲と朝鮮を指している。

---

[589]　「日露開戦に関する寺尾亨の意見」蔵原惟郭編『七博士日露開戦論纂』（東京：
　　　旭商会、1903年）、27–28頁。
[590]　同前注、27–28頁。
[591]　寺尾亨「戦争の終局如何（講演）」『法学志林』第7巻6号、1905年、41頁。
[592]　同前注、40頁。
[593]　同前注、41頁。

又他の方面より日本の生存如何を観察すれは我日本国に於ける人口増殖の頻繁たること世界中殆んと其比を見ること能はさるか如くにして......日本人は之れより何れの方面に向って発展すへきや蓋し同一人種たる支那朝鮮の方面に発展するの外策の施すへきものなし若し夫れ何れの方面にか発展せさるに於ては世界の日本として到底生存すること能はす故に此発展は日本の生存上極めて必要たり[594]。

　つまり、満州におけるロシアの勢力を撃退しなければならないのは、結局、日本という国家の将来の発展空間を確保するためであった。清国扶助云々には、「同文同人種」の満州を植民地化するという狙いがその背後に潜んでいる。しかも、そのような目的を以てロシアと戦うのは、「野心の為めの戦さ」ではなく、「国家の発達の必要」によって正当化され得ると寺尾は説いた。「昔では野心の為めの戦さもある、今日では野心の為めの戦さと云ふものは理屈ではいけませぬけれども、国家の発達の必要から戦さをすると云ふこともあるのである[595]」。満州の植民地化は、「敢て侵掠主義を取って濫りに他国を征服すると云ふ如き旧時の野蛮的行為を為すと云ふにはあらずして」、日本が国際社会の一員として各国の競争場裡に立ち「一歩も遜ることなく」、国民の幸福を増進し、国運の隆盛を企図するという「開国進取」の国是である[596]。逆に言えば、「若し我国民が東洋の一小孤島内に蟄居して退嬰萎縮自ら之に安ずるの考であったならば、……僅に国家として存立することは出来るとしても、名誉もなく勢力もなく、常に他の強国の勢力に壓せられ其鼻息を窺って行動するに止まり、従って我帝国臣民の幸福は決して望むべからざる所である[597]」。「国家の発達の必要」を満州植民地化ないし日露戦争の根拠とする寺尾は、その限りにおいて、「国民の発達を図る」ことをその戦争理論の根柢に据えた有賀との間で大きな差はなかった。

　そして、そのような「開国進取」の国是を支える認識は、以下の通りであろう。

假令世界に雄飛せんと云ふが如きは我国民の自惚心に過ぎずして容易に実行し難き所であるとするも、国家も個人と同じく一日進取的気象を失へば直ちに退歩の地位に陥いるものであるから、假りに現

---

[594] 寺尾亨「戦争に就て」『法学志林』第 6 巻通号 55 号、1904 年、42–43 頁。

[595] 寺尾亨「戦争の終局如何（講演）」『法学志林』第 7 巻 6 号、1905 年、39 頁。

[596] 「日露開戦に関する寺尾亨の意見」蔵原惟郭編『七博士日露開戦論纂』（東京：旭商会、1903 年）、20–22 頁。

[597] 同前注、21 頁。

> 状を維持し他の強国の後へに従ひ僅かに人類幸福の分け前を得やう
> と欲しても常に一歩先きに進むと云ふ考を持たなければそれだに出
> 来ないものであると思はなければならぬ[598]。

これは、有賀の「成全権」理論に酷似している。苛酷な国際競争の場において落伍者にならないように、常に「進取的気象」を以て、「一歩先きに進むと云ふ考」えを持たなければならない。それゆえ、自国の発展空間を確保するために「同文同人種」の満州を植民地化するのは、日本の「将来に於ける国運発展の上に重大なる関係を及ぼす[599]」ものである。

> 臥薪嘗胆の声周く国中に響きたる以来十年一日の如き我国民の忍辱
> ありたるを意とせす傲慢放恣なる露国は其鴟鳥の欲望を満州に現は
> し独り清韓の独立を脅し我帝国の生存を危ふせるのみならす我新進
> 国の将に発展せんとする萌芽を挫折し我国をして未来永劫世界に立
> つこと能はさらしめんとする危害を与へたり[600]。

こうして、寺尾において、日露戦争は、日本の生存と発展に必要な行動（第三の目的）でもあり、清国の独立を保護し東洋の平和を守る道義的行動（第二の目的）でもあり、また国際法上の根拠を持つ防衛戦争（第一の目的）でもある。すなわち、いずれの観点からも正当化され得る。国益追求の目標・道義的目標・法理的目標が予定調和的に捉えられたことは、寺尾の日露戦争観の特色と言えるだろう。隣国扶助のために自国の利益が犠牲にされることに懸念を示した有賀と異なり、寺尾においては、隣国扶助と国益追求とが矛盾なく統一され得る目標である。

なお、日露戦争が終結に向かうにあたって、寺尾は国土膨張の方法と根拠に関して、当時流行った「同一民族合併説」、「天然国境説」、「国土拡張説」、「未開国開発権説」、「蛮人撲滅説」、「勢力範囲説」に逐一反駁した上で、こう述べた。

> 上来列記するか如き国土膨張に関する諸種の主張の如きは概して不
> 当のものなりと雖も若し夫れ国家自衛の必要上或領土を其所属と為
> すか如き国際法上又全く之を許ささるに非す其他戦後の償金に代ふ

---

[598] 同前注、20–22頁。
[599] 同前注、27–28頁。
[600] 寺尾亨「今日の戦局は列国の容喙に依り終了すへきものに非す」『国際法雑誌』第2巻11号、1904年、1頁。

るに土地の割譲を以てするか如きは今日多く実際に行はるる所にして国際法上亦敢て非難を受くへきものに非す[601]。

すなわち、国際法上許容された国土膨張の方法は、一つは「自衛の必要」による征服であり、もう一つは、戦後の償金に代替する土地割譲である。その点において、寺尾の主張は、高橋、花井との間にも大差がないだろう。

以上のような日露戦争観は、寺尾の平素の戦争理論と矛盾しているのではないか。実際、寺尾自身もそのような疑問が出てくるのを予想した。日露戦争の後、彼は従来通りに平和の理念を熱っぽく語った際に、自らの主張には矛盾がないと弁明した。

> 曩に予か平和協会発会式に於て一場の演説を為したるを以て世間或は予の変説若しくは矛盾を疑ふ者あり蓋し日露の戦役に就ては熱心なる主戦論者を以て数年前より多少世に知られたるものか戦役の血痕未た乾かさる今日に於て俄に平和主義を述へたるに因るへし斯の如きの誤解は予も亦多少予期せさるにあらすして而も公然斯る演説を為したるは自ら省みて変説にもあらす又た矛盾にもあらさることを確信したれはなり[602]。

> 抑も予は国際法の専攻者なり苟も国際法学者たる以上は国際法の最後の目的たる万国平和主義を執りて之を唱道するは固より其所にして毫も怪むに足るものなし唯世人は却て予か嘗て開戦論を主張したるを怪むこそ当然のことなるへし然れとも万国の平和は人類共存の理想にして而も其事業は世界の協同一致にあらされは実行し得へきものに非す故に世界の一二若くは数個の国家か假令平和を希望するも苟も二三の他の国家にして之を希望せさるものあるときは平和を希望する国家に於ても其軍備の全廃は固より之か縮少をも為すこと能はさるのみならす常に戦争に応するの覚悟を為し又た時あっては進んて戦ふ必要なしと云ふへからす之れ予か平素万国平和主義を唱道すへき地位に在りなから日露開戦論者たりし所以なり[603]。

つまり、平素において万国平和主義を唱道する一方、日露戦争時において主戦論者となったのは、平和と戦争が相互に排斥するものではないからだと寺尾は言うのである。ここには、寺尾と (a) (b) 類型の論者との共通性が見られる。「縦令十分なる平和を希望し平和を以て最終の

---

[601] 寺尾亨「国土の膨張」『国際法雑誌』第 3 巻 7 号、1905 年、5 頁。

[602] 寺尾亨「万国平和論に就き」『国際法雑誌』第 5 巻 5 号、1907 年、12 頁。

[603] 同前注、12 頁。

目的とするものに於ても、戦争を為す時機があると云ふことは何人も否認しない所とせなければならぬ[604]」、「凡そ暴力を以て世界を支配せむとし、其の暴威を逞くする者があるに当っては、暴力を以て之を抑へるの外途がないのである[605]」。平和という目標を達成するために、ときには戦争という手段を用いなければならない。戦争は「一時の平和」を破壊し得るものの、「永久の平和」はそれによって守られ得る。戦争は害悪ではあるが、その存在は、国際社会の現状によって法理的に正当化されるというのである。

> 古来兵は凶器なりと云って妄りに動かすべきものではない、今日に於ても戦争は人類の害悪であると云ふことは、何人も認めて居る所である、けれども兵も時あってか使用せざるを得ない場合があるから尚ほ今日の世界に存在して居るのである、即ち戦争は害悪ではあるけれども已を得ざる場合に於ては必ず為さなければならぬのである、吾人は人類の最終の目的である平和を最も希望するものであるけれども、奈何せん今日の世界に於ては戦争を廃すと云ふ如き事は到底望むべからざる事である[606]。

したがって、寺尾は「戦争も多くは平和を祈る為にする[607]」と説き、日露戦争についても「勿論平和の為めに戦さをしたのであるから望んで戦さをするのではない[608]」とした。平和の理念を常に熱っぽく語った彼は、絶対平和主義者ではなく、平和のための戦争を積極的に肯定しようとする論者であった。それゆえ、法理論上、一貫して戦争制限意識を示している寺尾は、自らが正当と「確信」する戦争に面すると、直ちに主戦論者に転身した。これは、内在的には統一的に捉えられ得るのである。しかし、表面的主張を見る限り、寺尾における日露戦争観と平素の戦争理論との間の乖離は、（a）（b）類型の論者よりはるかに大きい。

他方、寺尾の日露戦争観と平素の戦争理論との間に真正なる矛盾も見られる。例えば、開戦方法に関して、前述のように、寺尾はその講義録において開戦宣言を必要とし、かつ開戦理由を丁重に述べるべきである

---

[604] 「日露開戦に関する寺尾亨の意見」蔵原惟昶編『七博士日露開戦論纂』（東京：旭商会、1903年）、26頁。

[605] 同前注、26頁。

[606] 同前注、25–26頁。

[607] 同前注、32頁。

[608] 寺尾亨「戦争の終局如何（講演）」『法学志林』第7巻6号、1905年、37頁。

とした。しかし、日露戦争における日本の無宣言開戦が国際世論から厳しい非難を浴びた際、寺尾は以下のように反論した。

> 宣戦を為さないと云ふことは決して国際法違反てないと云ふことは最早明なることてある宣戦を為さなけれはならぬと云ふ慣例は決して確かてないと云って一言に論し去って居る之は殆んと異議かないのてある[609]。

> 日本の提案に対する露西亜の返答を待たないて直ちに戦をしたと斯う云ふ所か即ち不法てあると云ふやうに見える所か之は決して不意討ちてはない……外交談判破裂より二日後に為したる攻撃をも果して不意討ちと看做すことを得へきやと現に談判の破裂してから二日後てはないかと段段折重ねて言って居る而かも其時は既に双方戦争になると云ふことは多分承知して居るへき時機てある談判か余程進んて居って難かしくなって居るから必すしも戦争を予想せぬとは限らぬのてある加之双方共に数日以前から戦争の準備には竊に取掛って居ったてはないか加之日本は其談判破裂の際に彼の所謂自由行動と云ふのてありませうか[610]。

前述のように、有賀は「露国艦隊が稍々不意打を被りたるの感あるも、是れ其の自ら招きたる災にして亦奈何ともすべきなし[611]」と述べ、日本側の「不意打ち」をある程度認めた。それに対して、寺尾は、外交談判の破裂を戦争開始に直結させ、「不意討ち」であったことを認めなかった。一般国際法上の観点からは、外交談判の破裂どころか、国交断絶でさえ、必ずしも戦争の開始を意味するとは限らない。寺尾の論理は不当である。さらに、寺尾は、平素の法理論において開戦宣言不要論を唱えながら日露戦争時に宣言必要論に一転したマルテンスに対して、以下のような批判を為した。

> 学者は公平の意見を述ふへきてあるか国民てあるからして矢張り国民と云ふ感情から支配されたものと見えて而も〔マルテンスの〕平生の著書には宣戦なとは必要てないと云ふ事は明かに言って置きなから自国の事に至ると云ふと矢張り日本の所為か悪かったかの如く云って居ったのてある[612]。

---

609 寺尾亨「時局に付て」『法学新報』第 14 巻 6 号、1904 年、9 頁。
610 同前注、9–10 頁。
611 有賀長雄「日露開戦」『外交時報』第 74 号、1904 年、36 頁。
612 寺尾亨「時局に付て」『法学新報』第 14 巻 6 号、1904 年、4 頁。

　しかし、寺尾のマルテンス批判自体は、高橋の言葉で言えば、「他人を攻撃するの論鋒を以て己れを弁護せんとするに外ならず」ということになろう。実際、日露戦争をめぐる寺尾の言説には、前後矛盾または明らかに不当な論理が少なくない[613]。

　寺尾と同じく（c）類型に属する千賀は、「自衛権」を以て日露戦争を正当化した。前述のように、彼は 1909 年初版の主著『国際公法要義』において、日露戦争の実例を挙げつつ、「自衛権」論を展開していった。それについてここで改めて触れない。他方、千賀における日露戦争観と平素の法理論との間の乖離は、「平和克復の条件」と題する論文に鮮明に現れた。

> 侵略の為めに好みて兵を交ふるは非なり然りと雖止むを得ずして兵を交へ已に全勝を占むとも尚版図を弘むるに躊躇するは愚なり我邦人の中政治家を以て自任する人にして今日尚此愚を学ばんとする者あるは洵に浩嘆に堪へず夫れ日露戦役は彼れの侵略と我れの自衛とに起りたる者にして其非固より彼れに在るは多辯を待たず而して我れ幸にして連戦連勝彼れ今は進退窮り策の出づる所を知らず是れ千載一遇の好機に非ずや冀くは我当路者此機を逸せず国家の為めに百年の長計を定めん事を何ぞ区々たる償金の高低を論ずるを須ひん且つ法理上より観るも戦の結果は必ずしも戦の原因と符合するを要せず米国の如く非干渉を以て外交の方針と為す国と雖近くは玖巴の為めに干戈を動かして遂に比律賓群島をも略取したるに非ずや日露戦役は我自衛の為めに起りたるにもせよ我全勝の結果として大に我版図を弘むとも法理上何の不可か之あらん若し夫れ自衛に起りたる戦争は縦ひ全勝を博すとも亦唯自衛の目的のみを達して之を終結するを正義に合すると謂ふは啻に政略の何物たるを知らざるのみならず併せて法理をも解せざる愚論のみ[614]。

　すなわち、彼は日露戦争を自衛戦争と性格づける一方、自衛に起因した戦争がその結果を自衛という目的の達成に止める必要はないとした。せっかく連戦連勝した以上、それを機に、国益を増進しなければならない。それは、法理的には妥当するのみならず、正義の要請にも反しな

---

[613] おそらく寺尾の法理論の基底に潜んでいる倫理意識が強すぎるだけに、法の論理的一貫性を完全に維持することがかえって困難となり、法理論そのものが変形させられる確率も高まったのではないか。

[614] 千賀鶴太郎「日露平和克復の条件に就き挙国一致を望む」『外交時報』第 91 号、1905 年、47–48 頁。

い。そのような考えの下で、千賀は日露戦争の勝利を版図拡張の絶好の機会と見なし、「貝加爾湖以東要害の地」を日本の領土に帰せしめ、そこで植民することを平和克復の条件として提案した。「バイカル湖以東は假令経済上に目前の利益は無いにしても、将来百年の後を考へる時にはどう云ふ点から観察しても、是非之を我植民地とする必要がある[615]」と彼は考える。満州の植民地化構想をめぐって、彼は寺尾と共通するのである。

平素の法理論において、法と政略、そして *jus ad bellum* と *jus in bello* とを明瞭に区別した千賀は、日露戦争に際してその観点を貫徹させなかった。現実における戦争の正者と勝者がともに自国にあった場合、彼は戦争に関する限度意識を失い、法理論の装いをした政略を持ち出した。冷徹で緻密な理論家よりも、野望に満ちた政略家の顔が前面に現れた。

寺尾や千賀と同じく、平素の法理論において戦争を「権利強行」の手段とみなす蜷川は、日露戦争に際して、権利侵害の観点から日本の立場を正当化しようとした。彼は日本側の権利として三つ挙げた。第一は、撤兵条約上の権利であり、第二は、「自衛権」であり、第三は、「干渉権」である。

撤兵条約上の権利に関しては、蜷川は「此れ露は、曩きに撤兵を我か帝国に明約したるもの、而して抑も、約束違反の行為か法律上権利侵害の行為たるは、又豈に何んそ余輩か喋々の辯明を要せんや[616]」と非難した。しかし、撤兵条約は、ロシアと清国との間の約束であり、ロシアは日本に対して撤兵を約束したことはない。蜷川の指摘は、歴史的事実の歪曲と言えよう。

「自衛権」に関しては、蜷川は、「満州は清の領土にして露の領土に非す、今ま露は清の領土に於て現に我か帝国の自存を迫害するの行為を為しつゝあるもの、即ち此れ明かに我か国際法上自衛権の侵害にして[617]」と述べた。前述のように、彼は高橋と同じく、それを以て「第三国に直接に強力を行使する」ことの正当化根拠とした。他方、ロシアが果して日本の自存を迫害する行為を為したかについて疑問を感じた論者に対して、蜷川は「今日明白なる彼の権利利益侵害の暴行を目撃しつつ、

---

[615] 同前注、70頁。
[616] 蜷川新「満州問題管見」『明義』第4巻8号、1903年、2頁。
[617] 同前注、3頁。

尚ほ如斯の説を唱ふるものは、愚に非んは狂、狂に非んは倭なりと云はさる可らさるなり[618]」と痛撃し、それ以上論証しなかった。

最後に、蜷川の言う「干渉権」は、実際、日清戦争後の三国干渉を念頭に置き、それに対する「復讐行為として、明かに此の暴横を排斥するの権利[619]」である。つまり、三国干渉に際してロシアが東洋平和の名の下で、遼東半島の返還を日本に強いたが、今度は日本が同様の論理を以て、ロシアの満州撤兵を要請できるということである。「吾国は、当時東洋の平和を希ふか為めに、直ちに露の言に聴いて遼東を清に還付せり、如斯清の領土を他国か占領す可らさるは曾て露の自ら提唱せし所なり、我は今ま彼れか曾て唱へし言辞を捉へて、反て之れを彼れに警む[620]」。そして、そのような「干渉権」は、日本が「自衛と独立との権利に基き」有するものであるという。すなわち、蜷川は、高橋と同じく、無実の第三国や中立国の領土における「自衛権」行使を自国の当然の「権利」として考えている。

以上の論述を見る限り、蜷川は厳密な法的議論を行っているよりも、むしろロシアに対して「堂々の警告」を発していると見なしてよい。いずれにせよ、前述の「権利」に基づき、蜷川は、満州問題は戦争を通してのみ解決できると結論付けた。

> 以前述ふるか如く、吾人は満州問題の解決を以て唯た戦にありと断言するものなり、……満州問題は非平和的問題なり、故に之れか満足の解決を欲せは、則ち、戦争を以て最も恰適の方法となすものなり、実に此れ露か不法の行為に対する当然の行為にして、決して之れを主張するものゝ罪に非るなり[621]。

すなわち、「非平和的問題」に対して、戦争を以て解決するしかない。第三章で分析したように、そもそも蜷川の戦争観は、戦争一般を否定する考え方から出発したものとは言い難く、むしろ「時と場所と主義」によって「是」とされた戦争を積極的に肯定する側面を持っている。したがって、彼は寺尾と同様に、平素の戦争理論において制限意識を示す一方、実践において主戦論者と転身した。それは突然変異ではなく、むしろ当然の帰結と言えよう。

---

[618] 同前注、6 頁。
[619] 同前注、6 頁。
[620] 同前注、3–4 頁。
[621] 同前注、7 頁。

　他方、日露戦争終結後に平和論者に「戻った」寺尾と異なり、蜷川は、緊迫した国際情勢に対して敏感な意識を保ち続け、日露間の再戦可能性を予言した。また、清国の利権回収という国権恢復運動に憤慨し、それを非難した。

> 記憶せよ我戦勝国民よ、我れの血と鉄とに依りて其広大なる領土の一部を回復せられたる清国は利権の回収を名として無礼にも我れの血と財とを費消して獲得したる肉塊より其滴汁を吸はんとし、又我れか向後永久の友たらんを欲する露国国民の中には向後六年を出てすして日露の間に再戦の避く可らさるを予言するものさへありて又其他我れの国力膨張に従って我れと愈々利害関係を異にし衝突を来さんとするもの帝国の四面に充塞しつつあることを[622]。

　戦争制限意識はもはや完全に消滅してしまったのである。

　以上、「自衛権」概念を中心に据えながら、三類型の日露戦争観を考察した。戦争理論上、明確に区別されている三類型は、日露戦争の際、皆自国の立場の正当化に腐心し、戦争を自国の利益伸張を図る好機と見なした。その主張は奇妙なまでに一致し、相互間の境界線も曖昧になった。「正しい戦争」観念に含まれる制限意識は、薄れていき、あるいは歪んだ形で現れた。

　以上のような現象をもたらす原因として、以下の三点を簡単に指摘しておきたい。

　第一に、条件設定の問題。

　そもそも彼等は「正しい戦争」観念に伴う法的条件の設定作業をきちんと遂行しなかった。彼等は、あるいは広漠な意味において概念を使用し、あるいは様々な思惑で要件緩和を主張し、あるいは法的理念を堅持しながら操作可能な方策の案出を怠ったりした。要件設定の不十分さは、実践に直面する際、その規制力の弱さをもたらし、ついに危険な効果を招いてしまいかねない。言い換えれば、法における「客観的基準」を明確に定めなければ、結局は個々の政治的判断の問題に帰結してしまうのである。

　第二に、事実認定の問題。

　三類型の論者は、程度の差こそあれ、自らの法理論に合致するような事実を好都合に利用したり、あるいは厳密な論証を経ずに事実を断定し

---

[622] 蜷川新「戦争論（承前）」『国際法雑誌』第 5 巻 9 号、1907 年、33–34 頁。

たり、あるいは明白に事実を歪曲したりする傾向が見られる。そもそも事実認定は、客観的なものではなく、「選択」という行為の結果である。認定者の主観的意図によって、「選択」の仕方も変わってくる。有権な認定者が欠如している国際社会において、個別国家ないし個々の論者が自らの都合の良いように「客観的状況」を恣意的に認定する危険は常に存在する。事実認定上の恣意性は、法適用上の問題を招きやすいのである。

　第三に、「二つの顔」の問題。

　三類型の論者は皆、国際法学者としての側面と、国家の公法弁護士としての側面とを併せ持っている。前者の立場に立つ際、冷静に分析を行うことが多いが、後者の立場に立つ際、理論を強引的に解釈したり、ときには戦意高揚のプロパガンダのための情熱を表したりすることになる。後者の場合、国際法は、現実における国家行動を規制する法規範よりも、現実的な目的を以て国家行動を「弁明」する道具になりがちである。「二つの顔」の併存も、それらの国際法学者の理論的観点と実践的主張との間の矛盾をもたらす理由の一つであろう。

終章

結びにかえて

　以上、十九世紀末頃から二十世紀初頭にわたる日本国際法学者の言論活動を中心に、その時代の戦争観を理論的次元と実践的次元の両面から考察してきた。結論から言えば、当時の国際法理論上の戦争観は、「法的枠外派」「裁定手段派」「執行手段派」の三類型に分けることができ、それぞれの類型においては、程度の差こそあれ戦争制限意識すなわち「正しい戦争」観念が存在していた。しかし、日露戦争という実践に直面する際に、三類型の主張は奇妙なまでに一致し、相互間の境界線も曖昧になった。つまり、「正しい戦争」観念が現実に適用される際には、そこに含まれる制限意識は薄れてしまい、あるいは歪んだ形で現れた。そのような「正しい戦争」観念の理論的様相と実践的様相との間のズレを実証的に解明することは、本稿の主な課題であった。

　一方、序章で提起した問題——当時の国際法学者の言論によく見られる自己矛盾性を如何に理解すべきか——については、第二章と第三章において回答を試みた。それらの矛盾は、あるいは国際法体系に対する特殊な捉え方から生じるもの（千賀）であり、あるいは戦争の根本的原因と具体的原因とを区別する意識から生じるもの（有賀）であり、もしくは「二つの立場」の並存から生じるもの（高橋、秋山）である。したがって、そのような矛盾は、彼等の戦争観ないし国際法観と結びつけて考えれば、いずれも論理一貫的に捉えられ得るのであり、厳密な意味での「矛盾」とは言えない。それよりも、むしろ第二、三章と第四章との対照を通じて示した彼等の理論的観点と実践的主張との間の乖離のほうが、真の矛盾と呼び得るだろう。とくに、法理論上、戦争制限意識を最も鮮明に表した (c) 類型の論者は、日露戦争に際して声高な主戦論者に一転し、彼等の戦争理論も意外な形で展開されていった。実際、三類型はともに国家政策を支持するナショナリスティックな一面があり、理論と事実を意識的に歪曲するまで自国の行動を弁護しようとする傾向が見られ、

法学者としての一貫性を欠いている。それに対して、批判的な目で見なければならない。

　他方、序章で述べたとおり、本稿の趣旨は、今日の視点に立って当時の戦争観に対して単純な批判を行うことではない。むしろ、それへの内在的な理解に基づいて、当時の戦争観を支える意識の根底にある危険な部分を暴き出すとともに、現代社会の一般通念と異なりながら興味深い部分を抉り出したいことにある。実際、日清戦争、北清事変、日英同盟、日露戦争といった激動が続いた十九世紀末頃から二十世紀初頭までの世紀転換期は、あらゆる問題が「平和 *versus* 戦争」「正義 *versus* 邪悪」「理想 *versus* 現実」に還元される、という単純な図式が成り立ち難い時代であった。当時の国際法学者の言論を批判的に見なければならない一方、彼らの生きた時代の緊迫した国際情勢、不安と緊張に満ちた彼等の現実認識を内在的に理解することができれば、そこから現代に対して示唆的なものを見出すことも不可能ではない。彼等は、社会現実の複雑性と国際関係における権力作用の不可避性に対して常に鋭敏な感覚を持ち、戦争と平和との間における複雑で錯綜した関係を認識し、絶対平和主義者の願望思考に対して距離を置いている。とりわけ戦争と平和とを単純な二項対立ではなく相互に絡み合うものとして捉え、具体的な状況との関連において力の運用と規制を考えることは、有意義な見方であるように思われる。むろん、彼等の理論的観点は様々な欠陥を抱き、生の政治力学の磁界において変形を避けることができなかった。それにしても、何らかの固定的なイメージを持って国際社会を見続けること、あるいは国際社会に何らかの不変の法則が本質的に埋め込まれているかのように考えることを拒絶する[623]点において、彼等の見方は現代の我々にとって示唆的と言えよう。

　武力行使禁止原則が国際法上の揺るぎない地位を獲得した現代においても、戦争の法的性質と法的機能をめぐり思考を停止してはならず、むしろ法と力の交錯、原理性と状況性の拮抗関係の中で、常に問いかけ続けなければならない。それと同時に、当時の国際法学者の理論が現実において変形した（あるいは変形せざるを得なかった）理由を問い詰めることによって、彼等が残した負の遺産から、有意義な教訓ないし積極的な啓発を見出さなければならない。そうしてはじめて、歴史は過去の重

---

[623] 篠田英朗著『国際社会の秩序』（東京：東京大学出版会、2007年）、236頁。

荷ではなく、未来に通ずる道を開く可能性を秘めている宝物となる。本稿の存在意義も、まさにそこにあると信じている。

EXECUTIVE SUMMARY

This book is based on the author's Ph.D. thesis, written at the University of Tokyo Graduate Schools for Law and Politics, presented in 2009. The book mainly deals with the 'Just War' concept in the early period of international legal research in Japan. Based on an analysis of the arguments of some famous international lawyers at that time, including ARIGA Nagao, TAKAHASHI Sakuyé, SENGA Tsurutaro, TERAO Tooru and NAKAMURA Shingo, the book examines their concepts of war from both theoretical and practical perspectives.

The author first explores how the law of war – which emerged and developed in the European historical context – was perceived or appreciated by the Japanese in the second half of the 19th century. Due to the strong desire of the Japanese to employ the new knowledge at the international stage – which, in their opinion at the time, could change the destiny of Japan – they adopted a pragmatic and positivist approach in learning and using international law, and elaborated on Western concepts according to their own understanding.

Based on this analysis, the author further classifies the Japanese conception of war during that period into three legal theories: (1) 'Extra-legal Faction', (2) 'Adjudicating Faction', and (3) 'Implementing Faction'. Each theory has its own viewpoint on the nature and function of war in international law, where the elements of approving, restricting or denying war co-existed albeit carrying different weight. The concept of 'Just War' featured in those lawyers' discourse.

The characteristics of and differences between the three categories disappeared almost immediately when they were used to instruct, interpret, and, most importantly, justify practices such as the Russo-Japanese War (1904–05). At the time, the boundary between the three categories became so vague that the arguments which stemmed from different approaches came back together. The discourse which appeared around the Russo-Japanese War was closer to an indiscriminate war concept than a 'Just War' concept.

What may be the reasons for this phenomenon? The author argues that, although there was always an awareness of 'Just War' in the above-mentioned international legal theories, there are also dangerous pitfalls in such theoretical constructions. When these theories are applied in practice, in particular in the context of the Russo-Japanese War, the consciousness of restricting war may either disappear or be contorted, and dangerous pitfalls come to the forefront.

War and peace cannot be viewed simply as opposites. Even today, when the principle of "refraining from the threat or use of force" has obtained an unshakable position in international law, we should not stop considering the nature and effect of war. The very nature of war must be questioned constantly in the context of complicated relationships between law and force, justice and security, state values and human values, and abstract concepts and concrete realities. Examined retrospectively, history can be more than just a heavy burden. It may serve as a common treasure for future use.

内容概要

本书是第一部以日本国际法学初创时期（19 世纪末~20 世纪初，正是甲午战争和日俄战争爆发的时期）的"正当战争"概念为题材的作品。作者在书中通过分析一些具有代表性的日本国际法学者（尤其是有贺长雄、高桥作卫、千贺鹤太郎、寺尾亨、中村进午等）的言论，从理论和实践两方面考察了当时的"正当战争"观念。

本书首先系统地梳理和回顾了日本国际法学者"继受"西方战争法理论的过程。他们并非只是被动的接受西方观点，而是不乏创造性的运用。从学理上说，那个时期日本国际法学者的战争观可以分为三个派别，"法外派"、"裁定手段派"和"执行手段派"。每种类型对于战争的功能和性质都有其独到的看法。虽然每一种类型中都既包含肯定战争的要素，也包含否定或限制战争的要素，但毫无疑问它们都体现了"正当战争"的观念。可是，当这些不同类型的战争法理论被用于指导实践、解释实践、尤其是被用来为日俄战争作正当性辩护的时候，上述理论上的差异很快消失了，各个派别的实践性主张呈现出惊人的一致性，它们相互间的界限变得模糊。此时所体现出来的战争观更接近于"无差别战争观"，而不是"正当战争"的观念。

作者认为，造成这种现象的原因在于，虽然在这些学者的战争法理论中始终存在着限制战争的"正当战争"观念，然而其理论结构中却蕴含着一些危险的陷阱。当这些理论被应用于实践时，其中所包含的限制战争的意识就隐去了身影，或者发生了变形，而那些理论陷阱则成为了现实。

战争与和平的关系并非简单的二元对立。即便在今天，当"禁止行使武力"已经成为国际法上一项不可动摇的原则时，依然不能停止思考战争的法律性质和效果。我们必须在法与力的交错、正义与强权的对抗、抽象原理与具体情境的错综关系中不断追问战争与和平的本质。通过回溯分析早期日本国际法学者的理论在现实中发生变形的原因，我们或许可以从他

们所留下的负面遗产中获得有意义的教训和积极的启发。由此，历史才不仅仅是过去遗留下的重负，而成为蕴含着通向未来之可能性的宝贵财富。

参考文献リスト

R.1. 一次文献

R.1.1. 和文の著書・論文（著者名の五十音順）

「有賀博士十三回忌記念論文特集」『外交時報』第 685 号、1933 年「発刊の辞」『国際法雑誌』第 1 巻 1 号

秋山雅之介述、須田栄治編『国際公法（完）』（東京：東京専門学校、1893 年）（東京専門学校講義録）

秋山雅之介「国際公法の発生発達及実行に付き列国間に国力均衡の缺くへからさる所以を論す」『法学志林』第 1 号、1899 年

秋山雅之介「国家の政治機関に対する国際公法の拘束力を論す」『法政新誌』第 19 号、20 号、1899 年

秋山雅之介「戦争と仲裁裁判」『法学志林』第 13 号、17 号、1900 年、1901 年

秋山雅之介、高橋作衛述『国際公法』（東京：和仏法律学校、1903 年）（明治 36 年度和仏法律学校高等科講義録）

秋山雅之介著『国際公法：戦時』（東京：法政大学、1904 年再版、初版は 1903 年刊行）

秋山雅之介著『国際公法（全二冊）』（東京：和仏法律学校、1903–1904 年）

秋山雅之介「国際公法の基礎を論して戦争の地位に及ふ（講演）」『法学志林』第 6 巻通号第 57 号、1904 年

秋山雅之介「海戦法規に関する倫敦宣言」『法学志林』第 11 巻 7 号、1909 年

秋山雅之介「刑法第二条と国家自衛権との関係」『法学志林』第 11 巻 11 号、1909 年

秋山雅之介述『戦時国際法』（東京：明治大学出版部、1910 年）（明治 43 年度明治大学法学科第 2 学年講義録）

有賀長雄著『社会学』（『社会進化論』（巻 1）、『宗教進化論』（巻 2）、『族制進化論』（巻 3））（東京：東洋舘書店、1883〜1884 年）

有賀長雄編述『国家学（増補再版）』（東京：牧野書房、1889 年 4 月、初版は 1889 年 1 月刊行）

有賀長雄編『万国戦時公法：陸戦條規（全）』（東京：陸軍大学校、1894 年）

有賀長雄「戦時国際法上の日本帝国」『国家学会雑誌』第 8 巻第 88 号、1894 年

有賀長雄著『日清戦役国際法論（全）』（東京：陸軍大学校、1904 年再版発行、初版は 1896 年刊行）

有賀長雄著『近時外交史』（東京：早稲田大学出版部、1910 年再版発行、初版は 1898 年刊行）

有賀長雄「今日以後の戦争」『外交時報』第 25 号、1900 年

有賀長雄述『国際公法講義録：將校教育資料』（東京：海軍教育本部、1900 年）

有賀長雄述「戦時公法講演」『偕行社記事』第 234 号〜第 270 号（計三十回連載、1900.1.19〜1901.7.19）

有賀長雄「国際道徳論」『外交時報』第 39 号、1901 年

有賀長雄『国際公法』（東京：東京専門学校出版部、1901 年）（東京専門学校法律科第 13 回第 2 部講義録）

有賀長雄著『国法学（上・下）』（東京：早稲田大学出版部、1901–1902 年）

有賀長雄編述『国家と軍隊との関係』（東京：偕行社、1902 年）

有賀長雄「実戦中の冥想」『外交時報』第 84 号、1904 年

有賀長雄「国際公法と国際事実」『国際法雑誌』第 2 巻 5 号、1904 年

有賀長雄「日露開戦」『外交時報』第 74 号、1904 年

有賀長雄「日露戦争と国際法」『外交時報』第 81 号、1904 年

有賀長雄著『戦時国際公法（上・下）』（東京：早稲田大学出版部、1904 年）

有賀長雄著『文明戦争法規』（東京：金港堂書籍株式会社、1904 年）

有賀長雄「旅順の新戦場」『外交時報』第 92 号、1905 年

有賀長雄著『満洲委任統治論：有賀博士陣中著述』（東京：早稲田大学出版部、1905 年）有賀長雄著『保護国論』（東京：早稲田大学出版部、1906 年）

有賀長雄「日露戦争と国際法（講演）」『国家学会雑誌』第 20 巻 3 号、1906 年

有賀長雄著『最近三十年外交史』（東京：早稲田大学出版部、1910 年）

有賀長雄編『日露陸戦国際法論』（東京：東京偕行社、1911 年）

有賀長雄「佛文著述苦心談」『国際法雑誌』第 10 巻 9 号、1912 年

有賀長雄「明治天皇と国際法」『国際法外交雑誌』第 11 巻 1 号、1912 年

飯田寛助、高原仲治編、鳩山和夫閲『通俗戦時国際公法』（東京：東光館、1904 年）

石原莞爾著、石原莞爾全集刊行会編『戦争史大観；世界最終戦論；国防論：他（石原莞爾全集第一巻）』（船橋：石原莞爾全集刊行会、1976 年）

石山福治『国際平和論』（東京：奉公会、1904 年）

稲田周之助『軍政及軍備』（東京：同労舎、1912 年）

植木枝盛記、板垣退助立案、和田稲積編『通俗無上政法論』（東京：絵入自由出版社、1883 年）

遠藤源六著『国際法要論』（東京：清水書店、1908 年）

遠藤源六著『日露戦役国際法論（全）』（東京：明治大学出版部、1908 年）

遠藤源六著『国際法要論：戦時（増補第 2 版）』（東京：清水書店、1910 年、初版は 1908 年刊行）

遠藤源六著『戦時禁制品論』（東京：清水書店、1910 年）

遠藤源六著『軍国講話：戦争と国際法』（東京：読書会、1914 年）

大澤唯治郎「国際公法の執行力を論す」『法政新誌』第 12、13、14 号、1898 年

大野若三郎著『国際法新論』（東京：有斐閣書房、1903 年）

丘浅次郎『進化と人生』（東京：東京開成館、1906 年）

倉地鐵吉「国際間の自衛権を論す」『法政新誌』第 37 号、1900 年

蔵原惟昶編『七博士日露開戦論纂』（東京：旭商会、1903 年）

小﨑傳「危難防衛又は緊急状態」『法政新誌』第 62 号、1902 年

小島愛三郎「哲理上より観察したる戦争」『法学新報』第 11 巻通号 118 号、1901 年

小林松堂「戦争と国際法との関係を論す」『法政新誌』第 44 号、1901 年

信夫淳平「有賀長雄博士の十三回忌に際し」『外交時報』第 685 号、1933 年

篠田治策著『日露戦役国際公法』（東京：法政大学、1911 年）

神藤才一講述『国際公法講義（巻之二）』（東京：明治法律学校、1898 年）（明治 31 年度明治法律学校第 3 学年講義録）

神藤才一講述『戦時国際公法：国際協調論』（東京：東京政治学校出版部、1902 年）（東京政治学校講義録）

水府太郎「日本の国際法学者（上）（下）」『外交』（東京：外交社）第 2 巻 4 号、5 号、1916 年

千賀鶴太郎「日露平和克復の条件に就き挙国一致を望む」『外交時報』第 91 号、1905 年

千賀鶴太郎「開戦の時点」『日本法政新誌』第 9 巻 8 号、1905 年

千賀鶴太郎「清国は国際社会の中に在り」『日本法政新誌』第 10 巻 11 号、1906 年

千賀鶴太郎「国際公法の缺点を論して排日問題に及ふ」『京都法学会雑誌』第 3 巻 1 号、1908 年

千賀鶴太郎「理想的外交」宮崎三郎編『二十一家講話：現代思潮』（東京：博文館、1908 年）

千賀鶴太郎著『国際公法要義（訂補再版）』（東京：巖松堂書店、1911 年、初版は 1909 年刊行）

千賀鶴太郎「博士の下せる国際公法の定義」『京都法学会雑誌』第 4 巻 5 号、1909 年

千賀鶴太郎「国際公法の淵源に就き博士の下せる定義」『京都法学会雑誌』第 4 巻 11 号、1909 年

千賀鶴太郎「国際公法の主体に就き博士の説を批駁す」『京都法学会雑誌』第 7 巻 4 号、1912 年

千賀鶴太郎「高橋博士の所謂領海てふ術語を批駁す」『京都法学会雑誌』第 8 巻 2 号、1913 年

千賀鶴太郎「高橋博士の基本権の説を批駁す」『京都法学会雑誌』第 8 巻 9 号、1913 年

千賀鶴太郎「高橋博士の干渉の説を批駁す」『京都法学会雑誌』第 9 巻 2 号、1914 年

千賀鶴太郎「批准に就きて高橋博士の説を批駁す」『京都法学会雑誌』第 10 巻 3 号、1915 年

千賀鶴太郎「国際条約の学理的解釈に就き高橋博士及ホールの説を批駁す」『京都法学会雑誌』第 11 巻 7 号、1916 年

千賀鶴太郎「国家の獲得権に就きて高橋博士の説を批駁す」『京都法学会雑誌』第 12 巻 1 号、1917 年

千賀鶴太郎『国際公法』（東京：講法會：清水書店、1917 年）

千賀鶴太郎「国家の基本権」『京都法学会雑誌』第 12 巻 7 号、13 巻 2 号、12 号、1917 年、1918 年

千賀鶴太郎「国際条約と国際法規との関係に就きてウルマンの説を批駁す」『法学論叢』第 1 巻 5 号、1919 年

千朶木仙史編『学界文壇時代之新人』（東京：天地堂、1908 年）

高橋作衛「国際法上の戦争」『法学新報』第 12 巻 2 号、1902 年

高橋作衛「国際法の淵源に関する英米派及ひ大陸派学説の矛盾」『法政新誌』第 64 号、1902 年

高橋作衛著『戦時国際公法（第八版増補訂正）』（東京：哲学書院、1905 年、初版は 1902 年刊行）

高橋作衛著『英船高陞号之撃沈（国際法外交論纂第一編）』（東京：清水書店、1903 年）

高橋作衛著『平時国際法論（第二版）』（東京：日本法律学校、1904 年、初版は 1903 年刊行）

高橋作衛「国際法の真相」『法政新誌』第 8 巻 1 号、1904 年

高橋作衛「日本に於ける国際法研究の進歩」『国際法雑誌』第 3 巻 2 号、1904 年

高橋作衛著『満洲問題之解決；七博士意見書起草顛末；満洲問題研究録（国際法外交論纂第二編）』（東京：清水書店、1904 年）

高橋作衛「露国の宣言を評す」『国際法雑誌』第 2 巻 6 号、1904 年

高橋作衛「ホルランド博士の日本に対する同情」『国際法雑誌』第 2 巻 7 号、1904 年

高橋作衛「ウェストレーキ博士の日露開戦観」『国際法雑誌』第 2 巻 8 号、1904 年

高橋作衛「朝鮮の地位に関する英国学者の意見」『国際法雑誌』第 3 巻 1 号、1904 年

高橋作衛「欧州雁信——ウェストレーキ博士の日露戦観と其新著」『国際法雑誌』第 3 巻 3 号、1904 年

高橋作衛著『戦時国際法理先例論（訂正増補第三版）』（東京：清水書店、1907 年、初版は 1904 年に東京法学院大学により刊行）

高橋作衛「日露戦争中の国際法問題二三（講演）」『法学志林』第 7 巻 7 号、1905 年

高橋作衛「日露戦争中の国際法問題（承前）」『法学志林』第 7 巻 11 号、1905 年

高橋作衛著『日露戦争国際事件要論』（東京：清水書店、1905 年）

高橋作衛著『戦時国際法要論（全）（改訂第三版）』（東京：清水書店、1910 年、初版は 1905 年刊行）

高橋作衛「日露講和条約に関するウェストレーキ博士の短評」『国際法雑誌』第 4 巻 4 号、1905 年

高橋作衛「現世界の研究せんとする国際法の緊要問題」『日本法政新誌』第 10 巻 1 号、1906 年

高橋作衛、遠藤源六述『戦時国際法講義』（東京：明治大学出版部、1906 年）（明治 39 年度明治大学法学科第 3 学年講義録）

高橋作衛、中村進午述『戦時国際公法』（東京：日本大学、1906 年）（明治 39 年度日本大学法科第 2 学年講義録）

高橋作衛「ホルランド博士の新著『タイムス』投書集を評して本邦新聞並に一般社会の学者観に論及す」『国際法雑誌』第 8 巻 7 号、1910 年

高橋作衛著『国際法外交條規：纂註』（東京：清水書店、1912 年）

高橋作衛「明治時代に於ける国際法研究の発達」『法学協会雑誌』第 30
巻 10 号、11 号、12 号、第 31 巻 4 号、5 号、1912–1913 年の連載

高橋作衛「海牙条約の改良すへき点」『法学新報』第 23 巻 1 号、1913 年

高橋作衛著『国際法大意』（東京：清水書店、1913 年）

立作太郎「干渉の定義を論して主権と国際法との関係に及ふ」『国際法
雑誌』第 2 巻 2 号、1903 年

立作太郎「国際法上の戦争の観念」『法学新報』第 14 巻 9 号、1904 年

立作太郎「国際法上に於ける国家の主権」『法学協会雑誌』第 26 巻 3 号、
1908 年

立作太郎「海戦法規に関する龍敦宣言」『外交時報』第 138 号、1909 年

立作太郎述『戦時国際公法』（東京：日本大学、1912 年）（明治 45 年度
日本大学法律科第 2 学年講義録）

立作太郎著『戦時国際法（全）』（東京：中央大学、1913 年）

立作太郎「国際法の法規体系に於ける地位を論す」『法学協会雑誌』第
32 巻 2 号、1914 年

立作太郎「国際法の淵源と法信説」『法学新報』第 24 巻 11 号、1914 年

立作太郎著『戦争と国際法』（東京：外交時報社出版部、1916 年）

立作太郎著『平時国際法論』（東京：日本評論社、1930 年）

立作太郎著『戦時国際法論』（東京：日本評論社、1931 年）

立作太郎著『戦時国際法論』（東京：日本評論社、1944 年）

立作太郎著、立作太郎博士論行委員會編『立博士外交史論文集』（東
京：日本評論社、1946 年）

玉置嘉門編纂『学説対照国際公法論綱』（東京：清水書店、1901 年）

寺尾亨述『国際公法（戦時の部）』（東京：日本法律学校、1901 年）
（明治 34 年度日本法律学校第 3 年級講義録）

寺尾亨講述『国際公法（謄写版）』（出版地不明：庚子攻法会、1902
年）（明治 35 年度東京大学講義録）

寺尾亨「戦争は権利に基くや」『法学志林』第 28 号、1902 年

寺尾亨「国際法の将来（講演）」『（和仏法律学校）法学志林』第 34 号、
　　1902 年

寺尾亨「国際法研究の必要」『国際法雑誌』第 1 巻 1 号、1902 年

寺尾亨「国民雄飛の時期」『明義』第 3 巻 8 号、1902 年

寺尾亨「戦争に就て」『法学志林』第 6 巻通号 55 号、1904 年

寺尾亨「時局に付て」『法学新報』第 14 巻 6 号、1904 年

寺尾亨「日露戦争開始の時期を問ふ」『法学志林』第 6 巻通号 55 号、
　　1904 年

寺尾亨「日露戦争開始の時期如何」『国際法雑誌』第 2 巻 7 号、1904 年

寺尾亨「外国の干渉」『明義』第 5 巻 7 号、1904 年

寺尾亨「戦争の終局如何（講演）」『法学志林』第 7 巻 6 号、1905 年

寺尾亨「今日の戦局は列国の容喙に依り終了すへきものに非す」『国際
　　法雑誌』第 2 巻 11 号、1904 年

寺尾亨「国土の膨張」『国際法雑誌』第 3 巻 7 号、1905 年

寺尾亨「戦争と国際法」『法学協会雑誌』第 25 巻第 11 号、1907 年

寺尾亨「万国平和論に就き」『国際法雑誌』第 5 巻 5 号、1907 年

寺尾亨「平和と国際法」『国際法雑誌』第 6 巻 3 号、1907 年

寺尾亨「国際法と戦争及平和（上）（下）」『日本法政新誌』第 11 巻
　　12、13 号、1907 年

寺尾亨「平和と国際法」大日本平和協会編『平和論集』（東京：大日本
　　平和協会、1911 年）

中江篤介著『三酔人経綸問答（全）』（東京：集成社書店、1887 年）

中村進午著『新條約論（三版）』（東京：東京専門學校出版部、1897 年、
　　初版は 1894 年刊行）

中村進午編『媾和類例』（東京：哲学書院、1895 年）

中村進午「国際公法上媾和論」『国家学会雑誌』第 9 巻 101 号、102 号、
　　1895 年

中村進午著『国際公法論』（東京：東華堂、1897 年）

中村進午「国際法の精神」『法学志林』第 10 号、1900 年

中村進午「国際法の実利的趨勢」『国家学会雑誌』第 14 巻通号 173 号、
　　1901 年

中村進午「国際的優勝法の傾向」『法学志林』第 21 号、1901 年

中村進午「世界主義と愛国心と国際法」『法学新報』第 12 巻 1 号、1902
　　年

中村進午「戦争存廃論者の意見を紹介す」『法政新誌』第 55 号、1902 年

中村進午「無宣言の戦争と報仇との差異」『法学新報』第 12 巻 10 号、
　　1902 年

中村進午「マルテンス博士の為めに惜む」『外交時報（臨時増刊）』第
　　67 号、1904 年

中村進午「日露戦争とマルテンス博士」『法政新誌』第 8 巻 4 号、1904
　　年

中村進午「宣戦」『法学志林』第 6 巻通号 53 号、1904 年

中村進午「戦争の是非及本質に関する数説」『国際法雑誌』第 3 巻 4 号、
　　1905 年

中村進午「償金に就て」『日本法政新誌』第 10 巻 9 号、1906 年

中村進午述『戦時国際公法（完）』（東京：中央大学、1912 年）（明治
　　45 年度中央大学法律科第 2 学年講義録）

中村進午述『戦時国際公法』（東京：早稲田大学出版部、1912 年）（早
　　稲田大学第 29 回法律科講義録）

中村進午著『国際公法論綱（改訂五版）』（東京：厳松堂書店、1925 年、
　　初版は 1922 年刊行）

長岡春一著、寺尾亨校閲并序『外交通義（全）』（東京：有斐閣書房、
　　1901 年）

長岡春一著『成文国際公法（訂正増補第二版）』（東京：国際法學會、
　　1914 年、初版は 1909 年刊行）

長岡春一注解『倫敦海戰法規』（東京：清水書店、1914 年）

蜷川新「吾人の戦争観」『国際法雑誌』第 1 巻 2 号、1902 年

蜷川新「戦争の定義に関する疑義」『国際法雑誌』第 2 巻 12 号、1904 年

蜷川新著『黒木軍と戦時国際法』（東京：清水書店、1905 年）

蜷川新「欧州公法学者の戦争観並に平和観」『国際法雑誌』第 1 巻 6 号、1902 年

蜷川新「満州問題管見」『明義』第 4 巻 8 号、1903 年

蜷川新「戦争論」『国際法雑誌』第 5 巻 8、9 号、1907 年

鳩山和夫述『万国公法』（東京：東京専門学校、1896 年）（東京専門学校法律科第 3 年級第 6 回講義録）

鳩山和夫講述『戦時国際公法』（東京：東京専門学校、1897 年）（東京専門学校法律科第 9 回 1 年級講義録）

花井卓蔵「戦時国際法要領」『法学新報』第 4 巻通号 41 号、1894 年

花井卓蔵著『非常国際法論』（東京：有斐閣、1895 年）

花井卓蔵「交戦と強制手段との区別を論す」『法学新報』第 5 巻通号 52 号、1895 年

花井卓蔵「交戦原因論」『法学新報』第 6 巻通号 62 号、1896 年

花井卓蔵「日露戦争と国際法の発展」『国際法雑誌』第 4 巻 3 号、1905 年

花井卓蔵「論日俄戦争及国際法発展（上）（中）（下）」『法学新報』第 16 巻 10 号、11 号、12 号、1906 年

兵藤三郎『万国平和論』（東京：東洋平和協會出版部、1907 年）

藤田隆三郎講述、花井卓蔵筆記『万国公法講義』（出版地不明：出版社不明：発行年不明）

藤田隆三郎『万国公法』（大阪：岡島寶文館、1891 年）

古川恵「戦争と国際法との関係を論す」『法政新誌』第 42 号、1901 年

穂積陳重『法窓夜話』（東京：岩波書店、1980 年）

牧野孫太郎「戦争の観念に就て」『法政新誌』第 41 号、1900 年

松原一雄「国際法上の自衛権に付て」『国家学会雑誌』第 17 巻第 200 号、1903 年

松原一雄述『国際法先例』（東京：日本大学、1904 年）（明治 37 年度日本大学第 3 年級法学講義録）

松原一雄著『最近国際公法原論』（東京：東京法學院大学、1904 年）

松原一雄述『国際公法：戦時』（東京：法政大学、1905 年）（明治 38 年度法政大学講義録）

松原一雄「国際法上の戦争」『国際法外交雑誌』第 37 巻 2 号、1938 年

南次郎「我が陸軍と有賀博士」『外交時報』第 685 号、1933 年

矢野文雄纂譯補述『経国美談：齋武名士』（東京：報知社、1886 年）

山石正文「国家自衛権の性質及範囲」『法学新報』第 7 巻通号 80 号、1897 年

山川端夫「倫敦海戦法規会議に就て」『法学協会雑誌』第 27 巻 7、8、9 号、1909 年

陸軍省新聞班編『国防の本義と其強化の提唱』（東京：陸軍省新聞班、1934 年）

陸軍省新聞班編『「国防の本義と其強化の提唱」に対する評論集』（東京：陸軍省新聞班、1934–1935 年）

R.1.2. 和訳の著書・論文（原著者の和訳名の五十音順；原著者不明の場合、訳者名の五十音順）

アモス（Sheldon Amos, 亜麼士）著、海軍兵学校訳『万国公法』（東京：海軍兵学校、1879 年）（原著は Amos, S., *Lectures on International Law: delivered in the Middle Temple Hall to the students of the Inns of Court*, F.B. Rothman, Littleton (Colorado), 1983, Reprint (originally published by Stevens, London, 1874)

ウールシー（Theodore Dwight Woolsey）著、箕作麟祥訳『国際法、一名万国公法（上編）』（東京：弘文堂、1875 年）（原著は Woolsey, T.D., *Introduction to the Study of International Law, designed as an aid in teaching, and in historical studies*, 3rd ed., rev. and enl, Scribner, Armstrong, New York, 1872)

ウールジー（Theodore Dwight Woolsey, 呉爾璽）著、丁韙良訳、妻木頼矩訓点『公法便覧』（東京：丸屋善七、1878 年）（原著は Woolsey, T.D., *Introduction to the Study of International Law, designed as an aid in teaching, and in historical studies*, 3rd ed., rev. and enl, New York: Scribner, Armstrong, 1872)

ウエストレーキ（John Westlake）著、深井英五補訳『国際法要論』（東京：民友社、1901 年）（原著は Westlake, J., *Chapters on the Principles of International Law,* Cambridge University Press, Cambridge, 1894)

エドアール（Edwards）著、海軍参謀本部訳『海上国際法（全）』（東京：海軍参謀本部、1889 年）

グラッス（Henry Glass）述、藤田隆三郎編訳『海上万国公法』（東京：博文館、1894 年）（原著は Henry Glass の講義録 *Marine International Law*）

ケント（James Kent, 堅土）著、蕃地事務局訳、大音龍太郎校正『堅土氏万国公法』（東京：坂上半七、1876 年）（原著は Kent, J., *Commentaries on American law*, 12th ed., edited by O.W. Holmes, Jr., Little, Brown, Boston, 1873）

スタイン（Lorenz von Stein）講述、海江田信義聴講、有賀長雄通訳筆記『須多因氏講義筆記』（東京：信山社出版、2006 年）（宮内庁刊行のスタイン著『須多因氏講義（三版）』（1889 年 12 月）を復刻したもの、初版は 1889 年 7 月刊行）

ゼグラン訳述、肥田野黙重訳『歐洲諸國軍事裁判職權誌』（東京：陸軍省印刷、1886 年）

ハーレック（Henry Wager Halleck, 顕理・波礼克）著、秋吉省吾訳『波氏万国公法』（東京：穴山篤太郎、1876 年）（原著は Halleck, H.W., *Elements of International Law and Laws of War*, J.B. Lippincott, Philadelphia, 1866）

パテルノストロー（Alessandro Paternostro）述、安達峰一郎訳、中村藤之進記『国際公法講義』（東京：明治法律学校講法会、1897 年）（パテルノストローが明治法律学校で行った講義の筆記）

フィッセリング（Simon Vissering, 畢洒林）著、西周助訳述『畢洒林氏説万国公法（全四冊）』（大阪：官版書籍製本所、1868 年）（西周がライデン大学で受けたフィッセリングの講義の筆記）

ブルンチュリー（Johann Caspar Bluntschli, 歩倫）著、丁韙良訳、岸田吟香訓『公法會通』（東京：楽善堂、1881 年）（原著は Bluntschli. J.C., *Das moderne Völkerrecht der civilisirten Staten als Rechtsbuch*, 2. mit Rücksicht auf die Ereignisse von 1868 bis 1872 ergänzte Aufl, C.H. Beck, Nördlingen, 1872 の仏訳版 Bluntschli, *Le droit international codifié*, traduit de l'allemand par C. Lardy; précédé d'une préface de la 1re édition, par Édouard Laboulaye; et d'une nouvelle préface, par M. de Molinari, 2e éd. rev. et corr, Guillaumin, Paris, 1874）

ブルンチュリー（Johann Caspar Bluntschli）著、山脇玄・飯山正秀訳『万国公法戦争條規』（東京：近藤幸正、1882 年）

ヘフター（August Wilhelm Heffter, 海弗得）著、荒川邦蔵・木下修一訳、寺内章明校訂『海氏万国公法』（東京：司法省、1877 年）（原著は Heffter, A.W., *Das europäische Völkerrecht der Gegenwart auf den bisherigen Grundlagen*, 5. Ausg, E.H. Schroeder, Berlin, 1867）

ホール（William Edward Hall）著、立作太郎訳述『国際公法』（東京：東京法學院、初版は 1899 年刊行、1900 年再版発行、1902 年三版発行）（原著は Hall, H.E., *A Treatise on International Law*, 4th ed., Clarendon Press, Oxford, 1895）

ホール（William Edward Hall）著、三宅恒徳訳『ホール氏国際法（上巻）』（東京：横田四郎、1888 年）

ホィートン（Henry Wheaton, 恵頓）著、丁韙良訳『万国公法（四巻）』（江戸：開成所（翻刻）、京都崇実館蔵版、1865 年）（原著は Wheaton, H., *Elements of International Law*, annoted edition, by William Beach Lawrence, Little, Brown and Co., Boston, 1855 と言われる）

ホィートン（Henry Wheaton, 恵頓）著、ウィリヤム・ロウレンス補、瓜生三寅口訳、山岡次郎太筆受『交道起源、一名万国公法全書』（京都：竹苞楼、1868 年）（原著は Wheaton, H., *Elements of International Law*, 8th ed., edited, with notes, by Richard Henry Dana, Jr., Little, Brown, Boston, 1866）

ホィートン（Henry Wheaton, 恵頓）著、皇朝堤觳士志訳『万国公法釈義』（京都：御用御書物製本所、1868 年）

ホィートン（Henry Wheaton, 恵頓）著、重野安繹訳述『和訳万国公法（三冊）』（出版地不明：鹿兒嶋藩蔵梓、1870 年頃）

ホィートン（Henry Wheaton, 恵頓）著、大築拙藏訳『万国公法始戦論（二巻）』（東京：須原鉄二等、明法寮蔵版、1875 年）（原著は Wheaton, H., *Elements of International Law*, 8th ed., edited, with notes, by Richard Henry Dana, Jr., Little, Brown, Boston, 1866）

ホィートン（Henry Wheaton, 恵頓）著、大築拙藏訳『惠頓万国公法（完）』（東京：司法省、1882 年）（原著は Wheaton, H., *Elements of International Law*, 8th ed., edited, with notes, by Richard Henry Dana, Jr., Little, Brown, Boston, 1866）

ホィートン（Henry Wheaton, 恵頓）著、丁韙良訳、高谷竜洲注解、中村正直批閲『万国公法蠡管』（東京：北畠茂兵衛、済美黌蔵版、1876 年）

マルテンス（Мартенс Федор Федорович）著、中村進午訳『国際法（上・下）』（東京：東京専門学校出版部、1900 年）（原著は Мартенс の Современное международное граво Цивилиозванных народов, 2тома, （1882–1883）のドイツ語版 Friedrich von Martens, *Völkerrecht: das internationale Recht der civilisirten Nationen, systematisch dargestellt*, Berlin: Weidmann, 1883–1886）

ミッシェル・ルボン述、児玉錦平訳「戦争哲学」『法学協会雑誌』第 14
　　巻 5 号、6 号、7 号、1896 年

リスト（Franz von Liszt）著、中村進午解説『国際公法』（東京：東京専
　　門学校出版部、1902 年）（原著は Liszt, F., *Das Völkerrecht*, O.
　　Haering, Berlin, 1898）

ローレンス（Thomas Joseph Lawrence）著、陸奥広吉訳『国際公法摘要』
　　（東京：丸善、1895 年）（原著は Lawrence, T.J., *Handbook of
　　International Law*, 3rd edition, Deighton Bell, Cambridge, 1890）

ローレンス（Thomas Joseph Lawrence）著、窪田熊蔵訳『国際公法大意』
　　（丸亀町（香川県）：窪田熊蔵、1897 年）（原著は Lawrence, T.J.,
　　Handbook of International Law, 3rd edition, Deighton bell, Cambridge,
　　1890）

ローレンス（Thomas Joseph Lawrence）著、古谷久綱訳『日露戦役国際公
　　法論』（東京：民友社、1905 年）（原著は Lawrence, T.J., *War and
　　Neutrality in the Far East*, 2nd ed., enl, Macmillan, London, 1904）

ローレンス（Thomas Joseph Lawrence）著、小山精一郎訳『国際法原論』
　　（東京：厳松堂書店、1914、1916 年）（原著は Lawrence, T.J., *The
　　Principles of International Law,* 5th edition, D.C. Heath, Boston, 1910）

ヲルトラン（Ortolan, M. Théodore, 俄爾社蘭）著、海軍参謀本部編纂課編
　　『海上国際条規』（東京：海軍参謀本部、1889 年）（原著は
　　Théodore, O.M., *Regles International et Diplomatie de la Mer*, 2e éd., P.
　　Frères, Paris, 1853）

カーネギー（Andrew Carnegie）著、都筑馨六訳『国際平和論』（東京：
　　大日本平和協会、1908 年）

大谷熊太郎編『万国公議交戦条規』（東京：山中市兵衛等、1882 年）

議員集会所調査部編『干渉及仲裁・戦使及降服』（東京：石神禎助、
　　1895 年）

丁韙良訳述、吉田賢輔訓点『陸地戦例新選』（東京：懸車堂、1884 年）

西周訳『万国公法手録（全）』（出版地不明、1882 年）

万国公法会編、原敬訳註『陸戦公法』（東京：報行社、1894 年）

馬屋原彰訳『万国公法畧』（東京：植山義久、1876 年）

R.1.3. 欧文の著書・論文（著者名のアルファベット順）

Akiyama Masanosuké, "Règlements et Instructions du Gouvernement Japonais
　　sur le Traitement des Sujets Russes Pendant la Guerre Russo-Japonaise",

in *Revue de Droit International et de Légistation Comparée,* vol. 38 and 39, 1906–1907.

Amos, S., *Lectures on International Law: delivered in the Middle Temple Hall to the students of the Inns of Court*, F.B. Rothman, Littleton (Colorado), 1983, Reprint (originally published by Stevens, London, 1874).

Ariga Nagao, *La Guerre Sino-Japonaise: au point de vue du droit international*, ouvrage accompagné d'une préface par Paul Fauchille, A. Pedone, Paris, 1896.

Ariga Nagao rédigépar, *La croix-rouge en Extrême-Orient: exposé de l'organisation et du fonctionnement de la Société de la Croix-Rouge du Japon*, A. Pedone, Paris, 1900.

Ariga Nagao compiled, *The Japanese Red Cross Society and the Russo-Japanese War: a report*, Printed by Bradbury, Agnew and Co., London, 1907.

Ariga Nagao, "La Capitulation de Port-Arthur", *Revue Générale de Droit International Public*, 1907, Tome 14.

Ariga Nagao, *La Guerre Russo-Japonaise: au point de vue continental et le droit international*, A. Pedone, Paris, 1908.

Ariga Nagao, *La Chine et la grande guerre européenne: au point de vue du droit international d'après les documents officiels du Governement chinois*, ouvrage accompagné d'une prèface par Paul Fauchille, A. Pedone, Paris, 1920.

Ariga Nagao, *Extracts from la guerre Russo-Japonaise: au point de vue continental et le droit international: d'après les documents officiels du grand état-major japonais*, [s.n.], Washington, D.C., 1942.

Asakawa Kan'ichi, *The Russo-Japanese Conflict: Its Causes and Issues*, with an Introduction by Frederick Wells Williams, Houghton, Mifflin, Boston, 1904.

Bluntschli, J.C., *Le droit international codifié*, traduit de l'allemand par C. Lardy; précédé d'une préface de la 1re édition, par Édouard Laboulaye; et d'une nouvelle préface, par M. de Molinari, 2e éd. rev. et corr, Guillaumin, Paris, 1874.

Crick, D., "Book Review of *International Law Applied to the Russo-Japanese War, with the Decisions of the Japanese Prize Courts* (by Takahashi Sakuyé)", in *Revue de Droit International et de Légistation Comparée*, 1908, Tome X.

Hall, H.E., *A Treatise on International Law*, 4th ed., Clarendon Press, Oxford, 1895.

Halleck, H.W., *Elements of International Law and Laws of War*, J.B. Lippincott, Philadelphia, 1866.

Halot, M.A., "Les Origines du Conflit Russo-Japonais", in *Revue de Droit International et de Législation Comparée*, deuxieme serie, 1904, Tome VI.

Heffter, A.W., *Das europäische Völkerrecht der Gegenwart auf den bisherigen Grundlagen*, 5. Ausg, E.H. Schroeder, Berlin, 1867.

Hershey, A.S., *The International Law and Diplomacy of the Russo-Japanese War*, The Macmillan, New York, 1906.

Hershey, A.S., "Book Review of *La Guerre Russo-Japonaise: au point de vue continental et le droit international* (by Ariga Nagao), *International Law Applied to the Russo-Japanese War, with the Decisions of the Japanese Prize Courts* (by Takahashi Sakuyé), *La Guerre Russo-Japonaise au point vue de droit international. I. Origine et causes de la guerre* (by Francis Rey)", in *AJIL*, 1908, vol. 2, no. 3–4.

Hishida Seiji, *The International Position of Japan as a Great Power*, Columbia University Press, New York, 1905.

Holland, T.E., "International Law in the War between Japan and China", in *Studies in International Law*, Clarendon Press, Oxford, 1898.

Holland T.E., "Book Review of *International Law Applied to the Russo-Japanese War, with the Decisions of the Japanese Prize Courts* (by Takahashi Sakuyé)", in *The Law Quarterly Review*, 1908, vol. 24.

Holland, T. E., *Letters to "The Times" upon War and Neutrality (1881–1909): with some Commentary*, Longmans Green & Co., London, New York, 1909.

Kennedy, C., "Book Review of *International Law, as Interpreted during the Russo-Japanese War* (by F.E. Smith and N.W. Sibley) and *The international law and diplomacy of the Russo-Japanese war* (by A.S. Hershey)", in *AJIL*, 1907, vol. 1, part II.

Kent, J., *Commentaries on American law*, 12th ed., edited by O.W. Holmes, Jr., Little, Brown, Boston, 1873.

Klüber, J.L., *Droit des gens moderne de l'Europe: avec un supplément, contenat une bibliothèque choisie du droit des gens*, Nouv. éd., rev., annotée et complete, par M.A. Ott, Guillaumin, Paris, 1861.

Lawrence, T.J., *Handbook of International Law*, 3rd edition, Deighton Bell, Cambridge, 1890.

Lawrence, T.J., *War and Neutrality in the Far East*, 2nd ed., enl, Macmillan, London, 1904.

Lawrence, T.J., *The principles of international law,* 5th edition, D.C. Heath, Boston, 1910.

Lehr, E., "Book Review of *La Guerre Russo-Japonaise: au point de vue continental et le droit international* (by Ariga Nagao)", in *Revue de Droit International et de Législation Comparée*, Tome X. 1908.

Liszt, F., *Das Völkerrecht*, O. Haering, Berlin, 1898.

Lorimer, J., *The Institutes of the Law of Nations: A Treatise of the Jural Relations of Separate Political Communities*, vol. II, Blackwood, Edinburgh, London, 1884.

Nagaoka Harukazu, "La Guerre Russo-Japonaise et le Droit International", *Revue de Droit International et de Législation Comparée*, 1904, Tome VI.

Nagaoka Harukazu, *Étude sur la guerre russo-japonaise, au point de vue du droit international*, A. Pedone, Paris, 1905 (offprinted from Nagaoka H., "Étude sur la guerre russo-japonaise, au point de vue du droit international", in *Revue Générale de Droit International Public*, 1905, Tome 12).

Phillimore, R., *Commentaries upon International Law*, vol. III, 3rd ed., Butterworths, London, 1885.

Rey, F., "La situation internationale de la Corée", in *Revue Générale de Droit International Public*, 1906, Tome 13.

Rey, F., *Origine et causes de la guerre*, La guerre russo-japonaise au point de vue du droit international, 1, A. Pedone, Paris, 1907.

Rey, F., "Book Review of *The International Law and Diplomacy of the Russo-Japanese War* (by A.S. Hershey)", in *Revue Générale de Droit International Public*, 1907, Tome 14.

Rey, F., "Book Review of *International law, as Interpreted during the Russo-Japanese War* (by F.E. Smith and N.W. Sibley)", in *Revue Générale de Droit International Public*, 1908, Tome 15.

Rey, F., "Book Review of *La Guerre Russo-Japonaise: au point de vue continental et le droit international* (by Ariga Nagao)", in *Revue Générale de Droit International Public*, 1908, Tome 15.

Senga Tsurutaro, *Gestaltung und Kritik der heutigen Konsulargerichtsbarkeit in Japan*, R.L. Prager, Berlin, 1897.

Smith, F.E. and Sibley, N.W., *International Law, as Interpreted during the Russo-Japanese War*, 2nd ed., rev. and reset, T. Fisher Unwin, London, 1907 (the first print in 1905).

Snow, F., *Cases and Opinions on International Law: with Notes and a Syllabus*, Boston Book Co., Boston, 1893.

Takahashi Sakuye, *The Applications of International Law during the Chino-Japanese War*, Stevens, London, 1898 (offprinted from Takahashi Sakuyé,

"The Application of International Law during the Chino-Japanese War", in *The Law Quarterly Review*, 1898, vol. 14)

Takahashi Sakuyé, *Cases on International Law during the Chino-Japanese War*, with a preface by T.E. Holland; and an introduction by J. Westlake, Cambridge University Press, Cambridge, 1899.

Takahashi Sakuyé gesammelt, *Aeusserungen über völkerrechtlich bedeutsame Vorkommnisse aus dem chinesisch-japanischen Seekrieg und das darauf bezügliche Werk: "Cases on international law during the Chino-Japanese War"*, E. Reinhardt, München, 1900.

Takahashi Sakayé, *Le droit international dans l'histoire du japon*, Bureau de la Revue, Bruxelles, 1901.

Takahashi Sakuyé, *La neutralité du Japon pendant la guerre Franco-Allemande*, Bureau de la Revue, Bruxelles, 1901.

Takahashi Sakuyé, *International Law Applied to the Russo-Japanese War, with the Decisions of the Japanese Prize Courts*, Stevens, London, 1908.

Takahashi Sakuyé compiled, *Reviews of Dr. Takahashi's Recent Work, "International law applied to the Russo-Japanese War"*, Tokyo Printing, Tokio, 1909.

Westlake, J., *Chapters on the Principles of International Law*, Cambridge University Press, Cambridge, 1894.

Westlake, J., *International Law*, Part II, Cambridge University Press, Cambridge, 1907.

Wheaton, H., *Elements of International Law*, 2nd annoted edition, by William Beach Lawrence, Little, Brown and Co., Boston, 1863.

Woolsey, T.D., *Introduction to the Study of International Law, designed as an aid in teaching, and in historical studies*, 3rd ed., rev. and enl, Scribner, Armstrong, New York, 1872.

R.2. 二次文献

R.2.1. 和文の著書・論文（著者名の五十音順）

明石欽司「日本の国際法学『対外発信』の 100 年——欧文著作公刊活動を題材として——」大沼保昭編『国際社会の法と政治（「日本と国際法の 100 年」第 1 巻）』（東京：三省堂、2001 年）

明石欽司「立作太郎の国際法理論とその実践性——日本の国際法受容とその一つの帰結」柳原正治研究代表『東アジアにおける近代ヨーロッパ国際法の受容と伝統的華夷秩序の相克に関する研究』（九州：九州大学、2007 年）

石河幹明著『福沢諭吉伝（第一巻）』（東京：岩波書店、1932 年）

石本泰雄「いわゆる『事実上の戦争』について」高野雄一編集代表『現代国際法の課題（横田先生還暦祝賀）』（東京：有斐閣、1958年）

石本泰雄「戦争と現代国際法」高野雄一編『現代法と国際社会（岩波講座「現代法」12）』（東京：岩波書店、1965 年）

石本泰雄「国際法の構造転換」同著『国際法の構造転換』（東京：有信堂高文社、1998 年）

一又正雄「明治及び大正初期における日本国際法学の形成と発展——前史と黎明期——」『国際法外交雑誌』第 71 巻 5・6 合併号、1973年

一又正雄著『日本の国際法学を築いた人々』（東京：日本国際問題研究所、1973 年）

伊藤不二男「国際法」野田良之、碧海純一編集『近代日本法思想史』（東京：有斐閣、1979 年）

大沼保昭著『戦争責任論序説——「平和に対する罪」の形成過程におけるイデオロギー性と拘束性——』（東京：東京大学出版会、1975年）

大沼保昭著『人権、国家、文明——普遍主義的人権観から文際的人権観へ——』（東京：筑摩書房、1998 年）

大沼保昭編『戦争と平和の法: フーゴー・グロティウスにおける戦争、平和、正義（補正版）』（東京: 東信堂、1995 年）

大沼保昭編著『国際社会における法と力』（東京：日本評論社、2008年）

大川裕紀子「ラングデルの功罪——大学における法学教育——」滝沢正編集代表『比較法学の課題と展望（大木雅夫先生古稀記念）』（東京：信山社、2002 年）

大畑篤四郎「東アジアにおける国際法（万国公法）の受容と適用」『東アジア近代史』第 2 号、1999 年

大平善梧「国際法学の継受」『拓殖大学論集』第 7 巻 1 号、1936 年

大平善梧「国際法学の移入と性法論」『一橋論叢』第 2 巻 4 号、1938 年

大平善梧「日本の国際法の受容」『（小樽商科大学）商学討究』第 4 巻
　　3 号、1953 年

大淵仁右衛門「差別戦争と無差別戦争」『外交時報』第 97 巻 2 号（通号
　　867 号）、1941 年

大淵仁右衛門「国際法秩序とその構造」高野雄一編集代表『現代国際法
　　の課題（横田先生還暦祝賀）』（東京：有斐閣、1958 年）

奥脇直也研究代表『国際法におけるウェストファリア・パラダイムの転
　　換に関する調査研究』（東京：奥脇直也、2003 年）

尾佐竹猛著『国際法より観たる幕末外交物語：附 生麥事件の真相その
　　外』（東京：文化生活研究會、1926 年）

尾佐竹猛著『近世日本の国際観念の発達』（東京：共立社、1932 年）

落合淳隆「国際法からみた日本の近代化——国家主権を中心として
　　——」『（早稲田大学）比較法学』第 1 巻 2 号、1965 年

外務省編『日本外交年表並主要文書（上巻）』（東京：原書房、1965
　　年)

韓相熙「19 世紀東アジアにおけるヨーロッパ国際法の受容（一）——日
　　本の学者達の研究を中心に——」『（九州大学）法政研究』第 74
　　巻 1 号、2007 年

韓相熙「19 世紀東アジアにおけるヨーロッパ国際法の受容（二）——中
　　国の学者達の研究を中心に——」『（九州大学）法政研究』第 74
　　巻 2 号、2007 年

韓相熙「19 世紀東アジアにおけるヨーロッパ国際法の受容（三）——韓
　　国の学者達の研究を中心に——」『（九州大学）法政研究』第 74
　　巻 3 号、2007 年

金鳳珍「『礼』と万国公法の間——朝鮮の初期開化派の公法観——」
　　『北九州大学外国語学部紀要』第 102 号、2001 年

香西茂「幕末開国期における国際法の導入」『法学論叢』97 巻 5 号、
　　1975 年

香西茂ほか著『国際法概説（第三版）』（東京：有斐閣、1988 年）

国際法学会編『国際関係法辞典』（東京：三省堂、1995 年）

小谷鶴次「戦争の性質に関聯する若干の考察」『国際法外交雑誌』第 46
　　巻 1 号、1947 年

小早川欣吾著『明治法制史論（下巻）』（東京：巖松堂書店、1940年）

小林啓治著『国際秩序の形成と近代日本』（東京：吉川弘文館、2002年）

佐々木隆著『明治人の力量（日本の歴史 21）』（東京：講談社、2002年）

佐々木信綱「古今伝授と万国海律全書」『文藝春秋』第 4 巻 8 号、1926年

佐野善作「故中村進午博士を惜む」一又正雄、大平善梧編輯責任『時局関係国際法外交論文集：中村進午博士追悼記念』（東京：巖松堂書店、1940年）

篠田英朗著『国際社会の秩序』（東京： 東京大学出版会、2007年）

篠原初枝著『戦争の法から平和の法へ───戦間期のアメリカ国際法学者───』（東京：東京大学出版会、2003年）

篠原初枝「国際法学者・学説の役割───戦争違法化を事例として───」『国際法外交雑誌』第 106 巻 3 号、2007年

信夫清三郎、中山治一編『日露戦争史の研究 （改訂再版）』（東京：河出書房新社、1972年）

信夫淳平「我国に於ける戦時国際法の発達」『国際法外交雑誌』第 42 巻1 号、1943年

杉原高嶺「近代国際法の法規範性に関する一考察───戦争の位置づけとの関係において───」山手治之、香西茂編集代表『国際社会の法構造───その歴史と現状───』（東京：東信堂、2003年）

杉原高嶺ほか著『現代国際法講義（第四版）』（東京：有斐閣、2007年）

住吉良人「西欧国際法学の日本への移入とその展開」『（明治大学）法律論叢』第 42 巻 4・5・6 合併号、1969年

住吉良人「Henry Wheaton, *Elements of International Law*, 1836、丁韙良（W.A.P. Martin）万国公法 一巻（同治三年 1864）、瓜生三寅交道起源（一名万国公法全書）一号（慶応四年 1867）」『（明治大学）法律論叢』第 44 巻 2・3 合併号、1970年

住吉良人「明治初期における国際法の導入」『国際法外交雑誌』第 71 巻5・6 合併号、1973年

住吉良人「明治初期における国際法意識」『（明治大学）法律論叢』第48巻2号、1975年

芹田健太郎著『普遍的国際社会の成立と国際法』（東京：有斐閣、1996年）

祖川武夫「カール・シュミットにおける『戦争観念の転換』について（一）」小田滋、石本泰雄編集委員代表『国際法と戦争違法化：その論理構造と歴史性（祖川武夫論文集）』（東京：信山社出版、2004年）

田岡良一著『戦時国際法（新法学全集第27巻「国際法」III）』（東京：日本評論社、1938年）

田岡良一著『国際法学大綱（下）（十版）』（東京：厳松堂書店、1948年、初版は1939年刊行）

田岡良一「西周助『万国公法』」『国際法外交雑誌』第71巻1号、1972年

田岡良一著『国際法上の自衛権（補訂版）』（東京：勁草書房、1981年）

高野雄一著『国際法概論（補正版）（下）』（東京：弘文堂、1967年）

田中耕太郎「世界平和の基本的諸条件」高野雄一編集代表『現代国際法の課題（横田先生還暦祝賀）』（東京：有斐閣、1958年）

田中忠「我が国における戦争法の受容と実践――幕末、明治期を中心に――」大沼保昭編『国際法、国際連合と日本』（東京：弘文堂、1987年）

田中忠「武力規制法の基本構造」村瀬信也ほか著『現代国際法の指標』（東京：有斐閣、1994年）

田畑茂二郎『国際法（第二版）』（東京：岩波書店、1966年）

田畑茂二郎『国際法 I（新版）（法律学全集55）』（東京：有斐閣、1973年）

筑波常治編『丘浅次郎集（近代日本思想大系9）』（東京：筑摩書房、1974年）

筒井若水、広部和也「学説100年史『国際法』」『ジュリスト』第400号、1968年

筒井若水「現代国際法における文明の地位」『国際法外交雑誌』第 66 巻
　　5 号、1968 年

筒井若水「本多利明の国際社会観——幕藩期における主権平等意識
　　——」『（東京大学教養学部）社会科学紀要』第 23 号、1973 年

寺尾元彦「中村進午博士追悼の辞」一又正雄、大平善梧編輯責任『時局
　　関係国際法外交論文集：中村進午博士追悼記念』（東京：巖松堂
　　書店、1940 年）

寺沢一著『法と力：国際平和の模索』（東京：東信堂、2005 年）

寺谷広司著『国際人権の逸脱不可能性——緊急事態が照らす法・国家・
　　個人——』（東京：有斐閣、2003 年）

東京帝国大学編『東京帝国大学五十年史（上巻）』（東京：東京帝国大
　　学、1932 年）

中川淳司、寺谷広司編『国際法学の地平：歴史、理論、実証（大沼保昭
　　先生記念論文集）』（東京：東信堂、2008 年）

西平等「戦争概念の転換とは何か——20 世紀の欧州国際法理論家たちの
　　戦争と平和の法——」『国際法外交雑誌』第 104 巻 4 号、2006 年

西村捨也著『明治時代法律書解題』（東京：酒井書店、1968 年）

野澤基恭「日本における近代国際法の受容と適用——高橋作衛と近代国
　　際法——」『東アジア近代史』第 3 号、2000 年

原田環「シンポジウム『東アジアにおける万国公法の受容と適用』を終
　　えて」『東アジア近代史』第 2 号、1999 年

坂野潤治著『明治・思想の実像』（東京：創文社、1977 年）

広瀬和子「国際社会の変動と国際法の一般化——十九世紀後半における
　　東洋諸国の国際法への加入過程の法社会学的分析——」寺沢一ほ
　　か編『国際法学の再構築（下）』（東京：東京大学出版会、1978
　　年）

広瀬和子「アジアにおける近代国際法の受容と適用」『東アジア近代
　　史』第 3 号、2000 年

藤田久一「東洋諸国への国際法の適用——十九世紀国際法の性格——」
　　関西大学法学部編『法と政治の理論と現実（上巻）』（東京：有
　　斐閣、1987 年）

藤田久一著『国際法講義 II：人権・平和』（東京：東京大学出版会、1994 年）

藤田久一「日本における戦争法研究の歩み」『国際法外交雑誌』第 96 巻 4・5 合併号、1997 年

松井芳郎「近代日本と国際法（上・下）」『季刊　科学と思想』第 13 号、14 号、1974 年

松下佐知子「日露戦争における国際法の発信――有賀長雄を起点として――」『軍事史学』第 40 巻 2・3 合併号（通巻 158・159 号）

松田宏一郎「儒学と社会ダーウィニズム――日本のケースを中心に――」朴忠錫、渡辺浩編『「文明」「開化」「平和」：日本と韓国（日韓共同研究叢書 16）』（東京：慶応義塾大学出版会、2006 年）

宮野洋一「国際法学と紛争処理の体系」国際法学会編『紛争の解決（日本と国際法の 100 年（第 9 巻））』（東京：三省堂、2001 年）

最上敏樹『人道的介入――正義の武力行使はあるか――』（東京：岩波書店、2001 年）

安岡昭男「万国公法と明治外交」同『明治前期大陸政策史の研究』（東京：法政大学出版局、1998 年）

安岡昭男「日本における万国公法の受容と適用」『東アジア近代史』第 2 号、1999 年

柳原正治「紛争解決方式の一つとしての戦争の位置づけに関する一考察」杉原高嶺編『紛争解決の国際法（小田滋先生古稀祝賀）』（東京：三省堂、1997 年）

柳原正治「いわゆる『無差別戦争観』と戦争の違法化――カール・シュミットの学説を手がかりとして――」『世界法年報』第 20 号、2001 年

柳原正治研究代表『東アジアにおける近代ヨーロッパ国際法の受容と伝統的華夷秩序の相克に関する研究』（九州：九州大学、2007 年）

山内進「明治国家における『文明』と国際法」『一橋論叢』第 115 巻 1 号、1996 年

山内進著『「正しい戦争」という思想』（東京：勁草書房、2006 年）

山田三良「国際法学会創立五十周年記念大会に際して（講演）」『国際法外交雑誌』第 48 巻 1 号、1949 年

山本草二著『国際法（新版）』（東京：有斐閣、2001 年）

横田喜三郎「わが国における国際法の研究」東京帝国大学編『東京帝国大学学術大觀』（東京：東京帝国大学、1942 年）

横田喜三郎「国際法に三昧一途の立作太郎先生（日本の法律学を築いた人々6）」『書斎の窓』第 6 号、1943 年

吉野作造「我国近代史における政治意識の発生」『政治学研究（第二巻）』（東京：岩波書店、1927 年）

渡辺昭夫「近代日本における対外関係の諸特徴」中村隆英、伊藤隆編『近代日本研究入門（増補版）』（東京：東京大学出版会、1983 年）

R.2.2. 欧文の著書・論文（著者名のアルファベット順）

Akashi Kinji, "Japanese 'Acceptance' of the European Law of Nations – A Brief History of International Law in Japan c. 1853–1900", in Michael Stolleis, Masaharu Yanagihara (ed.), *East Asian and European Perspectives on International Law*, Nomos, Baden-Baden, 2004.

Anand, R.P., "Rôle of the 'New' Asian-African Countries in the Present International Legal Order", in *AJIL*, vol. 56, no. 2, 1962.

Clausewitz, G., *Vom Kriege: hinterlassenes Werk des Generals Carl von Clausewitz*, F. Dummler, Berlin, 1832–1834（和訳は、クラウゼヴィッツ著、清水多吉訳『戦争論（二冊）』（東京：中央公論新社、2001 年））

Haggenmacher, P., "Mutations du concept de *guerre juste* de Grotius a Kant", in *Cahiers de philosophie politique et juridique*, no. 10 (*La guerre: actes du colloque de mai 1986*), 1986.

Ito Fujio, "One Hundred Years of International Law studies in Japan", in *The Japanese Annual of International Law*, 1969, no. 13.

Kelsen, H., *General Theory of Law and State*, translated by Anders Wedberg, Harvard University Press, Cambridge (Massachusets), 1949, c1945.

Kelsen, H., *Law and Peace in International Relations: the Oliver Wendell Holmes Lectures, 1940–41*, W.S. Hein and Co., Buffalo, N.Y., 1997 (Originally published by Harvard University Press, Cambridge

(Massachusets), 1942)（和訳は、ハンス・ケルゼン著、鵜飼信成訳『法と国家』（東京：東京大学出版会、1952 年））

Kelsen, H., *Principles of International Law*, 2nd ed., rev. and ed. by Robert W. Tucker, Holt, Rinehart and Winston, New York, 1966.

Oda Shigeru, "International Law in a multicultural World: Japan's Encounter with the Law of Nations in the Nineteenth Century", in Atle Grahl-Madsen and Jiri Toman (eds.), *The spirit of Uppsala: proceedings of the Joint UNITAR-Uppsala University Seminar on International Law and Organization for a New World Order (JUS 81), Uppsala 9–18 June 1981*, 1984.

Onuma Yasuaki, "'Japanese International law' in the Prewar Period—Perspectives on the Teaching and Research of International Law in Prewar Japan ", in *The Japanese Annual of International Law*, 1986, no. 29.

Otsuka Hirohiko, "Japan's Early Encounter with the Concept of the 'Law of Nations'", in *The Japanese Annual of International Law*, 1969, no. 13.

Schmitt C., *Der Nomos der Erde im Völkerrecht des Jus Publicum Europaeum*, vol. 3. Aufl., unveränderter Nachdruck der 1950 erschienenen 1. Aufl, Duncker & Humblot, Berlin, c1988（和訳は、カール・シュミット著、新田邦夫訳、『大地のノモス：ヨーロッパ公法という国際法における』（東京：慈学社出版、2007 年））

Schwarzenberger, G., "The Standard of Civilization in International Law", in *Current Legal Problems*, 1955, vol. 8.

Schwarzenberger, G., *The Inductive Approach to International Law*, Stevens, London, 1965.

Shinobu Junpei, "Vicissitudes of International Law in the Modern History of Japan", in *The Journal of International Law and Diplomacy*, 1951, vol. 50, no. 2.

Shinoda Hideaki, *Re-examining Sovereignty: from Classical Theory to the Global Age*, St. Martin's Press, New York, 2000.

Stern, J.P., *The Japanese Interpretation of the "Law of Nations" 1854–1874*, Princeton University Press, Princeton (New Jersey), 1979.

Taijudo Kanae, "Some Reflections on Japan's Practice of International Law During a Dozen Eventful Decades", in *Proceedings of the American Society of International Law*, 69th, 1975.

Wright, Q., "Changes in the Conception of War", in *AJIL*, 1924, vol. 18, no. 4.

Yamamoto Soji, "Japanese Approaches and attitudes towards International law", in *The Japanese Annual of International Law*, 1991, no. 34.

索引

【サ行】

発動要件, 138

鳩山和夫, 12

花井卓蔵, 12, 57, 58, 68, 69, 88, 97, 117,
　120, 121, 156, 175, 196, 228

原敬, 40, 232

万国公法, 19, 23, 24, 25, 26, 27, 28, 30,
　31, 32, 33, 34, 35, 36, 40, 57, 58, 68,
　105, 122, 123, 160, 228, 229, 230, 231,
　232, 237, 238, 239, 240, 241, 242

万国国際法学会, 21, 28, 40, 47, 52, 55

万国歴史, 132

パテルノストロー, 36, 38, 43, 230

パリ会議, 61

被害妄想, 193

非講和運動, 155

肥田野黙, 35, 230

必要性, 14

日比谷焼打ち事件, 155

比例性, 98

兵藤三郎, 12

平等適用, 26, 73, 74, 75, 77, 139

封鎖, 27, 52, 58, 87, 89, 143

フォーシーユ, 49

福沢諭吉, 26

復讐戦争, 109

藤田隆三郎, 12

復仇, 87

不平等条約, 55

普仏戦争, 25, 40, 57

普遍主義, 10, 21, 23, 237

フレデリック, 26

紛争解決手段, 29, 58, 112, 113, 122, 126,
　127, 128, 176, 198

ブーメラン, 190

ブリュッセル陸戦法規会議, 32

ブリュッセル陸戦法規議定書, 28, 62

武力行使禁止原則, 9, 10, 11, 212

武力闘争, 90

ブルンチュリー（＝歩倫）, 24, 28, 29,
　31, 32, 42, 49, 68, 133, 230

分権性, 108

分権的構造, 78

文明国, 21, 61, 64, 74, 75, 76, 77, 125

文明戦争, 110, 119, 128, 129, 166, 169,
　184, 189, 190, 223, 225

プロシア, 162

平時国際法, v, 12, 35, 36, 45, 55, 57, 70,
　84, 85, 86, 87, 89, 91, 92, 93, 95, 96,
　99, 100, 101, 106, 108, 109, 117, 118,

平時状態, 86

ヘフター（＝海弗得）, 33, 34, 43, 162,
　230

ヘンリ・グラッス, 40

ペリー来航, 23

ホィートン（＝恵頓）, 27, 28, 30, 31,
　43, 231

法執行手続, 86

法実証主義, 3, 7, 20, 38

法制局, 45, 63

法的確信, 76

法的根拠, 70, 73, 96, 121, 126, 129, 151,
　173, 186

法的枠外派, 99

法的枠内派, 99

奉天大会戦, 155

法と力, 14

報復, 87

ホーランド, 52

法律顧問, 47, 49, 51, 63

法律行為, 109

ホール, 36, 38, 43, 46, 49, 55, 164, 166,
　167, 168, 223, 230, 231

捕獲審検所, 53

北清事変, 61

ホッブス, 102

ホルツェンドルフ, 49

ボアソナード, 47

防衛戦争, 107, 155, 157, 175, 198, 202

防禦, 107

防禦戦争, 29, 107

ポーツマス講和会議, 155

【マ行】

マーティン（＝丁韙良）, 27, 28, 29, 31,
　32

松岡守信, 30

松原一雄, 12

マルテンス, 37, 38, 39, 43, 56, 57, 127,
　189, 205, 206, 227, 231

TORKEL OPSAHL ACADEMIC EPUBLISHER

FICHL 出版シリーズ
の他のボーリュム

Morten Bergsmo, Mads Harlem and Nobuo Hayashi (editors):
Importing Core International Crimes into National Law
Torkel Opsahl Academic EPublisher
Oslo, 2010
FICHL Publication Series No. 1 (Second Edition, 2010)
ISBN 978-82-93081-00-5

Nobuo Hayashi (editor):
National Military Manuals on the Law of Armed Conflict
Torkel Opsahl Academic EPublisher
Oslo, 2010
FICHL Publication Series No. 2 (Second Edition, 2010)
ISBN 978-82-93081-02-9

Morten Bergsmo, Kjetil Helvig, Ilia Utmelidze and Gorana Žagovec:
The Backlog of Core International Crimes Case Files in Bosnia and Herzegovina
Torkel Opsahl Academic EPublisher
Oslo, 2010
FICHL Publication Series No. 3 (Second Edition, 2010)
ISBN 978-82-93081-04-3

Morten Bergsmo (editor):
Criteria for Prioritizing and Selecting Core International Crimes Cases
Torkel Opsahl Academic EPublisher
Oslo, 2010
FICHL Publication Series No. 4 (Second Edition, 2010)
ISBN 978-82-93081-06-7

Morten Bergsmo and Pablo Kalmanovitz (editors):
Law in Peace Negotiations
Torkel Opsahl Academic EPublisher
Oslo, 2010
FICHL Publication Series No. 5 (Second Edition, 2010)
ISBN 978-82-93081-08-1

Morten Bergsmo, César Rodríguez Garavito, Pablo Kalmanovitz and Maria Paula Saffon (editors):
Distributive Justice in Transitions
Torkel Opsahl Academic EPublisher
Oslo, 2010
FICHL Publication Series No. 6 (2010)
ISBN 978-82-93081-12-8

Morten Bergsmo (editor):
Complementarity and the Exercise of Universal Jurisdiction for Core International Crimes
Torkel Opsahl Academic EPublisher
Oslo, 2010
FICHL Publication Series No. 7 (2010)
ISBN 978-82-93081-14-2

Sam Muller, Stavros Zouridis, Morly Frishman and Laura Kistemaker (editors):
The Law of the Future and the Future of Law
Torkel Opsahl Academic EPublisher
Oslo, 2011
FICHL Publication Series No. 11 (2011)
ISBN 978-82-93081-27-2

Morten Bergsmo, Alf Butenschøn Skre and Elisabeth J. Wood (editors):
Understanding and Proving International Sex Crimes
Torkel Opsahl Academic EPublisher
Beijing, 2012
FICHL Publication Series No. 12 (2012)
ISBN 978-82-93081-29-6

Morten Bergsmo (editor):
Thematic Prosecution of International Sex Crimes
Torkel Opsahl Academic EPublisher
Beijing, 2012
FICHL Publication Series No. 13 (2012)
ISBN 978-82-93081-31-9

Terje Einarsen:
The Concept of Universal Crimes in International Law
Torkel Opsahl Academic EPublisher
Oslo, 2012
FICHL Publication Series No. 14 (2012)
ISBN 978-82-93081-33-3

Morten Bergsmo and LING Yan (editors):
State Sovereignty and International Criminal Law
Torkel Opsahl Academic EPublisher
Beijing, 2012
FICHL Publication Series No. 15 (2012)
ISBN 978-82-93081-35-7

Morten Bergsmo and CHEAH Wui Ling (editors):
Old Evidence and Core International Crimes
Torkel Opsahl Academic EPublisher
Beijing, 2012
FICHL Publication Series No. 16
ISBN 978-82-93081-60-9

All volumes are freely available as e-books on the FICHL homepage www.fichl.org.
Printed copies may be ordered online at www.amazon.co.uk.